아프니까 어쩌라고?

초판 1쇄 인쇄 2012년 7월 19일
초판 1쇄 발행 2012년 7월 25일

지은이 안치용
펴낸이 이영선
펴낸곳 서해문집

이 사 강영선
주 간 김선정
편집장 김문정
편 집 허 승 임경훈 김종훈 김경란 정지원
디자인 오성희 당승근 안희정
마케팅 김일신 이호석 이주리
관 리 박정래 손미경

출판등록 1989년 3월 16일 (제406-2005-000047호)
주 소 경기도 파주시 문발동 파주출판도시 498-7
전 화 (031)955-7470 | **팩스** (031)955-7469
홈페이지 www.booksea.co.kr | **이메일** shmj21@hanmail.net

ⓒ 안치용, 2012

ISBN 978-89-7483-532-3 03300

이 도서의 국립중앙도서관 출판시도서목록(CIP)은 e-CIP 홈페이지
(http://www.nl.go.kr/cip.php)에서 이용하실 수 있습니다.(CIP제어번호:2012003248)

들어가는 글

"개새끼, 도둑, 그리고 수퍼노바(Supernova)"

우리 모두가 미쳤다는 사실을 기억한다면 불가사의들은 사라지고 인생은 충분히 설명이 된다.

미국의 소설가 마크 트웨인(1835-1910)이 남긴 인생에 관한 이 경구에는 마크 트웨인다운 통찰력과 위트가 넘쳐난다. 경구를 남긴 트웨인의 방식을 그대로 차용해 조금 트집을 잡자면 미친 사람이 어떻게 '미쳤다는 사실'을 기억할 수 있을까. 물론 이런 사소한 트집에도 불구하고 경구의 문맥이 증발하지는 않는다. 우리 모두가 미쳤다면, 당연히 우리가 미쳤다는 사실을 기억(혹은 인식)하지 못하겠지만, 동시에 불가사의 또한 자연스럽게 사라질 수밖에 없다. 미쳤다는 사실로부터 이미 불가사의(의 인식 주체)가 소멸하기 때문이다. 즉 미쳤을 때는 불가사의가 성립하지 않는다. 이렇게 말할 수 있겠다. 광인은 모든 것을 이해하는 사람이라고. (또는 광인은 모든 것을 이해할 필요가 없는 사람이라고) 인생 또한 충분히 설명된다. 정확하게는 우리 모두가 미쳤을 때 인생이 구태여 설명될 필요 자체가 없어진다.

이 경구에서 트웨인의 문제의식을 제대로 파악하려면, 우리 모두가 미쳤지만 미쳤다는 사실을 기억하지 못할 정도로 미치지는 않았다거나(광기의 수준), '나를 뺀' 우리가 미쳤기에 '나'는 우리가 미쳤다는 사실을 알 수 있다(광기의 범위)고 가정해볼 수 있다. 어떤 가정에 입각하든 경구의 기대(?)와 달리 인생, 나아가 세상에는 불가사의가 존재하며 그 까닭은 (나를 포함하든 하지 않든) 우리가 미쳤기 때문이라고 조심스럽게 환원할 수 있다. 이때 그 세상은 그 구성원들이 미쳤다는 전제하에서만 충분히 설명될 수 있는 그런 세상이다. 그런 세상은 한마디로 미친 세상이며, 그런 세상은 다시 그 세상을 사는 사람들을 미치게 만든다.

이 경구는 미쳐 돌아가는 세태에 대한 미국 문인의 풍자를 담았다. 맨 정신인 사람들에겐 도무지 설명될 수 없는 인생을 반어로 표현했다.

절망의 구조에서
개인은 어떻게 희망을 꿈꿀까

마크 트웨인이 생존한 시대의 미국과 태평양 건너 지금 이 땅의 삶을 비교하면 어떤 결론이 나올까. 정확한 비교가 가능할지 모르겠지만 적어도 이 땅의 삶이 덜 미쳤다는 판단에는 쉽게 도달하기 어려울 것 같다.

하지만 이 시대 대한민국을 사는 우리는, 우리가 미쳤다는 사실을 용이하게 받아들이지 못한다. 관점에 따라 우리는 그 어느 시대의 삶과 비교해 오히려 더 똑똑하고 합리적이며 세상에 정통하다. 따라서 불가사의란 존재하지 않으며 인생 또한 충분히 설명된다. (그렇다고 인생들로 구성되는 혹은 인생들이 대면하는 세상마저 자동으로 설명되는 것은 아니다) 간단히 말해 21세기 초반 대한민국을 사는 인생은 미치지 않은, 맨 정신인 사람에게 충분히 설명되는 인생이다. 이 대목은 트웨인의 경구와 달리 반어가 아니다.

지금 대한민국은 우리가, 우리의 인생이 미쳤기 때문이 아니라, 역설적으로 우리가 미치지 않아서 우리가 너무 명료하게 살고 있어서 불가사의해졌다. 불가사의는 도처에서 목격된다. 1인당 국민소득은 선진국권에 진입했는데 개인들의 삶은 왜 더 팍팍한지, 경제는 계속 성장하고 있는데 왜 일자리는 더 줄어드는지, 대한민국에서 점점 더 많은 세계적 기업들을 배출하고 있는데 왜 비정규직 비율은 경제협력개발기구(OECD) 국가들 중 가장 높은지 등 한두 가지가 아니다.

불가사의는 이 시대를 사는 청년들에게서도 목격된다. 전(前) 시대에 비해 훨씬 더 열심히 공부하고 훨씬 더 영어를 잘하고 훨씬 더 착실하게 사회 진출에 대비하는데 번듯한 직장인 되기가 고시에 합격하기만큼이나 어렵다. 전 세대들보다 더 바쁘게 놀지도 못하고 더 치열하게 살았는데, 대충대충 산 것처럼 보이는 선배 세대들로부터 사회의식 없는 '무뇌(無腦)세대'라고 욕을 얻어먹는다. 스펙에 집중하면 개념 없는 청년이 되고 스펙에 눈 감으면 대책 없는 청년이 된다. 또 부글부글 열정이 끓고 있는데도 연애조차 못하는 무성(無性)세대로 취급받는다.

이런 세상에서 득세한 건 소위 '멘토'들이다. '절망의 구조에서 희망을 꿈꾸는 개인'을 역설하는 언어도단에 신기하게도 청년들은 '현혹'된다. "우리 모두가 미쳤다는 사실을 기억한다면 불가사의들은 사라지고 인생은 충분히 설명이 된다"는 마크 트웨인의 경구로 되돌아가서, 생각의 편의를 위해 좀 구분 지어보면 트웨인은 세상이 아니라 인생에 초점을 맞춘다. 전체 인생들의 합은 세상이 아니다. 그 간극은 현대로 올수록 기하급수적으로 커지고 있다. 모든 개인들이 수용된 하나의 구조는 총량에서 개인들을 훨씬 넘어서며, 개인들과는 다른 별개의 존재다. 인간들이 만든 세상이지만 그 세상은 인간에 소속되지 않는다. 대부분의 '멘토'들은 구조가 이미 개인을 압살하고 있는 마당에, 개인이 결코 구조를 넘어설 수 없는 마당에, 구조에는 눈 감고 개인을 논한다. 물론 여기에는 근본적인 한계가 존재한다. 소위 '멘토'는 내재된 본성상 희망을 거론하지 않을 수 없으며, '희망 판촉'의 '멘토' 시장은 그 자체로 구조의 일부이다. 이 세상에는 희망이 없으며 따라서 충분히 절망하라고, 절망하는 것으로 인생은 충분히 설명된다고 권면할 '멘토'는 존재하지 않는다.

20대 개새끼론? 386 개새끼론?
개새끼가 개새끼다

이 시대 청년들에게 진정으로 필요한 것은 근거 없는 희망보다 논리적인 절망이다. 명징한 불가사의가 가득 찬 이 세상에서 '충분히 설명될 만한 인생'을 살기 위해서는 말이다. 한데 누군가의 인생이 굳이 설명되어야 할까. 설명되기보단 어떤 인생이었는지가 더 중요한 것이 아닐까. 맞다. 우리 인생은 어떤 인생을 어떻게 살았나, 혹은 살고 있는가에 의해 설명될 수밖에 없다. 그러나 그렇다 하더라도 이때 '충분히 설명될 수 있음'은 인간이 존엄한 존재임을 인정받으려고 한다면 반드시 제대로 충족되어야 한다. '설명될 수 있음'은 때로인간 존엄성을 천명하는 마지막 독립장치일 수 있다. 존엄성을 희구하지 않는다면 부득불 설명을 추구할 까닭이 없다.

시장경제가 시장사회로 확대되면서 시장의 작동원칙은 외형상 점점 더 논리적이고 투명해지고 있지만 본질은 훨씬 더 편파적이고 계급적인 것으로 변질되고 있다. 모든 것이 시장에서 투명하게 또 공정하게 거래를 통해 결정되지만, 그 시장 자체가 당파적으로, 즉 어느 한쪽에 유리하게 설계됐으며 이러한 당파성은 합리성의 외피 아래서 더 노골화하고 있다는 얘기다. 합리적이고 공정한 형식에 편파적이고 계급적인 내용이 비대칭으로 결합된 시장사회는 이러한 비대칭 또는 이중성, 더 나아가 체계적인 절망을 근거 없는 희망으로 분칠하는 데서 항구적이고 잔인한 지배를 성립시킨다. 비록 양념이라고 해도 '긍정 이데올로기'나 '희망의 멘토링'는 그래서 항상 유효하고, 지배를 유지시키는 데 필수 아이템이다.

'긍정 이데올로기'나 '희망의 멘토링'은 우리 사회가 체계적이고 세분화한 '딜레마 게임'의 거대 피라미드임을 은폐하는 데서 존립의 근거를 찾는다. 딜레마 게임의 근본구조는 개인에겐 합리적인 판단이 사회 전체로는 비합리성으로 귀결하는 것이다. 애덤 스미스가 《국부론》에서 개인들의 이기심이 어떻게 사회 전체의 이타성으로 발현되는지를 구명한 마법으로부터 딜레마 게임은 이탈한다. 애덤 스미스와 애덤 스미스의 후계자임을 자임한 자들이 제시한 마법의 세상은 완벽한 시장을 전제한다. 그러나 완벽한 시장은 없으며 현실의 시장은 정보의 많고 적음, 협상력의 크고 작음 등이 영향을 미치는 편파적인 시장이다. 딜레마 게임에서 게임에 참여하게 된 개인들이 (시장사회에서 말하는 대로) '합리적'으로 판단해도 존엄성을 지킬 수 있는 유일한 가능성은 개인들 간의 소통에서 발견된다. 그렇지 않다면 개인은 고립된 한 개 벽돌로, 본래 자신에게 속한 부와 권리를 부당하게 빼앗기며 아마도 특별한 계기가 없는 한 피라미드를 온존시키고 강화하며 평생을 살아갈 것이다.

딜레마 게임의 거대 피라미드에서 부와 권리를 부당하게 빼앗기며 고립된 벽돌로 살아가는 것이 이 시대 청년들에게 주어진 운명일까. 최하층 벽돌로 떨어지지 않게 아등바등 살아야 하며 다른 벽돌을 아래로 밀어내지 않으면 내가 아래로 밀려 내려가는 벽돌이 될 수밖에 없다는 치명적 생존 경쟁을 일상적으로 수용할 수밖에 없는 것일까. 피라미드 밖에서 피라미드를 조망할 의지나 능력이 없기에 이들은 그렇게 눈코 뜰 새 없이 숨 가쁘게 살아도 종국에는 '20대 개새끼론' 같은 욕이나 얻어먹어야 하는 것일까.

어쩐지 부당하다. 자신들이 이 피라미드를 만들지 않았는데 피라미드 구조에 (자신들의 의사와 무관하게) 편입됐다는 이유만으로 비난받아야 하는 걸까. 그렇다면 이 피라미드를 만드는 데 어떤 식으로든 기여한 선배 세대들은 책임이 없는 걸까. 예를 들어 1987년 민주화운동에서 군사독재를 무너뜨린다는 열광에 사로잡혀 군사독재가 슬그머니 다른 독재로 탈바꿈하는 것을 모르고, 심지어 탈바꿈에 일조하기까지 한 386세대가 더 큰 욕을 얻어먹어야 하는 것이 아닌가. '20대 개새끼론'이 아니라 '386 개새끼론'이 타당하지 않은가.

맞다. '개새끼'로 따지면 '20대 개새끼'보다는 '386 개새끼'다. 386세대뿐이겠는가. 이런 '절망 피라미드'의 성립을 방관하고 부역하며 한 줌의 혜택을 취하느라 자신과 후배 세대를 피라미드의 벽돌로 기꺼이 내어준 모든 선배 세대들이 '개새끼'다.

하지만 틀렸다. 20대가 '개새끼'이거나 386세대가 '개새끼'인 게 아니다.

우리 모두는 '개새끼'가 아니다. 우리가 우리에게 또는 서로 '개새끼'라고 욕하는 건 너무 안쓰러울 뿐더러 솔직히 일종의 과대망상이다. 우리는 분명 '개새끼'가 아니며, 진실은 그냥 '개새끼'가 '개새끼'인 것이다. 저 피라미드의 정점에 탐욕스럽게 올라앉아 있는 '개새끼'들이 '개새끼론'의 장본인이다. 따라서 비난과 욕설은 20대나 386세대가 아닌 진짜 '개새끼'들에게 해야 한다. (내가 키우는 개가 이러한 '개새끼론'의 만개에 불쾌해하지 않을까?)

이 책은 본의 아니게 20대 대학생들을 상대하게 된 386세대인 저자가 그들과 나눈 대화를 정리한 것이다. 대화의 공간은 '지속가능사회를 위한 젊은 기업가들(YeSS)'이라는 사회적 기업을 표방한 대학생 단체였다. 그들과 5년여를 부대끼며 주고받은 이야기, 하고 싶었지만 하지 못한 이야기, 하기 어려웠던 이야기를 글로 정리했다. 이어 내 글을 읽은 YeSS 친구들이 개별 글마다 댓글로 그들의 의견, 반론을 제시했다. 20대와 40대가 병든 우리 시대를 놓고 토론한 결과물이라고 할 수 있다.

이 책에서 내가 편 논지는 젊은 세대와 386세대가 (피해의식 또는 과대망상에 사로잡혀) 스스로를 또는 서로를 '개새끼'라고 비아냥거리거나 헐뜯는 대신 현실을 정확하게 인식할 필요가 있으며, 그랬을 때 이 시대를 사는 우리 모두가 '도둑맞은 세대'라는 결론에 도달하게 된다는 것이다. 우리에게서 근본적인 자산을 수탈해간 도둑들이 저만치 눈앞에 있는데, 도둑맞은 우리는 "왜 문단속을 똑바로 하지 않았나", "귀금속을 그렇게 평범한 곳에 방치했나" 하며 서로 싸우고 있는 형국이니, 과연 가당키나 한가. 물론 원인 분석이 필요하겠지만, 현실 인식이 원인 분석에 우선한다.

그러나 '개새끼론' 프레임에서 어렵사리 벗어나, 은폐되어 있던 저 거대한 피라미드의 윤곽과 그 정상에 오만하게 모여 앉아 있는 도둑들, 즉 진짜 개새끼들을 마침내 흐릿하게나마 볼 수 있게 됐다손 치더라도 현재 '벽돌 인생'의 자가당착은 확실히 도착적이어서 일말의 변화 가능성을 끌어내는 일이 가능할지는 미지수다. 설령 통렬한 자각이 있었다 해도, 그다음에 거의 대부분 이러지도 저러지도 못하는 교착상태에 처하게 되어 '멘붕'에서 탈피할 수 있을 것 같지 않다.

도둑맞은 세대의 도둑 찾기는 결코 쉬운 과제가 아니다. 어쩌면 '청춘시장'에 만연한 '긍정 이데올로기'와 '희망의 멘토링'을 내면화하면서 나 하나 살아남기에 급급하는 게 더 현실적이고 혹은 더 합리적인 선택이 아닌가. 세상이 도둑질하는 사람과 도둑맞는 사람으로 나뉜다면 버러지같이 도둑맞는 사람이 되는 것보다 도둑질하는 사람이 되는 게 낫지 않은가. 케냐의 세렝게티 평원의 동물로 살아갈 운명이라면 초식동물보다는 육식동물이 되기를 희망하는 게 꼭 나쁜 일인가.

그래 누구나 충분히 그렇게 생각할 수 있다. 하지만 그렇다 하더라도 자신의 인생이 설명될 수 있는 인생이기를 잠시나마 염원하면 안 되는 건 아니다. 알다시피 우리는 별이 폭발한 부산물들로 만들어졌다. 별다른 의미 없어 보이는 세포 하나도 수억, 수십억 년 전 어느 별이 폭발한 기억을 온전히 담고 있다. 그래서 혹자가 말한 대로 우리가 우주의 쓰레기인지, 아니면 어느 별의 영혼인지 궁금해할 수 있는 것처럼, 적어도 도둑들에 대해 궁금해하고 인생에 대해 설명을 추구하는 태도쯤은 용인되어야 하는 게 아닌가.

2012년 7월 안치용

차_례

들어가는 글 + 4

{01} _ 나

희망 강권하는 사회 + 17
희망이 없는 것이 희망이다 + 25
인간을 개로 만드는 불온한 주술, '긍정 이데올로기' + 32
자기 비하와 '워비곤 호수'의 괴수 + 39
행복은 성적순? + 47
휴학 필수 시대 + 55
미국에서는 거지도 하는, 그놈의 영어 + 63
글쓰기가 밥 먹여준다 + 74
호모 이코노미쿠스, 호모 코어퍼러티쿠스, 자본주의 4.0 + 85

{02} _ 너

삼포로 가는 길? + 97
서로의 기쁨과 슬픔, 가치와 신념, 과거와 미래를 공유하는 사이 + 106
잠자는 숲 속의 공주 되기, 구하는 왕자 되기 + 113
사랑은 연필로, 숫자를 쓰세요 + 120
불륜공화국, 게이공화국, 로맨스공화국 + 127
청바지가 잘 어울리는 여자 + 134
직업은? 시인 + 145
볼륨 업, 스펙 업, 올리고 또 올리고 + 154

{03} 우_리

어깨가 움츠러든 아버지, 흰머리 눈부신 어머니 + 167
제발 거짓말을 해봐 + 180
살모사와《수상한 고객들》+ 190
잉여에게 여유를 + 207
'뒤통수 미인'은 어떤 얼굴 표정을 지을까 + 217
마음의 공터를 찍으면 어떤 사진이 남겨질까 + 228
음식쓰레기통에다 꽃리본을 장식하는 이유 + 239
명문대, '지잡대', 그리고 수개미 + 247
누구를 위한 광장, 누구를 위한 국가인가 + 260

{04} 타자_타자화

'도둑맞은 세대'가 잃어버린 것 + 271
'도둑맞은 세대', '잊힌 세대'가 되지는 않을까 + 283
나, 타자의 정립, 타자화와 나의 타자화, 나의 나선형 타자화,
지속적 '나'의 재구조화 + 292
타자에게 빼앗긴 나를 되찾아오기 + 300
우리의 복원: 폐소(閉所)에서 나와 광장으로, 광장에서 이웃으로 + 305

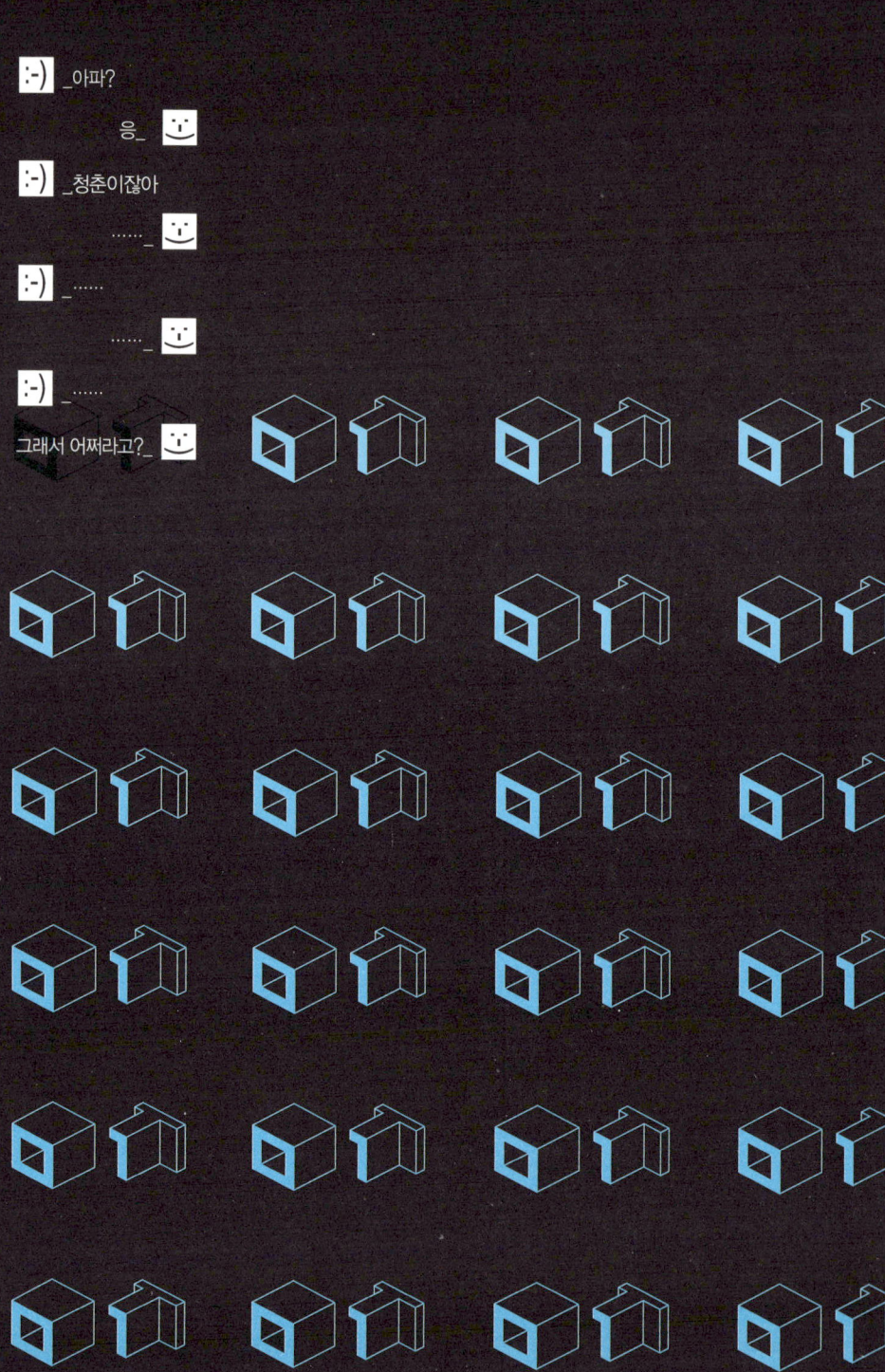

{01}
_4

청춘 예찬은 만병통치약이다.
아파도 청춘이고, 기뻐도 청춘이며,
물구나무를 서도 청춘이다.
누구에게나 '?'로 시작하지만 반드시 '!'로
끝난다는 신념이다.
어떠한 각성이나 아무런 이유 없이
이런 신념이 형성된다는 측면에서
젊음을 '보편적 질병'이라고 불러도 무방하겠다.
누구나 앓는 병이기에 병으로
인정되지 않을 뿐이다.

희망 강권하는 사회

젊음. 그 자체로 무한한 가능성이며 예찬받아 마땅한, 동서고금을 막론한 미래완료형 주문이다. 젊은이는 주문에 걸린 자다. 단지 비어 있다는 이유로 채워질 것을 믿고, 여느 서사의 주인공이 그러하듯 반복된 실패는 그만큼 큰 성공을 예비하는 증거라고 확신한다. '청춘'의 주문은 주문을 거는 자들이나 주문에 걸리는 자들이나 주문을 공유한다는 특징을 갖는다. 마법의 나라에서 볼 수 있는 다른 주문들과 다른 점이다.

청춘 예찬은 만병통치약이다. 아파도 청춘이고, 기뻐도 청춘이며, 물구나무를 서도 청춘이다. 누구에게나 '?'로 시작하지만 반드시 '!'로 끝난다는 신념이다. 어떠한 각성이나 아무런 이유 없이 이런 신념이 형성된다는 측면에서 젊음을 '보편적 질병'이라고 불러도 무방하겠다. 누구나 앓는 병이기에 병으로 인정되지 않을 뿐이다.

주문에서 풀려나는 길은 두 가지다. 주문받은 대로 마법을 실현하거나, 주문에서 깨어나, 즉 마법의 세계에서 추방되어 현실로 돌아오는 것. 추방은 젊음의 종언이자 주문이 풀리는 행위다. 피터 팬처럼 영원히 주문에 걸린 자로 살아가는 이가 있다. 그러나 그는 주문을 실현하지는 못한다. 주문이 걸리는 곳은 마법의 세계이지만, 주문이 실현되어야 하는 곳은 현실세계이기 때문이다. 피터 팬은 저쪽 세계에 속한 인물이다.

주자의 한시 〈권학문(勸學文)〉의 첫 구절 '소년이로학난성(少年易老學難成, 소년은 늙기 쉽고 학문은 이루기 어렵다)'은 학문을 성취하기 얼마나 어려운지를 이야기하면서 동시에 청춘의 유한함을 강조한다. 실제로 소년은 어느새 성인이 되고 갑자기 노년을 맞는다. 성인이 된다는 의미는 과거 자신이 '주문 걸린 자'였다는 사실을 망각한다는 것이다. 주문을 구현한다는 의미는 피터 팬이 되어 현실세계에서 잊힌 존재로 살아가거나, 주문을 안고 용감히 현실세계로 뛰어든다는 것이다. 서는 곳이 완전히 달라지지만 둘 다 영원한 젊은이다. 그러나 뛰어듦과 이뤄냄은 별개다. 마법을 실현한 채 영원한 젊은이로 노년을 맞는 이는 극소수다.

가청음역대 가운데 어린이만 들을 수 있는 음역이 있다. 어른들은 모두 과거에 그 음역대 소리를 들을 수 있었지만 어느 순간 듣지 못하게 된 것은 물론이고 자신에게 그런 능력이 있었는지도 잊어버리기 마련이다.

청춘과 희망에 대해 이야기해보자. 청춘은 무엇이든 시도할 수 있고, 20

대는 큰 포부를 품어야 하며, 젊은이들은 기꺼이 불가능에 도전하는 희망의 화신이어야 한다고들 말한다. 사방에서 청춘의 희망을 거론하고 희망의 근거를 제시한다. 논리는 단순하다. 청춘이니까 희망이 있고, 희망하는 것이 희망의 근거다.

지난 5년 내가 만난 대학생들 가운데 이 이야기에 딱 들어맞는 사례가 있다. 서울 시내 어느 대학의 2학년으로 기억되는 그 여학생은 "제 미래가 앞으로 얼마나 장밋빛으로 찬란하게 펼쳐질지 생각하면 가슴이 뛴다"고 말했다. 이 친구의 발언을 좌중의 다른 학생들이 속으로 어떻게 받아들였을지 알 수 없지만 그 '근자감(근거 없는 자신감)'에 소위 인생 선배로서 나는 약간의 당혹감을 느꼈다. '장밋빛 미래'를 엄격하게 정의 내리는 게 필요하겠지만 그 여학생의 표정이나 행태로 미루어 짐작하건대 30대 초반쯤에 자기 얼굴이 표지에 들어간 책을 내고(그것도 물론 베스트셀러로) 여기저기 다니면서 자신의 인생을 자랑스럽게 떠벌이는 모습을 염두에 둔 게 분명해보였고, 그렇다면 그 말대로 될 가능성은 사실상 제로였다. 한마디로 '희망'이 없다는 얘기다. 갈구하는 대로 각광받는 삶의 가능성이 자신에게 전무하다는 사실을 깨닫는 데 그리 오래 걸리지 않겠지만, 그 사이 그는 대학에 꾸역꾸역 등록금을 갖다 바치고 영어학원을 비롯한 각종 사설 교육기관에도 돈을 쏟아부을 것이다. 어쩌면 충분히 예쁜 자신의 얼굴을 '업그레이드'하기 위해 추가로 적지 않은 비용을 지불할 개연성도 배제할 수 없다. 그가 희구하는 미래는 성공과 실패라는 이분법적 가치관에 입각해 있다. 세계는 육식동물과 초식동물로 양분되며 자신은 육식동물로 살아갈 운명을 타고났다고 믿는다. 하지만 자연 상태에서 육식동물의 비중은 3~5%에 불과하다. 우리 사회 내에 작동하는 여러 고정관념에 근거해 견적을 뽑아볼 때 그 여학생은 대학 졸업 후 육식동물에게 처참하게 쫓기는 삶을 살아갈 것이다.

솔직해지자. 청춘에게 희망이라곤 없다. 우리 사회가 젊은이들에게 제시하는 미래상이 성공의 이념으로 침윤되어 있는 한 어떠한 희망도 거짓말이다. 우리 사회는 성장이, 아니 성공이란 이념이 희망이란 거짓 명찰을 달고 청춘에게 호객행위를 하며 진액을 빨아먹고 있다. 더욱이 그 성공이란 이념은 남을 좌초시키는 것을 전제한다. 다수를 황폐하게 만들어 소수가 윤택해지는 세상. 또한 그 소수의 다수가 종국에 다시 황폐화의 길로 접어들게 되는 '흡혈의 희망'이 우리 시대 희망의 본질이다.

청춘 예찬 혹은 청춘의 희망은 희망의 부재를 분식하려는 우리 사회의 음모다. '희망의 사육'에 청춘은 결연히 저항해야 한다. 청춘이 가진 것은 희망이 아니라 청춘 그 자체다. 따라서 마땅히 추구해야 할 것이 있다면 그것은 희망이 아니라 청춘이다. 마르크스 식으로 얘기하자면, 그럴진대 청춘이 잃을 것은 애초에 없는 것이요, 청춘이 얻을 것은 응당 얻었어야 할 것이다. 확실히 말해서 청춘에게 희망이라곤 없다.

실시간 댓글

@유정환 : '아프니까 청춘이다' 류의 무턱대고 청춘에겐 희망이 있음을 종용하는 요즘의 세대에 대한 비판적인 시선을 오랫동안 지녀왔다. 또, '희망 고문'이란 말이 시사하듯 밑도 끝도 없는 희망을 움켜쥐고 있는 것이 때론 좌절하는 것보다 더 절망적인 상황이 될 수도 있음을 경험했다. 그렇기 때문에 더욱 이 글에 공감하는 바이다. 하지만 그렇다고 해서 아무 희망도 가지지 않는 것은 외려 어리석고 소극적인 삶의 자세로 생각된다. 오히려 거짓 희망에 휘둘리기보다는 현실을 직시한 후 발견하는 일말의 가능성을 붙잡고 자신에 대한 확신으로 뭐든 도전해보는 것이 진정한 청춘다운 것이 아닌가 싶다.

@서지현 : 어렵다. 이런 글을 볼 때마다 내가 얼마나 평탄한 인생을 살아온 인간인지 뼈저리게 느끼게 된다. 20년 조금 넘는 인생 동안 내가 겪은 가장 힘들었던 때는 (고작) '재수할 때'였다. 그때, 나에게 정말 '희망'이란 건 없었다. 입시라는 게 얼마나 냉혹한 현실인지 '현역' 고3 때 느꼈기 때문에. 다만 그 절망의 구렁텅이 속에서 내가 어떻게든 살아가기 위해서 터득한 것이 '현재를 행복하다고 여기는 것'이었다. 류시화 시인의 책 《하늘호수로 떠난 여행》에서 영감을 얻은 건데, 힘들 때마다 '노 프라블럼'이라고 의식적으로, 일부러라도 계속 생각하다 보니까 정말로 '노 프라블럼'이 되더라. 그리고 나니 '미래에 대한 희망'을 따르는 것보다도, 현재를 사랑할 수 있는 법을 터득하게 되었다. '희망'의 환상에 젖게 되면, 잘될 거라는 믿음 때문에 마음이 해이해지는 것 같다. 그것보다는 차라리 결과를 따지지 말고 지금 하고 있는 일에 열과 성을 바치는 게 더 희망적인 미래를 만들어내는 일이라고 생각한다.

'희망 강권하는 사회'하니까 생각나는데, '4개 정당(새누리당, 통합진보당, 진보신당, 민주통합당) 20대 정책 간담회'에 간 적이 있었다. 그때 노항래 통합진보당 정책위 상임공동의장이, 공약 얘기는 안하고 계속 '청춘', '도전', '희망'과 같은 단어들로 주어진 발언 시간의 대부분을 채웠던 게 생각난다. 그때 '희망'이 이용되고 있다는 걸 참 많이 느꼈다.

@소다영: 뜨끔하다. "아직 젊으니까"를 핑계로 나 자신을 위로한 적이 많다. 청춘에게 희망마저 뺏어 버린다면 이제 청춘에게 남은 건 뭘까?

@이상은: 희망: 1. 앞일에 대하여 어떤 기대를 가지고 바람. 2. 앞으로 잘될 수 있는 가능성. 기대 따위 가지지 말라 하고 우리에게 가능성이란 없다고 못 박으면, 청춘들에게 남은 무기는 도대체 무얼까. 그런 빈 깡통 청춘을 추구해봤자 무엇하나.

@유정미: 그래. 맞다. 희망은 없다.

@황혜현: 20대만이 청춘이 아니다. 봄은 또 언젠가는 인생에 찾아온다. 하지만 봄날과 희망은 함께하지 않는 것이 슬플 뿐이다.

@윤송이: 지금 이 상황에서 '희망이 있다'는 근거 없는 믿음마저 없다면 여기저기서 쓰러질 청춘들이 한둘일까. 차라리 희망이 있다고 믿으며 사는 게 당분간은 속 편할 사람이 더 많아 보인다.

@윤지애: 청춘은 잃을게 없다는 말이 차라리 위안이 되는 이유는, 정체되어 있는 나를 '희망이 있으니까'라는 말로 채찍질하는 상황이 필요 없다는 걸 깨달았기 때문에?

@강동경 : 희망을 팔아 장사하는 사기꾼들이 바로 우리 사회를 절망 속에 빠뜨리는 주범이다.

@정수지 : 어느새 우리나라 20대에겐 세상에 발을 내딛기 전의 설렘과 호기심으로 '?'와 '!'의 연속이 이어지는 것이 아닌 벌써 커다란 마침표가 우리의 앞을 가로막고 있는 것은 아닐지. 사회가 찍었든 내가 찍었든 간에 그 커다란 마침표는 '그만 궁금해하고 그냥 뭐하고 먹고 살지 정해라'라고 말하는 듯하다.

@차준호 : 한 대학생이 미소를 지으며 TV를 응시하고, 자막으로 '사람이 미래입니다'라는 문장이 뜨며 끝나는 한 대기업의 광고가 떠오르네요. 미래? 너희들 미래한테 그렇게 대하면 안 되지!

@김현진 : 정확히 말해 그렇기 때문에 더더욱 청춘에게 희망이 있다.

@나윤수 : 딴지일보 김어준 총수 식으로 말하자면, 속이 다 시원하다. 씨바(사전에 나와 있는 욕이 아닙니다. '여흥구' 내지는 '추임새'정도죠). 청춘담론에서 정작 필요한건 차라리 이렇게 '희망은 개뿔 그런 거 없다'는 현실 인식이다. 부정을 부정하지 않고 긍정할 때, 그러니까 부정적인 현실에 온갖 '약을 팔며' 미화하고 각색해서 희망고문하기보단, 그래 이런 암울한 세상이다. 청춘에 희망은 무슨, 이라고 긍정할 때 새로운 가능성이 열린다. 장밋빛 미래를 위해 칼 같은 현실 인식은 필수인 것처럼 말이다. 청춘이라고 불리는 10대 후반에서 30대 이후엔 앞으로의 삶을 영위하기 위한 발판을 마련해놓아야 하고 이를 지키기 위한 노력이 요구된다. '청춘'이 지난 이에겐 도전보다 수성(守成)이 미덕인 것이다. 이런 미래를 예상하고 있는 '청춘'들에게, 더군다나 신자유주의적 무한경쟁 구도 속에서(써놓고

더보기 ▼

도 정말 상투적이다) 살아남기 바쁜 청춘들에게, 청춘에 대한 각종 예찬은 '이것저것 해보고 어서 빨리 자리 잡아라'라는 의미로 다가올 뿐이다.

@박윤아 : 희망은 있습니다. 인간이 본디 미래지향적인지라(최소한 현재에 충실한 현재지향이라 하더라도 꽤 많은 인간은 내일 먹기 위해 오늘을 수단으로써 지향하는 셈일 테죠. 순수하게 지금 이 순간을 누림이란 사회의 틀에서 벗어나 불안을 놓아버렸을 때의 휴식뿐이지 않을까요. 일상에서는 휴식도 내일을 위한 중간정비에 지나지 않으니) 내일 먹고 싶은 게, 내일 서고 싶은 자리가, 내일 얻고 싶은 명망이, 오늘을 살게 합니다. 오늘의 부족을 채울 욕심으로 내일의 희망을 그려내고 그 밑그림으로 오늘을 살 테죠. 내일 호화 크루즈 여행을 떠나고 싶은 게 아니라면, 내일 세계 최고 요리사가 해주는 요리를 맛보고 싶은 게 아니라면, 내일 온 세상 사람들 앞에서 우러름을 받고 싶은 게 아니라면. 그냥 내일이 먹고 살고 마음 편한 내일이었으면, 한다면. 희망은 있습니다. 그런 내일은 충분히 현실화할 수 있는 희망이잖아요. 희소한 가치에 몰려들어 더 희소하게 만드는 어리석은 짓을 하지 않는다면 말입니다. 이런 걸 희망이라고 하진 않는다고 볼 순 없겠죠. 희망이란 개념을 '미래'에 두는 것은 같지만, 그 수준이나 방향을 과하게 설정해놓고 희망이 없다고 말하기엔 너무 각박하지 않나요. 희망이 무엇입니까.

@박찬호 : 이 시대의 젊은이에게 희망이 독인 이유는 그 희망이 적어도 30대에는 이뤄져야 하기 때문이다. 넓게 보고 천천히 가자. 조급한 희망은 족쇄일 뿐이다.

@김선영 : 한국 드라마는 순정애를 강요하고 사회는 희망을 강요하고 학교는 취업을 강요한다. 이러한 보편적 강요의 연속은 어떻게 보면 그렇게 생각하는 것이 우리 삶의 최선이기 때문 아닐까? 이 시대 남은 마지막 환상 같은 것 말이다.

희망이 없는 것이
희망이다

청중 속에서 어느 대학생이 질문했다. "말씀을 듣고 나니 너무 암담합니다. 젊은이들에게 별로 희망이 없다는 생각이 듭니다. 인간의 특질은 어떠한 상황에서도 희망을 잃지 않는 것이라고 들었습니다. 그래도 우리가 품어야 할 희망이 있다면 어떤 것이라고 생각하십니까?"

신자유주의, 양극화, 서브프라임 사태, 수출과 재벌 중심의 한국경제, 더 강고해지는 기득권, 비정규직, 대학교육과 등록금 등의 키워드들을 중심으로 현재 한국사회의 절망에 대해 얘기하고 난 다음에 나온 질문이었다.

짧은 순간 머릿속이 복잡하게 돌아갔다. 솔직히 지금 한국사회에서는 희망의 싹을 찾기가 매우 힘들어 보인다. 희망은 토대를 갉아먹히고 어둠은 깊이를 더하고 있다는 진단이 나 혼자만의 생각은 아닐 것이다.

그렇지만 열심히 나의 강연을 경청한 뒤 그래도 무언가 비빌 언덕을 찾는 진지한 한 청년의 모습에 뭔가 '성의'를 표현하고 싶었다. 어떤 희망을 언급해야 할까. 더 이상 희망이라곤 없으니 아귀다툼에서 혼자라도 살아남도록 검투사처럼 최선을 다하라, 라고 조언할까.

솔직히 '희망이 없다'라고 말해야 했다. 그러나 말을 뱉으면서 기민하게 "희망이 없는 것이 희망이다"라고 말을 바꿨다. '희망이다'를 덧붙인 것이다.

당연히 그게 무슨 말이냐는 추가 질문이 들어왔다. '희망이다'를 덧붙인 행동이 그저 '성의' 표시였다면 답변하는 동안 궤변을 수습하느라 고생했을 것이다. 그러나 우리에게 희망을 찾자면 진짜 그 길밖에 없지 않은가. 물론 "희망이 없는 것이 희망이다"는 말은 더 정확하게 "희망이 없는 것을 인식하는 것이 희망의 시작점이다"로 바꾸어 표현해야 한다.

'인간다움은 어떠한 상황에서도 희망을 잃지 않는 것'이란 견해는 일견 이해가 가지만 전적으로 동의하기 어렵다. 오히려 이 말은 개나 닭 혹은 악어에게나 해당하는 금언이 아닐까. 어떤 주인을 만나도, 아무리 학대를 당해도 주인에게 꼬리를 치며 유대의 복원을 희망하는 생물이 개다. 1만 2000년 전 야생의 늑대에서 문명의 개로 순치된 이후 개는 한 번도 '개다움'을 포기한 적이 없다.

'인간다움'의 관점에서는 개와 관련해 다른 이야기를 풀어낼 수도 있다. 생명으로서 가지는 자신의 기본권을 침해하는 주인에 대해서는 저항해야 한다고. 주인을 무는 개라는 오명을 뒤집어쓰더라도, 개의 권리를 주장하는 게 희망이어야 한다고.

개밥을 못 얻어먹을지언정 생명으로서 존엄성과 자유를 찾아 개집을 떠날 궁리를 시작하는 게 희망의 윤곽이 아닐까. 한식날 타죽은 개자추(介子推)의 전설처럼 말이다. 하지만 개는 그런 존재가 아니다. 개는 어떤 상황에서도 희망을 잃지 않도록 설계된 복종하는 존재이며, 그게 개다운 것이다. 그 주인이 어떠한 주인이라 해도 만약 주인에게 저항하는 개가 있다면 그 개는 도살되고 말 것이다. '개다움'을 갖지 못한 그 개는 더 이상 개가 아니라 늑대이기 때문이다.

물론 외관상 동일할지 몰라도 '절대적 복종'과 어떠한 상황에서도 희망을 놓지 않는 태도가 다르다는 점은 인정해야 한다. 만일 어쩔 수 없이 말 그대로

'개 같은' 인간의 태도를 취하는 상태에 처하게 되지만 그것이 희망의 여지를 남긴, 말하자면 '상대적 복종'이라면 분명 그때의 '개 같은 것'은 '개다움'과 다르다. '개 같은 내 인생'이란 표현은 인간답게 살고 싶다는 역설적 언명이다. 때로 '개 같은 것'은 확실히 인간다움의 범주에 속한다.

인간다움은 희망의 결핍 또는 부재 속에서 희망의 근거지를 구축하는 텅 빈 결연함에서 찾을 수 있겠지만, 희망의 결핍 또는 부재 속에서 희망을 놓아버리는 비극적 분방함에서도 찾을 수 있다. 결코 돌아오지 않을 님을, 결코 돌아오지 않을 것이라는 사실을 알면서도 기다리는 행위는 인간만이 할 수 있다. 그러나 존재의 끝을 놓지 않으려는 시도는 희망의 행위가 아니다. 때때로 인간은 희망의 형식에 절망의 내용을 담는 비대칭적 인식의 주인공이 된다.

비대칭적 인식은 인간다움의 징표이지만, 적어도 의미가 있는 인식인가 하는 판단은 비대칭적 인식이 스스로 말미암은 것인지 아닌지에 달려 있다. 전사통지서를 받고도 느닷없이 돌아올 자식을 위해 매일 저녁밥을 짓는 어느 어머니의 행위와, 이미 전사를 목격했지만 차마 죽었다는 말을 하지 못해 "전사했을 가능성이 높지만 포로로 잡혀 있을지도 모른다"고 전한 아들 친구의 말에 따라 매일 저녁밥을 짓는 어머니의 행위는 행위가 같더라도 전혀 다른 맥락에 위치한다.

가상의 두 사례에서 '사실(fact)'은 동일하다. 아들의 전사와 어머니의 저녁밥 짓기. 그러나 '인식된 사실'은 다르다. 후자의 사실은 살짝 왜곡되어 사실에 색깔이 입혀졌다. 언론이나 정치권에서 자주 목격하는 '색깔론'과 동일하다. 색깔이 사실을 가린 것이다. 전자의 어머니는 아들의 죽음을 마음속 깊이 제대로 인식하고 있지만 차마 떠나보내기 힘들어 자신을 위한 이별의 의식을 거행하고 있다. 반면 후자의 어머니는 아들의 생환을 간절히 바라며 아들을 위한 희망의 의식을 거행하고 있다. 거짓 희망이지만 포기할 수 없는 희망이다. 젊은 세대가 대면한 희망은 바로 후자 어머니의 희망이다. 비대칭이 문제가 아니라 '인식된 사실'이 가짜라는 데 문제가 있다. 후자 사례의 전달자는 허위를 조장했지만 적어도 선의에 입각했다. 하지만 지금 청춘에게 허위를 조장하고 있는 이들은 최소한 고의적으로, 아마도 악의적으로 그리하고 있을 것이다.

그렇다면 이제 분명하지 않은가. 오히려 절망해야 함이. 절망이야말로 희망의 진정한 교두보다. 절망해야 할 때 절망하지 않는다면 이 또한 인간답지 않다. 거짓 희망으로 절망을 방해하는 자들은 성경에 나오는 거짓 선지자나 다름없다. 없는 희망이라면 희망을 완전히 깨부수어야, 또한 그 희망에 대한 구애는 참으로 부질없는 짓이라는 사실을 깨우쳐야 하며, 어쩌면 그런 다음에야 새 희망을 모색할 일말의 가능성을 챙길 수 있지 않을까. 청춘은 절망할 때 절망할 일이다. 희망을 위해서가 아니라, 그저 절망을 위해서 충분히 절망할 일이다.

절망을 충분히 들여다보면, 가짜 희망을 티끌 하나 남기지 않고 철저하게 가라앉히면, 그때 작디작은 점 크기의 시작점이 열릴 수 있다. 작다고 실망할 필요는 없다. 우주를 만든 빅뱅은 하나의 시작점 또는 특이점(영어로 singularity)의 폭발이었다. 여전히 낙관 또한 금물이다. 무수히 많은 특이점이 폭발했지만 우리가 보는 우주는 하나뿐이다.

희망 또는 절망과 무관하게, 세계에 대한 인간의 인식은 본질적으로 절망적일 수밖에 없다는 각성이 전제되면 '인간답게' 살아가는 데 크게 도움이 되겠다.

실시간 댓글

@서지현 : 모든 희망을 다 버렸을 때, 그때 내가 진짜 내딛어야 할 한 걸음이 보이는 게 맞는 것 같다.

@이상은 : '희망이 없는 것을 인식하는 것이 희망의 시작점이다. 청춘은 절망할 때 절망할 일이다.'

@유정미 : 한 기자가 학교에 강연을 온 적이 있었다. 어떤 학우가 그에게 물었다. "요즘 젊은 세대들이 어느 때보다 힘들지 않습니까? 우리에게 희망이 있다고 보시는지요?" 이런 질문들을 수도 없이 들어왔다. 그런데 그 기자가 대답했다. "어느 때나 힘들었어요." 맞다. 어느 때나 힘들었다. 그런데 무엇 때문에 지금 이 시점, 이 시간을 살아가는 20대는 '힘들다'는 말에 너무나 깊게 빠져들어 있을까? 그런 맥락의 질문들이 이제는 질리고 지치는 이유도 여기에 있다.

그런데 잠깐, 우리의 희망은 무엇일까. 인간다운 삶일까, 좋은 직장에 취직하는 것일까. 우리의 희망은 점점 후자에 가까워지고 있다. 아니 이미 후자가 우리의 희망일지도 모른다. '청춘'이 '희망'과 함께 전 방위적으로 소비되면서 그것의 불명확하고 애매모호한 정의들이 점점 신자유주의 경제체제의 '성공 신화'를 만나 더더욱 경쟁사회 안으로 깊숙이 스며들어가는 기분이다. '청춘'은 위로의 대상이 되거나 각성해야 할 대상이다. 그리고 청춘에 대한 위로와 꾸짖음은 '희망'이라는 단어로 귀결된다. 아 서글프다. 제발, 그만. 세대론 대신 《이것은 왜 청춘이 아니란 말인가》, 《열정은 어떻게 노동이 되는가》, 《문화로 먹고 살기》를 읽었다. 역시나 희망은 없다. 그 대안도 명확하지 않다.

@김다슬 : 충분히 절망할 수 있는 용기가 있었으면.

@윤송이 : 절망을 충분히 들여다보면, 가짜 희망을 티끌 하나까지 남기지 않고 철저하게 가라앉히면 새로운 시작점이 열릴 수 있을까. 아니 더 깊은 절망의 나락으로 빠질 것 같다. 절망할 용기가 없다. 그래서 나는 희망과 절망 모두를 들여다보지 않고 허공을 바라보며 별 생각 없이 살고 있는지 모르겠다.

@한민정 : 외로워도 슬퍼도 안 운다고 하는 캔디가 새삼 밉다. 외롭고 슬프니까 우는 거지 그럼 언제 우나요. 울어야 할 때 울지 못하니 웃어야 할 때를 찾지 못하고…. 그러니 현대인들은 스마일 증후군에 걸리는 것은 아닌지. 항상 웃을 순 없다. 힘들 땐 힘들다고 말해야 위로받고 다시 힘내서 앞으로 나아갈 수 있는 법이다. 힘든데도 안 힘든 척 아픈데도 안 아픈 척하면 속병 생긴다. '위로'가 이 시대의 키워드라고 했다지. 맞는 말인 것 같다. 아프니까 청춘인 우리는 위로받을 자격이 있고 위로받아야 한다. 그러니 울고 싶을 때 소리 내어 울자.

@강동경 : 사회가 강매하는 거짓 희망이 아니라 각자 스스로가 찾아내는 희망은 도피가 아니라 각성이다.

@박찬호 : 힘들게 살자. 안 힘들고 어찌 행복할 수 있는가.

@박윤아 : 희망을 놓아버리라 하십니다. 희망이 뭡니까? 전 지금 모든 이가 말하는, 저도 말하곤 하는 희망이 뭔지 잘 모르겠습니다. 능력껏 노력해 그만큼 자리 잡을 수 있는 가능성? 그것은 말 그대로 희망이 아니라 가능성이겠지요. 사람들은 가능성을 보고 희망이라고 하나요. 돈 많이 벌 희망, 유명인이 될 희망? 이런 걸 말하는 건가요? 그것이 희망입니까? 바라고 또 바라는 것이 그뿐입니

까? 가능성이 있음을 기대함이 희망이라 할 수 있을까요? 가능성을 직시함이 희망을 놓아버림일까요? 그건 깨달음이겠죠? 절망은 깨달음과 함께 따라오겠군요. 그럼. 우린 또, 어느 타이밍에 불가능함을 알아차려야 하나요. 적어도 몇 번은 두드려보아야 진정한 의미의 깨달음, 절망이랄 수 있는데. 문에 다다르지도 못하고, 길에서 '안 되겠다'하고 생각해버리는 건 섣부르지 않겠습니까? 그건 깨달음이 아니라 포기겠지요. 절망이 아니라 포기겠지요. 문 앞에 다다라보지 못한 자는 또 다른 희망을 품을 그 '희망'이 문을 두드려본 자보다 부족하겠지요. 다음 목표로 삼은 문 앞까지 다다른다면 그땐. 혹 거기서도 이루지 못한다면 그땐 깨달음이겠죠. 하지만 또 길 위에서 포기한다면 그는 또 다음 문에 대해서도 희망을 적게 품어야 합니다. 그러니 우리가 어느 타이밍에 절망하라 하심인지, 절망의 제대로 된 의미와 과정을 그려달라, 그런 바람이 생깁니다. 절망이 필요한 게 맞겠습니다. 똑똑히 확인한 절망이 있어야 함이 맞겠습니다. 아둔한 청춘이 이를 포기라, 그저 '절망' 두 글자로만 이해해버릴 '오해'의 소지가 있는 것 같군요. 소장님 뜻이 그저 포기나 글자뿐인 절망은 아니리라 생각합니다. 그래야 우린 '날 때부터'라는 무기력한 질서를 생각해내지 않을 수 있을 테니까요.

@김선영 : 신데렐라 콤플렉스, 줌마렐라의 출현. 사회가 어려울수록 브라운관에는 재벌 2세와의 로맨틱코미디 드라마가 판을 친다. 분명히 이를 통해 희망의 콩깍지를 뒤집어쓰는 시청자들이 있기 때문에 나오는 현상일 것이다. 이들에게 위 글의 절망 타령은 너무 잔인한 글이 아닐까? 솔직히 말하면 내게 말이다.

인간을 개로 만드는 불온한 주술,
'긍정 이데올로기'

희망의 사촌쯤 되는 게 긍정이다. 희망과 긍정의 관계는 단순하지 않다. 희망이 보이기에 긍정하는지, 긍정을 통해 희망을 품게 되는지 알 수 없다. 희망과 무관하게 긍정은 독자적인 생명체로 진화하고 있다.

젊음과 마찬가지로 무조건적으로 찬양을 받았던 긍정. 긍정은 하나의 이데올로기로 현대 사회를 지배한다. 보통명사로서 긍정 심리학은 현대인이라면, 특히 젊은이라면 더 진취적으로 받아들이고 체화해야 할 미덕이 됐다. 나아가 직장인에게는 리더십 등 다른 많은 항목과 함께 필수적으로 갖춰야 할 본질적 경쟁력이 됐다.

희망의 빛이 보이지 않는 상황에서도 긍정적인 태도를 갖는 것은 인간의 존엄성과 관련이 있다. 어둠 속에서도 빛을 희구하기에, 진흙 속에 발을 딛고도 별을 바라보기에 인간은 존엄한 존재다. 연꽃의 비유를 들지 않아도 그것은 삶의 지향, 나아가 존재론적 침로이기에 큰 의의를 갖는다.

하지만 긍정이 일상적 인식론, 삶의 태도를 가늠하는 근원적 태도를 의미한다면 얘기가 180도 달라진다. 앞서 언급했듯 태생적 긍정은 개에게 어울리는 태도지 인간에게는 아니다.

이데올로기로 현대 자본주의 사회 도처에 뿌리내린 '긍정'은 인간을 개로 만드는 불온한 주술이다. '긍정 이데올로기'는 소유의 양식이다. 기복신앙을 설파하는 일부 세속화한 종교집단에서 목격하듯 "믿으면 얻을 것"이란 가치체계를 깔고 있다. 종교의 밖에서도 긍정은 공공연한 '비밀'로 심지어 간절히 원하는 것만으로 나는 부자가 될 수 있다.

'긍정 이데올로기'가 전파하는 가치는 '더 많은 소유'다. 우습게도 '긍정 이데올로기' 안에서 긍정적인 관계는 필연적으로 배제된다. 왜냐하면 더 많은 소유를 위해선 더 많이 빼앗아와야 하기 때문이다. 기꺼이 주고받는 관계가 아니라 빼앗고 빼앗기는 관계라면 관계의 기반 자체가 가차 없이 흔들릴 터이고, '긍정적인 관계'를 운위할 수조차 없게 된다. 소유의 양식이 착근된 사회에서는 호혜적 관계가 점점 설 자리를 잃는다. 상호적 관계는 줄어들어 일방적인 관계로 정착되고 호혜는 약탈로 대치된다. 이에 따라 모든 관계는 부정적인 것으로 정립되는데, 이 관계에 관여하는 모든 당사자를 유능한 약탈자로 무장시킨다는 데서 '긍정 이데올로기'의 권능이 발생한다. 관계가 '더 많은 소유'를 위한 수단으로 변질되면서 우리는 존재의 양식에 영원히 이별을 고하게 된다.

'긍정 이데올로기'만큼이나 강력한 이념인 자본주의는 자원의 희소성과 효율적인 배분을 강조한다. 누군가 얻으면 누군가 잃어야 하는 '제로 섬' 게임과 '긍정 이데올로기'가 짝을 이룬 건 난센스이지만 흥미로운 조합이다. '긍정 이데올로기'는 공공재처럼 아무도 배제하지 않으나, '긍정 이데올로기'를 통한 소유량의 증가는 제한적이다. 기적이 일상적이라면 기적이 아니다. 예수가 나사로를 죽음에서 일으켰기에 이적이지, 간병으로 감기를 고쳤다면 아무것도 아니다.

'긍정 이데올로기'는 기적을 설파하지만 누구나 기적을 이룰 수 있다는 견지에 서 있다는 점에서 논리상 자멸할 수밖에 없다. 그럼에도 '긍정 이데올로기'는 건재하고 강력한 영향력을 발휘하고 있다. 그 비밀은 개인화다. '긍정 이데올로기'를 수용한 사람은 철저히 개인의 영역에서 이데올로기를 자신의 것으로 받아들인다. '긍정 이데올로기' 수용자들이 '긍정 이데올로기'를 사회 전체에서 조망하지 않기 때문에 이 이데올로기는 늘 유효하다. 도박장이 돈을 벌고, 도박판에 끼어든 대다수는 돈을 잃는다는 사실을 잘 알지만 도박중독자는 항상 도박장으로 달려간다. 물론 도박중독자의 심리는 사회병리적인 측면에서 규명돼야겠지만, '긍정 이데올로기'와 마찬가지로 개인화의 메커니즘이 작동하고 있다는 점에서 눈여겨볼 만하다.

'긍정 이데올로기'에서 실제 기적을 이루는 자는 《시크릿》으로 엄청난 돈을 번 책의 저자나 '긍정 전도사'들뿐이라고 비아냥거린다면 사태의 일면만 본 것이다. 성공에 목마른 일부 직장인이나 불안해하는 대학생을 대상으로 '긍정'을 상품화해 이들의 주머니를 터는 일각의 상업적 행태는 천박하지만 애교로 보아 넘길 정도다. 본질은 이데올로기가 자발적 순응을 전제한다는 점이다. 강원랜드에 납치되어 가는 사람은 없다.

들개가 아닌 집개가 있다면 개의 주인이 있다는 이야기다. '긍정 이데올로기'하에서 개가 된 인간들이 존재한다면, 그들을 만들어낸 세력이 존재한다는 뜻이다. 그 세력에게 '긍정 이데올로기'의 가장 큰 매력은 사회 구성원들로 하여금 부정에 접근하지 못하도록 원천적인 차단막을 친다는 점이다.

모든 문제의 개인화가 '원천 차단'의 핵심이다. 따라서 부정 또한 개인화한다. 내가 실패한 이유는 내가 부족하기 때문이고, 내가 가난하게 사는 이유는 내가 게으르기 때문이다. '긍정 이데올로기'는 "노력하지 않고 사회 탓을 하는" 게으르고 부정직한 가난뱅이들의 사고를 개조하려는 자본주의 사회의 거대 프로젝트가 만들어낸 산출물이다. '긍정 이데올로기'가 이데올로기란 형식을 취하는 한 이 프로젝트는 사회적 목적을 지닌 계획일 수밖에 없다. 반면 그 목적은 완벽한 탈사회화, 개인화를 겨냥한다.

하여간 '긍정 이데올로기'는 대박이다.

실시간 댓글

@유정환 : 《시크릿》이라는 베스트셀러를 필두로 긍정의 효과를 말하는 책들이 서점에 깔리자 속는 셈 치고 읽어보았다. 긍정의 효과를 믿으면서도 왠지 모르게 꺼림칙했는데 이 긍정 이데올로기가 자본주의 거대 사회의 프로젝트의 산물이었다니… 책을 읽기가 괜히 꺼려졌던 게 아니었구나.

@소다영 : 인간을 개와 비유한 것이 다소 자극적이다. 무작정 긍정하기보다는 확실한 신념을 가지고 긍정하는 게 중요한 것 같다.

@이상은 : 서점에 잡다하게 꽂힌, 하나같이 긍정적인 사고를 역설하는 책들도 꺼려지지만 종일 입이 툭 튀어나와 불평불만만 하는 사람들은 정말 꼴불견이라고 생각하다가, 속 답답한 이야기 하나 온전히 들어주지도 못하는 내가 어느새 '개'가 되어버렸구나, 하는 자각에 이르렀다.

@유정미 : 열정과 노력이 상대의 가능성을 판단하는 시대. 상처받지 않은 척 웃고 있기란 쉬운 일이 아닌데.

@윤송이 : 《시크릿》 동영상으로 수업하는 영어학원을 다닌 적이 있다. "오 오 진짜" 하면서 열심히 학원을 다녔다. 강사가 하라는 대로 숙제도 다 했다. 근데 아직 내 영어 실력은 이 모양이다. 긍정이데올로기가 다 거짓말이라는 걸 몸소 체험했다.

@김다슬 : 개인화가 원천 차단의 핵심이고, 잘못의 원인이 개인화된다면 그것을 극복할 수 있는 방법은 무엇이라고 생각하시나요? 구조적 차원의 사회 인식? 연대? 혹은 다른 것? 개인화를 비판하고 그걸 극복해야 한다며 내놓는 대부분의 대안들은 좋은 말이긴 한데 붕 떠 있다는 생각이 많이 들었습니다. 탈사회화로 부정과 문제의 원인을 개인에게 돌리는 그런 '긍정 이데올로기'에 사로잡힌 사회에 이미 진입했다면 그런 것들로 힘들어하는 개인이 다시 사회로 시야를 확장하는 것은 몇 마디 옳은 말로 이루어질 수 있을 것 같지는 않아요. 그런데 그런 과정에 대해 고민 하는 사람은 왜 찾아보기 어려운걸까요. 저의 시야가 좁고 얕아서?

@강동경 : 긍정 장사꾼이 당신에게 미치는 영향은 약속된 성공의 땅에 이르는 길이 아니라 당신의 주머니에서 빠져나갈 책값으로 인한 자본 상실뿐이다.

@이현목 : 긍정의 효과라는 말은 유명하다. 긍정적으로 생각하는 마음을 가지면 그 뒤에 오는 결과는 항상 긍정적이라는 것이다. 하지만 이 글에서는 이런 긍정이 오히려 사회가 조장하는 인간의 원초적인 감성을 자극해 나태하거나 세상을 제대로 인식하지 못하게 만들어버리는 것을 강조하는 것 같다. 멍청이 같은 긍정을 하라는 것이 아니라, 사고하는 긍정을 하라는 것을 말해주려는 것 같다.

@차준호 : 제가 생각하는 긍정 이데올로기의 원흉 : 아침에 보는 화장실 거울

@김현진 : 모든 문제의 개인화라는 말이 무섭게 현실적이다.

@박찬호 : 긍정의 힘이 유행하는 까닭은 스스로 긍정하지 않으면 너무나 힘들기 때문에.

더보기 ▼

그리고 주변사람들도 나의 힘든 모습 따윈 보고 싶어 하지 않으니까.

@박윤아 : 집개라면, 주인이 사랑해주고 밥도 챙겨주고 산책도 시켜주며 주인과 애틋한 (?) 교감도 나눌 테죠. 그러니 우린 집개는 아니네요. 유기동물보호소에서 새로운 주인에게 분양되는 친구들을 바라보는 한 이름 없는 유기견/유기묘쯤 될까요. 기억나지 않는 주인의 손길에 대한 희망을 품고 될 놈만 되는 그 보호소에서 며칠 짧은 생 마감하는 친구들이 대다수죠.

@김민지 : 젠장. 난 어쩌다 이렇게 긍정적인 사람이 됐을까. 낙오자다.

@김선영 : 괴로울 때마다 이한철의 〈슈퍼스타〉를 틀어대는 본인 역시 긍정 이데올로기 신봉자!

@최잉여 : 바버라 에런라이크의 《긍정의 배신》이 떠오르네요. 지나친 긍정과 희망은 독!

자기 비하와
'워비곤 호수'의 괴수

극단적으로 말해 '긍정 이데올로기'는 사회구성원 다수를 개로 만들려는 음모다. 사회적 문제를 개인의 영역으로 구겨 넣어버려서 누구나 제 (개)밥그릇만 바라보게 만들었다.

칭찬은 사람들의 시선을 밥그릇에 고정시키는 데 중요한 역할을 수행한다. 이런저런 이유로 '고래도 춤추게 만든다'는 칭찬의 몸값은 나날이 높아지고 있다. 칭찬은 '긍정 이데올로기'의 한 축이라 할 수 있으며 '긍정 이데올로기'를 확산시키는 데 그 동기와 무관하게 일조하고 있다.

칭찬의 방향은 안과 밖의 두 가지다. 즉 '긍정 이데올로기'의 한 방편으로 자신을 칭찬하거나 타인을 칭찬하는 것이다. 일단 자기 칭찬은 자기 비하보다 자신에게 유익할 가능성이 높아 보인다. 수많은 자기계발서에서 자기 칭찬하는 법을 알려주면서도 자기 비하하는 법을 알려주지는 않는다는 게 증거일까. 거울을 보며 "넌 괜찮은 사람이야!"라고 외치라는 처방은 꽤 귀여운 편에 속한다. 맨 정신으로 감당하기 힘든 낯 뜨거운 자기 칭찬 처방들에 비하면 말이다.

문제는 무작정 자기 칭찬으로 흐르면 심각한 자기 비하와 마찬가지로 자기 파괴적이 될 수도 있다는 점이다. 이 자리에서 효과적인 자기 칭찬 방식을 조언할 수는 없지만 자기반성이 선행하지 않는 자기 칭찬은 춤추는 고래를 만들지 못한다는 사실은 확인해줄 수 있다. 어쩌면 멀쩡한 고래를 병들게 만들지도 모른다.

'워비곤 호수 효과(Lake Wobegon Effect)'라는 게 있다. 미국의 풍자 작가이자 방송인인 개리슨 케일러가 자신이 진행하는 라디오 프로그램에서 설정한 가상의 마을이다. 1974년 시작된 이 프로그램에서 케일러는 언제나 '워비곤 호수' 마을의 소식을 전한다.

"레이크 워비곤에서 온 소식입니다. 시간도 잊어버린 마을, 세월도 바꾸지 못한 마을, 여자들은 모두 강인하고, 남자들은 한결같이 잘생겼으며, 아이들은 모두 평균 이상인 이곳……"

'아이들이 모두 평균 이상'이란 표현은 그 자체로 형용모순이다. 하지만 그건 논리 이야기일 뿐 현실에서는 다르다. 현실에서는 모순이지만 진실이다. 모든 개인은 대체로 자신을 평균 이상으로 평가한다. '그래도 평균은 넘겠지'란 생각. 하지만 세상은 평균을 기준으로 딱 반반으로 나뉜다. 모두가 평균을 넘을 수는 없는 일이고, 모두가 평균을 넘는다는 착각이 사실(fact)이다. 기업 등 여러 유형의 조직에서 평가가 일반화하고 일상화하면서 워비곤 호수 효과를 흔히 목격할 수 있다. 보편적으로 사람들은 자신을 과대평가한다. 다면평가 등 여러 유형의 평가에 이골이 난 직장인뿐만 아니라 초등학생에 이르기까지 공통적인 현상이다. 대학생 집단에서도 마찬가지였다.

'지속가능사회를 위한 젊은 기업가들(YeSS)'은 사회적 기업을 표방한 대학생 조직이다. 대학생이 아닌 구성원은 내가 유일하다. 한번은 여러 항목에 걸쳐 YeSS 구성원들이 서로를 점수로 평가하도록 한 적이 있었다. 마지막엔 자신에 대해 스스로 평가한 항목별 점수를 적어내도록 했다. (평가 결과는 공개하지 않았다)

약 30명쯤 되는 대학생들의 상호평가는 예상보다 실상을 잘 반영했고, 운영자인 나의 생각과 거의 맞아떨어졌다. 특정 개인의 단체생활, 조직생활 점수는 다른 구성원들이 보기에 큰 편차가 없었다. 조직특성상 특별히 견제해야 할 구성원이 있다거나 정말 밉상인 구성원이 있지는 않기 때문에 비교적 공정한 평가가 내려진 듯했다.

불일치가 목격된 건 자신에 대한 타인의 평가와 자신에 대한 자신의 평가 사이였다. 예외 없이 타인의 평가보다 자신의 평가점수가 높았다. 월등하게 높은 이들도 꽤 됐다. 즉 자신이 자신에게 한 평가들은 거의 높은 점수대에 고정되는 경향을 보였고 자신에 대한 타인의 평가 평균점수들은 여러 점수대에 고르게 포진했다. 대학생들로 구성된 조직이라서 이런 결과가 나온 것은 아니었을 터이다. 정도 차이가 있겠지만 누구나 자신에 대한 타인의 평가에 비해 자신에 대한 자신의 평가가 후하다.

워비곤 호수의 괴물은 네스 호수의 괴물 못지않게 위협적이다. 네스 호수와 달리 워비곤 호수의 괴수는 실존한다. 역사도 깊다. 소크라테스가 "너 자신을 알라"고 했으며, 공자가 "인부지이불온 불역군자호(人不知而不慍 不亦君子乎, 남이 나를 알아주지 않아도 성내지 않으니 또한 군자가 아니겠는가?)"라고 역설한 사실은 워비곤 호수 괴물의 깊은 연륜을 방증한다.

워비곤 호수 효과는 자신을 객관화하지 못하기 때문에 일어난다. 타인의 시각에서 자신을 바라보지 못한다는 얘기다. 물론 적당한 자아도취감은 나쁘지 않다. 나르시시즘은 젊음의 특권이기도 하다. 하지만 젊음은 늙음에서 연상할 수 있는 옹고집에서 탈피해야 한다. 젊음의 특질에는 민감한 수용성이 포함된다. 개방적인 태도로 외부 세계의 장점을 적극적으로 받아들인다. 그러려면 타인의 시각에서 자신을 보는 게 필수적이다. 알고 고집 피우는 것과 모르고 고집 피우는 것 사이에는 큰 차이가 있다. 타인의 시각을 존중하는 태도는 또한 관계 지향적인 경향을 갖는다. 관계 속에 매몰되어서는 안 되겠지만, 관계 속에서 자신의 정체성을 확인하고 끊임없이 위치를 수정하는 작업은 성장에 꼭 필요하다.

워비곤 호수를 생각하면 무작정 자기를 칭찬하라고 권하기보다는 "너 자신을 알라"는 격언을 떠올리는 게 젊은이들에게 더 필요한 조언처럼 보인다. 누구에게나 자신은 소중하기에, 그렇기에 더더욱 자기 칭찬, 맹목적 자기 암시에 앞서 자기성찰과 자기반성의 시간을 갖는 게 절실하다.

자기계발서의 자기 칭찬은 흔히 역량 계발의 수단으로 제시된다. 진짜 칭찬할 만하기에 칭찬하라는 게 아니라 칭찬하다 보면 진짜 칭찬할 만해진다는 논리 구조가 공통적이다. 자칫 그 논리는 뻔뻔함을 조장하는 것으로 비춰질 수 있다. 아전인수(我田引水), 견강부회(牽强附會)라는 사자성어를 매일같이 떠올리게 하는 사회현실을 감안하면 오히려 뻔뻔하지 않은 게 미욱하게 여겨질 법도 하다.

젊은 세대는 기성세대의 문법으로 무장할 까닭이 없다. 받아들이기에 앞서 기성세대의 문법을 비판적으로 검증해야 한다. 자기 칭찬, 자기 비하 같은 허례에 몰입하는 대신 자기성찰이라는 젊은이 본연의 자세로 돌아가야 한다. 이때 자기성찰의 핵심은 사실 파악(fact-finding)이다. 자신을 객관적 사실의 구성물로 이해하려는 노력이야말로 성장의 전제다. 고전문학에 이유 없이 '수업시대(괴테 지음, 《빌 헬름 마이스터의 수업시대》)'가 등장한 게 아니다. 고전을 안 읽듯 이제 젊은 세대는 '수업시대'를 생략하려고 한다. 조울증처럼 마구잡이 자기 칭찬이나 바닥없는 자기 비하에나 사로잡히면서 말이다.

타인에 대한 칭찬은 자기 칭찬만큼 조심스러울 이유가 없어 보인다. 칭찬에 인색한 게 오히려 문제다. 칭찬할 게 보이면 진심으로 편안하게 칭찬하면 그만이다.

　　그러나 타인에 대한 칭찬도 오염된 지 오래라는 점을 지적하지 않을 수 없다. 칭찬이 소통이 아니라 수단으로 전락하면서부터다. 춤추는 고래를 보고 고래를 칭찬하는 것이야 고래가 알아듣든 알아듣지 못하든 흔쾌한 행동이다. 문제는 고래를 춤추게 만들려는 명백한 의도 아래 칭찬하면서 생긴다.

　　정상적인 지각에 따른 판단과 피드백(칭찬)이 아니다. 사전 의도에 따른 선행(先行)적 칭찬과 예기한 결과라는 구조로 변경된다. 여기서 피드백은 칭찬이 아니라 의도를 담은 입력 행위다. 칭찬은 소통의 피드백이 아니라 작의적인 계획이 된다.

　　진심 어린 칭찬이든 아부든, 칭찬은 받는 사람을 기쁘게 만든다고 한다. 인간은 칭찬에 매우 약한 동물이다. 어쨌거나 칭찬은 대체로 선의에 근거했다고 볼 수 있으며 관계 지향적 행동이라는 점에서 기본적으로 권장할 만하다. 그러나 모든 칭찬이 관계 지향적인 것은 아니다. 특정한 결과를 획득하기 위한 결과 지향적 칭찬은 일종의 투자이며 따라서 관계를 근본적으로 왜곡시킨다. 왜 꼭 무엇인가를 얻어낼 수 있는 관계에만 개입해야 하는가. 관계 자체를 즐기거나 몰입할 수는 없는 것일까. 칭찬이 관계 몰입을 방해할 수 있다는 생각이 터무니없지만은 않다.

실시간 댓글

@유정환 : 대인관계를 맺다 보면 어느 정도 거리가 있고 서로 불편한 사람들이 생기기 마련이다. 그런 사람들에게서 듣는 나의 칭찬은 기분이 좋다기보다는 갸우뚱하기 일쑤다. 아마도 결과 지향적 칭찬이었기 때문에 그런 것이 아닌가 싶다.

@소다영 : 인간은 자신에게는 한없이 너그럽다는 점에 공감한다. 똑같은 행동을 하더라도 그 평가는 타인이냐 자신이냐에 따라 차이가 난다. 자기 자신에게 좀 더 엄격해질 필요가 있다.

@민혜원 : 나 자신을 객관화시키는 게 가능한 일일까? 가능하다면 그 결과가 너무 무서워서 피하고 싶을 것 같다. 나 자신에 대해 깨닫지 못했던 부분이 드러난다면 혹은 숨겨왔던 부분이 드러난다면 무너져버리지 않을까. 맹목적인 자기 긍정은 자신에게 해가 되지만, 어느 정도는 필요하다고 생각한다. 그렇지 않으면, 어떠한 가능성도 보이지 않으면 건설적으로 개선해 나가기보다는 시작도 안 하고 무너져버리지는 않을까?

@유정미 : "그러니까, 나를 칭찬(평가)하지 말아요!"

@윤송이 : 나를 알기 무섭다. 내가 얼마나 하찮은 인간인지 굳이 까발리고 싶지 않지만 요즘 들어 점점 드러나고 있는 것 같다. 그럴 때마다 점점 작아지는 나.

@한민정 : 사람들은 '셀카'를 찍는다. '셀프카메라' 즉 자기 사진을 자신이 찍는 사진을 말한다. 카톡이나 메신저 프로필에 셀카로 등록해놓은 경우가 많고 가끔 블로그,

페이스북 등에도 셀카는 자주 올라온다. 100% 자기 자신과 닮았다고는 할 수 없는(?) 셀카에 사람들은 만족하고 다른 사람들의 칭찬을 받고 또 다시 외모에 대한 자신감이 업그레이드된다. 사람들에 의해 확인받고 칭찬받고 좋은 소리를 듣는 데서 오는 모종의 만족감은 자꾸만 우리를 괜한 나르시시즘에 빠뜨리고 있는 것이다. 관계 지향적 행동에서 오는 우리의 판단은 객관적 판단을 흐리는 닦지 않은 뿌연 안경과 같다. 사실 보이는 것에 크게 신경 쓰고 치장한다는 생각이 많이 드는 요즘이다. 고전이나 인문학의 실종과 위기라는 말이 공허한 울림으로 들리고 경제, 경영 등 실용학문의 인기가 드높아지는 것 또한 이런 모습과 닿아 있는 것은 아닌지. 보이지 않는 내면을 치장하고 꾸미는 공부엔 소홀하고 겉으로 보이는 자격증, 학점에만 매몰된 현실이 씁쓸하기만 하다.

@강동경: 사진이 잘못 나온 게 아니라 내 얼굴이 원래 그렇다는 걸 머리로는 알면서도 화장실 거울 앞에서면 알 수 없는 '근자감(근거 없는 자신감)'에 빠지는 건 수컷들의 유전적 결함일까 아니면 자기 객관화가 덜 돼서일까?

@이현목: 자아성찰, 자기반성 없이 자기의 몸값이나 자신의 가치를 보여주기 위한 모습의 부정적인 면을 말하고 있다. 한마디로, 너 자신을 '제대로' 알라.

@차준호: 누군가 그러더라고요. 자신의 약점을 아무렇지 않게 공유하는 사람은 뇌가 정말 섹시한 거라고. ㅎㅎ

@박찬호: 동감한다. 스스로 나를 칭찬하는 건 너무 부끄럽지 않은가. 남에게 가끔 받는 칭찬이 좋다. 그렇다고 남에게 인정받고 싶다는 것은 아니다. 고기 위에 뿌려진 약간의 소금만큼을 원한다.

더보기 ▼

@김민지 : 다 그만 두고 일기나 쓰러 가자

@김선영 : 그래도 남이 해주는 칭찬이 '자뻑'보다 백배 천배 더 즐겁다는 것은 변하지 않는 진리. 하지만 결과 지향적 칭찬을 하는 사람의 눈빛에서 느껴지는 비린내에 진저리나는 것도 사실!

행복은 성적순?

《행복은 성적순이 아니잖아요》란 영화가 있었다. 내용보다도 제목 때문에 유명한 영화다. 젊은 세대의 희망사항을 요약한 제목이다. 어느 정도 인생을 살아 보면 사실 공부 잘한 사람이 꼭 성공하는 것도, 더 행복한 것도 아니라는 사실을 알게 된다.

솔직히 말해 그렇다고 공부 못한 친구가 나중에 더 성공하거나, 더 행복해지는 건 더 아니다. 공부를 잘하면 학창시절에 행복할 확률이 더 높고 나중에 성인이 되어서 윤택한 삶을 살 개연성이 더 높은 게 사실이다.

요즘 들어 성적과 성공, 나아가 성적과 행복의 상관관계는 더 높아지는 추세다. 몇몇 예외 사례를 부풀려서 이야기해서 그렇지 대학입시와 직결된다는 측면에서 고등학교 성적은 높을수록 더 유리하다. 아직까지 높기만 한, 아니 갈수록 더 높아져가는 학벌의 벽 앞에서 의연할 청춘이 어디 있으랴.

학벌만큼 높지는 않지만 학점의 벽도 무시하지 못한다는 게 요즘 젊은 친구들로부터 전해들은 이야기다. 대학생들의 학점 경쟁이나 그 전초단계인 수강신청 전쟁은 386세대 등 이전 세대에게는 낯선 풍경이다.

기성세대는 이렇게 말을 꺼낸다. "내가 대학 다닐 때……." 이건 꼰대라고 광고하는 표현이다. 하여간 내가 대학 다닐 때는 학점에 신경 쓰면 좀팽이였다. 그런 분위기 속에 과도하게 대범했고, 강의실보다는 학생회관이나 뒷골목을 배회하기를 즐긴 탓에 나의 학점은 압도적으로 낮았다. 당시 대학생들의 학점이 대체로 낮은 편이었지만 내 성적표의 존재감은 너무나 뚜렷했다. 서울

신촌에는 'F Only'라는 술집이 있었는데, F가 들어 있는 성적표를 가져가면 술을 공짜로 줬다. 기말고사가 끝나고 조금 지나면 친구들이 나의 성적표를 기다리곤 했다.

학점이 야구선수 선동열 방어율 수준이니, 시력에 맞먹는다느니 따위의 칭송(?)에 아닌 게 아니라 어깨가 으쓱해졌다. 게다가 '무대뽀' 정신으로 무장한 터여서 하마터면 '쓰리 고'로 제적될 뻔했다. '쓰리 고'는 학사경고를 세 번 연속해서 받는 것을 말하는데, 제적을 의미했다. 나는 학사경고를 두 번 연속해서 받은 뒤 세 번째 학점으로 1.5점을 받았다. 1.5점 미만이면 학사경고였으니 참으로 아슬아슬하게 문턱을 넘었다. (알면 기절하셨겠지만 부모님은 이 사실을 몰랐다)

같은 과에 경쟁자가 한 명 있었다. 별로 친하지는 않은 그의 학점이 어쩌면 나보다 낮다는 소문이 돌았다. 무공이 센 고수를 만난데다 4학년이 되고 나서 교수들이 측은지심에서 A학점을 하사하면서 힘의 균형이 무너지기 시작했다. 최저 학점의 지위가 흔들리고 있었다. 그러나 결국 경쟁자는 졸업하지 못했고, 여름학기를 두 번 듣고 마지막 학기까지 21학점을 채워서 들은 끝에 나는 졸업생 가운데 최저 학점으로 졸업할 수 있었다. 졸업생 전체를 통틀어도 몇 손가락 안에 들 거나 어쩌면 아래로 1등일 수도 있다는 게 친구들의 추정이었다. 추정일 수밖에 없는 게 수석졸업자는 발표하지만 꼴등은 발표하지 않는다.

가장 효율적으로 졸업했다는 등 무용담은 그 후로도 오랫동안 이어졌다. 확실치는 않으나 개인적으로도 최저 학점에 약간은 자부심을 느낀 듯했다. 세상사에 초연한 듯한 영웅호걸의 분위기, 뭐 그런 류의 잘난 체가 아니었을까 싶다. 하지만 잘난 체의 대가는 컸다.

개인적으로 가장 자주 받은 질문은 "왜 기자가 됐느냐?"다. 사회의 목탁까지는 아니어도 뭔가 멋있는 이유를 대면 좋겠지만 번번이 내놓은 대답은 "학점이 나빠서"다. 내가 졸업할 때는 지금처럼 일자리가 부족하지 않았다. 오히려 차고 넘친다는 표현이 적합할 텐데, 그때도 낮으나마 문턱은 있었다. 그럭저럭 졸업할 때가 다가와 형편을 파악해보니 나의 학점으로 서류를 낼 수 있는 직장이 거의 없었다. 개인적 선호가 작용하지 않은 건 아니지만 그나마 당시 성적을 내지 않고 시험을 쳐서 들어갈 수 있는 대표적 직장이 언론사였다. 모든 언론사가 서류전형을 하지 않은 건 아니어서 서류전형에서 내 원서를 퇴짜 놓은 곳도 있었다.

1991년 입사한 경향신문은 서류전형에는 물론이고 면접과 최종입사 때까지 나의 대학 성적표를 요구하지 않았다. 전형의 전 과정에서 성적표를 받지 않은 언론사는 당시 경향신문이 유일하지 않았나 생각된다. 재미있는 상황은 경향신문도 1992년 입사시험부터는 학점을 제출케 했다. (요즘은 서류전형 자체를 없앴다) 한 해 늦었다면 더 좋아졌을지 더 나빠졌을지 알 수 없지만 아마도 나는 지금과는 다른 인생행로를 걷게 됐을 것이다.

아슬아슬하게 취업문을 통과한 뒤에야 내가 스스로 선택의 폭을 좁혀놓았음을 깨달았지만 후회막급. 잘난 체의 대가는 그 후로도 조금씩 치러야 했다. 뒤늦게 석사와 박사 공부를 하게 됐는데, 웬걸 매번 학부 성적표를 제출해야 했다. 또 입사 때도 안 낸 성적표를 대학교 겸임교원 임용하면서 제출해야 해 나에게 수모를 안겼다. 나는 운이 좋았다. 스스로 길을 막아버려서 외길 수준이었는데 그 길목이 다행히도 막히지 않고 다 열려주었다는 측면에서 그렇다.

자주 받는 또 다른 질문은 "20대 대학시절로 돌아가라면 가겠느냐?"다. 내 대답은 "싫다"이다. 20대의 갈등과 혼란, 방황을 다시 감당하기 싫다. 그러나 어쩔 수 없이 가야 한다면 학점은 잘 받아놓을 일인 것 같다. 현명한 사람은 자신에게 가능한 한 많은 선택지를 제공하는 삶의 궤적을 그리기 마련이다. 행복이 꼭 성적순이 아니라고 해도 말이다.

내 잘난 체의 수혜자도 있다. 대학시절 현저하게 낮은 학점을 받은 탓에 비록 경영대학원이라 해도 나는 학생들에게 학점을 매우 후하게 준다.

실시간 댓글

@도하원 : 좀 더 일찍 태어날 걸!

@유정환 : 먼 훗날에 과거를 살핀다면 행복이 성적순이 아니겠지만, 지금 내 앞에 닥친 현실은 행복이 성적순이다. 물론 성적에 아랑곳하지 않고 자기 확신이 서는 길을 일찍 발견한 친구는 그 길을 향해 뚜벅뚜벅 걸어가고 있지만 그런 예외를 제외하고 나를 비롯한 내 주변은 모두 성적 향상에 열을 올린다. 한편으로 과거에 후회되는 일을 연령별로 조사했던 결과가 떠오르기도 한다. 재미있는 것은 10대와 20대를 비롯해, 30대와 40대마저도 1위가 '공부 좀 할 걸' 이라는 사실. 내 학점을 떠올리니 갑자기 서글퍼진다. 공부 좀 할 걸 그랬다.

@소다영 : 소장님 덕에 제 학점에도 희망이… ㅋㅋㅋㅋㅋㅋ

@박찬호 : 근거 없는 자신감이 차오른다. 나도 어찌 저리 되지 않을까.

@민혜원 : 서강대학교에는 결석을 일정 수준 이상 초과하면 시험 성적과 관계 없이 FA 라는 점수를 성적표에 갖게 된다. Failure of Absence라는 의미이다. '서강대학생이라면 에프에이 하나 정도는 있어야지' 하고 농담을 하고는 하지만, 재수강을 통해서도 사라지지 않는 그 흔적이 무서워서 새벽까지 술을 마셔서 너무 힘이 들어도 배를 부여잡으며 강의실에서 눈을 붙이곤 했다.

@박윤아 : 선택지가 많아지는 게 맞죠. 사람들이 목표를 잡아두어야(그것도 높게) 공부도

되고 성적이 오른다고 하던데 사실 전 목표 설정을 잘 못합니다. 지금도 뚜렷하게 내가 뭐가 되고 싶은지 흔히 말하는 외형적, 돈 되는 일로는 말하기가 부담스럽습니다. 전 그저 하고 싶어서 하고, 잘하고 싶어서 열심히 하려고 합니다. 고등학교 때 공부도 그렇게 했고, 목표라는 건 누군가 자꾸 묻고, 답을 원하니 하나 설정했던 것 같네요. 마치 학창시절에 첫사랑이 있어야 할 것 같은 그런 이상한(?) 관례에 따라 하나쯤 가벼운 기억을 더 애틋하게 만들어버리는 일 같은? 전 그저 지금 열심히 해서 할 수 있는 한 나를 높여두면 나중에 내가 하고 싶은 일을 하는 데 좀 더 유리하긴 하겠지. 그런 생각으로 현재에 임하는 것 같아요. 그래서 '선택지가 많아진다'에 절대 공감합니다. 할 수 있는 한 다 하면 되지. 아직 방향도 확실히 안 잡혀 있는 사람이(학생일까요) 성적 편식하는 건 정말 이해를 못 했었는데. 그때 기억이 나네요.

@이상은 : 공부 좀 열심히 하시지 그러셨어요. :)

@유정미 : 미디어를 공부하고 싶어 '신문방송학'을 복수전공했다. 그런데 웬걸. 마케팅 수업과 과도한 자기 PR은 내 성향과 맞지 않았다. 무언가를 판매하기 위한 그 수업이 힘들었다. 그리고 3학년 2학기라는 상대적으로 늦은 시기에 복수전공을 바꿨다. '글로컬 문화콘텐츠 연계전공'이라는 아주 긴 이름의 그것으로. 사람들에게 '글로컬'을 설명할 때마다 여전히 애를 먹는다. 하지만 공부가 즐겁다.

아무튼, 행복은 성적순이라는 말이 여전히 유효한 시대다. 나는 문과대학 학생이다. 1학년 때에 '인문과학계열'로 입학을 하게 되는데 상경계열 혹은 신문방송학 같은 학문이 취업 시장에서 우위를 차지하면서(이를 갑과 을의 관계로 설명하기도 하더라며는) 인문과학계열 학우들은 큰 절망감에 빠지게 된다. 고등학교 시절부터 철학이나 문학을 전공하고 싶었던 나는 무탈하게 전공 진입을 했고 체제에 순응(?)하며 학교생활을 하고 있다. 그런데 고등학교 입시 시절 마치 수능 점수에 맞춰 대학을 가듯, 많은 학생들도 학점에 맞춰 전공을 선택한다. 영문과의 전공 진입 커트가 상상을 초월할 만큼 매년 높아지는 것을 보면 참 헛헛하다. 영문과에 학점이 낮아 진입하지 못하거나 원하지 않는 과에 진입한 학생들은 굉장한 혼란을 겪는다. 늦게나마 재수를 결심하는 친구들도 있다. 물론 자신의 전공을 아주 즐겁게 공부하는 친구들도 참 많다. 아무튼 문과대학 학생들 중 많은 인원이 상경계열이나 사회과학계열의 학문들을 복수전공하고 있다.

@김다슬 : 학교에 많았으면 하는 교수님!!ㅋㅋㅋㅋㅋㅋㅋㅋ
성적이 장학금이랑도 직결되니까 요즘은 등록금 생각하면 졸업 후의 많은 선택지 문제 이전에 학교를 다니면서도 신경 안 쓸 수가 없는 듯…

@윤송이 : 고고익선. 학점과 토익 점수 등 각종 점수는 높을수록 좋단다. 학교생활은 한 학기 밖에 안 남았으니 학점을 높이긴 어려울 것 같고 뭘 더 높여야 할까. 그러고 보니 당장 몇 주 뒤가 토익 시험이다.

@한민정 : 내 행복의 기준이 주류 사회의 기준을 따른다면 행복은 성적순이 될 수밖에 없다. 자신만의 기준이 있고 그 기준을 따르는 사람에게 성적이 좋든 안 좋든 그것은 문제가 아니다. 자신의 기준에 부합하고, 부합하지 않는 삶의 방식이 그에게 행복한지 안 한지의 척도가 되기 때문. 만약 자신이 대기업에 들어가서 높은 연봉을 받는 데서 인생의 행복을 얻는다면 당연히 행복은 성적순이 되지 않을까. 소장님의 행복은 성적에 있지 않았다. '스스로 길을 막아버려서 외길 수준이었는데 그 길목이 다행히도 막히지 않고 다 열려주었다는 측면에서 그렇다'는 말처럼 만약 내가 성적과 스펙 때문에 고민하고 있는 사람이라면 그런

더보기 ▼

관점에서 벗어나 다른 가능성을 찾아보는 길 그것이 20대의 행복을 찾아가는 길이 되지 않을까.

@이현목 : 행복은 성적순일 수도 있고 아닐 수도 있다. 성적이라는 것이 부정적인 이미지로 너무 박혀 있지 않나 생각된다. 성적이라는 것이 오히려 개인의 노력과 능력을 표현하는 것일 수도 있다. 사회에서 공평한 잣대를 기준의 척도로 삼는다면 말이다.

@김민지 : 배짱 '쩐다.'

@김지연 : 1학년 때 출석은 열심히 했지만 공부는 안 했다. 고등학교 때까지 내신 점수, 수능 점수 '관리'하느라 지쳤고 시트콤 〈논스톱〉이 주입시킨 환상(잔디밭에서 오순도순 자장면 시켜 먹는 것. 〈논스톱〉에서 공부하는 대학생은 없었다. 심지어 고시생 캐릭터도 연애에 몰두) 때문인지 책을 읽어도 글이 눈에 안 들어왔다. 대신 하고 싶었던 봉사활동을 했는데, 지금도 그때의 내 결정에 후회는 없다. 더 마음 놓고(?) 딴 짓을 못한 게 후회다. 비록 성적표를 보면 한숨이 나오지만.

@안혜정 : 글에서 진정성이 느껴집니다!!! 게다가 학점을 후하게 준다는 대목에서 양심이 느껴져 필자에 대한 신뢰감 형성.

휴학 필수 시대

그렇게 '더러운' 학점을 받으면서 대학시절 나는 휴학까지 감행했다. 집에다 알리지도 않았다. 학교는, 정확하게 학생회관은 매일 나갔으니 부모님은 휴학을 짐작조차 못했다.

요즘 대학생들도 휴학을 많이 한다. 거의 필수가 되다시피 했으며 띄엄띄엄 두 해를 휴학하는 친구들도 많이 볼 수 있다. 그러나 386세대의 휴학과 요즘 대학생의 휴학은 많이 다르다. 386세대는 주로 정치적인 동기에서 휴학을 결심하는 사례가 많았지만 요즘은 100% 자기계발을 위해서 휴학한다. 의대가 아닌 일반대학에서 대학 5학년, 6학년을 쉽게 볼 수 있다. 교환학생까지 다녀오면 금세 대학 7학년이 된다.

YeSS에서는 학기마다 신입회원을 뽑는다. 저학년을 뽑으려고 노력하는데 항상 4학년이 많이 뽑힌다. 4학년생들에게 "공식 활동 기간만 1년인데 끝까지 활동이 가능하냐?"고 물으면 한결같이 휴학할 예정이라거나 한두 학기 더 다닐 예정이라고 대답하고, 실제로 그렇게 한다.

4년 만에 졸업하는 건 아주 드문 사례에 해당한다. 광주 출신의 E군(중문과)은 2011년 2학기가 마지막 학기였다. 남들처럼 최소 한 학기만이라도 휴학하고 싶었지만 다음 학기면 동생 학비까지 몰려 부모님께 한꺼번에 부담을 드릴까 봐 초스피드로 졸업하기로 했다. 정상 졸업이 초스피드인 것이다.

어떤 자기계발을 위해 학생들이 휴학할까, 궁금하지 않을 수 없다. 비교적 가까이서 휴학하는 학생들을 지켜본 바로는 생각보다 소위 자기계발에 성공적인 비율이 높지 않았다. 타인에 대한 관심은 없지만 자기 일은 똑똑하게 잘

처리한다는 게 젊은 세대에 대한 기성세대의 통념이다. 그런 기대에 부응하는 휴학생이 많지는 않아 보였다. 그런데도 휴학이 기본처럼 자리 잡은 이유는 무엇일까.

내가 느끼기에 학생들이 휴학을 결심하는 가장 큰 이유는 불안감 때문인 듯했다. 막상 취업전선에 맞닥뜨렸을 때 잘 해낼 수 있을지 걱정되기 때문에 우선 유예기간을 갖자는 심정을 많이 볼 수 있었다. 그러나 불안감에 더한 보다 본질적인 이유는 '하품 증후군' 때문이라는 게 나의 판단이다. 방 안에서 누군가 하품하면 다들 따라 하게 되듯이, 주변 친구가 휴학하면 덩달아 하게 된다.

386세대의 휴학은 대의명분을 갖고 있었다. 휴학 동기는 대체로 나보다는 타인을 앞세웠다. 부모님까지 속이고 휴학할 정도니 주체적인 결단이라는 데 이견이 없어 보인다. 지금 젊은 세대의 휴학은 다소 타율적인 경향을 띤다. 남이 아니라 자신만을 위한 휴학을 내세운다 해도 대책 없는 따라 하기 식 휴학은 자기계발에 전혀 도움이 안 된다.

젊은 날의 유예기간은 그 자체로 좋다. 그러나 이도 저도 아닌 유예는 소모일 뿐이다. 휴학을 통해 진로를 탐색하고 내면을 두드려보려거든 철저하게 자신을 놓아버려야 한다. 휴경(休耕)은 지력을 북돋는다. 몸과 마음을 쉬게 하려거든 확실하게 방치하라.

뭔가 목표를 세운 휴학이라면 달성 방법을 확실하게 마련하는 게 필수다. 보통 영어, 취업 준비 등의 목표를 세우는데 달성 가능한 목표에 적당한 강제적 부여장치를 마련해야 실패가 없다. Y군(사회학)은 휴학과 함께 상호 강제가 가능한 다소 '불편한' 팀에 들어갔다. 주간 단위로 진도를 맞추어 진행한 휴학생활을 통해 여러모로 성장한 Y군의 사례에서 핵심은 불편한 감시자의 존재다. 의지가 강력하다면 자발적으로 타율적이 되는 게 좋은 방법이다. 자신을 과대평가하는 행위야 말로 실패를 부른다. 목표는 자율적으로 세우되 실현에는 강제화 장치를 마련하는 게 현명한 처사다.

가장 중요한 점은 휴학을 하던, 하지 않던 주체적으로 또 뚜렷한 관점을 갖고 결정하라는 것이다. 실행하지는 못했지만 대학시절 나는 원양어선을 타는 계획을 세운 적이 있었다. 원양어선이나 탄광도 좋고, 영어 몰입이나 스펙을 위한 해외봉사도 괜찮다. 휴학하지 않고 미리미리 준비해 빠른 첫 휴가를 기대하는 것도 나쁘지 않다. 가장 나쁜 행태는 휴학한 뒤 이것 찔끔, 저것 찔끔, 그렇다고 확실히 노는 것도 아닌 채 성과 없이 부모님 돈만 낭비하는 것이다.

미친 듯이 연애하기 위한 휴학이라면, 적극 권장한다. 그런 휴학은 하고 싶은 만큼 얼마든지 해도 좋다. 외부의 제약이 아니라 스스로 못 견뎌서 어차피 여러 학기 지속되기 어렵겠지만 충분히 도전해볼 만한 일이다. 사랑을 위한 휴학은 폭발적인 자기계발을 이룰 수 있게 해준다. 어쨌거나 남을 위한 휴식이 아니라면 자기계발이든 무엇이든 나를 위한 나날로 만들어야 한다.

실시간 댓글

@도하원 : 확실히, 아무것도 이룬 게 없는 상태에서, 아니 이룬 게 없다고 판단하는 상황에서 무휴학 졸업은 불안하다고들 하더라고요. 4학년 졸업 직전 이력서에 한 줄이라도 더 넣겠다고 급히 휴학을 하는 사람도 봤고요. 요즘 교환학생, 공모전, 토익, 자격증 등은 졸업과 동시에 갖춰져야 할 기본 '소양'이니까요. 그나저나 난 어쩌지?

@유정환 : 휴학생 신분이기 때문에 읽으면서 괜히 속이 뜨끔했다. 하지만 목적 없는 휴학은 아니다. 그 목적이 다소 두루뭉술할 뿐. 복학하면서 후회하지 않도록 부지런히 살아야겠다.

@서지현 : 지금 3학기인데, 대학교 4년이 참 짧다는 생각을 한다. 아무래도 4학년 때는 이래저래 많이 바쁠 테니 일단 빼놓고, 4학기까지 YeSS 활동을 하고 5학기 땐 교환학생을 가겠지. 6학기 땐? 연극을 해보고 싶다. 춤도 추고 싶다. 책도 엄청 많이 읽고 공부도 많이 하고 싶고 워크캠프도 가고 싶고, 제주도, 오키나와, 호주 등에서 워킹 홀리데이도 하고 싶다. 휴학해서 나 하고 싶은 거 하기에도 시간이 빠듯할 텐데, 휴학기간 동안 취직 준비를 위한 자격증이나 영어 점수도 만들어야 할 테고, 그렇다고 맘 놓고 휴학하기엔 취직할 때의 나이 생각도 좀 해야 하고. 참, 어렵다.

@소다영 : 3학년이 된 올해 나 역시도 휴학을 계획 중이다. 하지만 386세대인 부모님께서는 휴학에 부정적인 입장이시다. 그냥 빨리 졸업한 후 취직을 하는 게 어떻

겠느냐고 제안하신다. 하지만 아직 취직에 대한 자신이 없다. 또 그렇게 바로 취직을 해버리면 이제 정말 나만을 위한 시간이 사라질 것 같기에 취직 전에 나를 위한 여행을 떠나보고 싶은 생각이 강하다. 하지만 무계획 휴학을 하는 건 주위에서 많이 보았지만 시간 낭비임이 확실하다. 이도 저도 아니게 귀중한 청춘의 세월은 보내는 것이다. 휴학에 대해서 찬성하지만 꼭 '선계획 후휴학'이 되야지 '선휴학 후계획'은 위험성이 따른다.

@박찬호 : 휴학을 하기가 싫은데 빨리 사회에 나가기도 싫으니 어찌해야 할지 모르겠다. 길을 잃은 나를 위해 오늘도 이것저것을 들춰본다. 하지만 마냥 두리번거리기는 싫으니 강제화 장치를 얼른 마련해야겠다.

@민혜원 : 사랑을 위한 휴학이라니, 너무 낭만적이다. 그리고 나와는 너무 상관이 없어 보인다. ㅠㅠ 휴학을 했었다. 무엇인가에 쫓겨 힘들어서 휴학을 했었다. 하지만 휴학하고 나에게 쏟아지는 시간들은 오히려 더욱 고통스러웠다. 아침에 눈을 뜨면 무엇을 해야 할지 몰라 고통스러웠다. 손가락으로는 머릿속으로는 '이런 저런 것을 하고 싶어'라고 말하고 있지만 내 몸은 내 마음은 그게 가식적이라고 말했다. 그야말로 폐인이었다. 한 달을 그저 영화와 미드만을 보며 살았고, 다음 달부터 영어학원에 다니기 시작했다. 친구가 교환학생으로 간다는 게 갑자기 부러웠기 때문이다. 학교에 다닐 때보다 더 부지런한 생활이었지만 그 시간이 더 행복했다. 휴학을 해도 좋다. 그러나 계획 있는, 목적 있는 휴학을 했으면 좋겠다. 그러나 말로는 쉽지 몸으로 경험하지 않고서는 이게 얼마나 추상적이고 힘든지 모를 거다.

@박윤아 : 우선 알찬 휴학에 큰 도움주신 소장님 감사드려요…. 나를 놓아버리고, 방향을

더보기 ▼

잡고, 쉬기 위한 목적의 휴학. 이제 처음 휴학하지만 작년에 비슷한 시기를 보낸 것 같습니다. 중국 교환 학생 때 난생처음 자유롭게 여행도 실컷 하고 100% 자율적인 시간 활용으로 공부도 하고, 친구도 사귀고, 그동안 2012년 계획을 세우고, 휴학하고 학교 밖에서 뭔가를 배우고, 사람도 만나야지, 하는 결심을 했어요. 지금 아직 초반이지만 무척 잘되고 있는 것 같아 행복하고, 그렇지만 그 일이, 그런 시간이 우리나라 안에선, 휴학이라는 기간에 하기는 두렵다는 현실이 슬픕니다.

@유정미 : 많은 친구들이 휴학을 했고 해외로 떠났다. 만약 휴학을 하게 된다면 오래전부터 꿈꿔왔던 것들을 해보고 싶다. 언제였는지는 모르지만, 전국 사찰기행이 꿈꾼다. 이유는 명확하지는 않다. 불교 신자도 아니다. 다만 그냥 속세와의 단절을 경험해보고 싶은 치기랄까. 고차원적이고 철학적인 이유도 물론 있다. 그리고 하나는 도서관에 틀어 박혀 매일 책을 읽는 것이다. 맹목적인 책 읽기가 아닌 책 읽기 말이다. 때로는 이론서를, 답답한 날에는 연애소설을 때로는 사회과학서적을. 활자가 숨 막힐 때, 때로는 그림을 보고 음악을 들으며. 그리고 자본과 첨단 테크놀로지의 집약적 상품인 영화도 열심히 소비하고 싶다. 아, 찬란한 휴학이여.

@윤송이 : 목적이 뚜렷한 휴학을 했다. 그래도 대충 하루하루를 보내고 있는 건 아닌지 무서워질 때가 많다. 그런데 요즘은 목적 없는 휴학을 해보고 싶다는 바람이 간절하다.

@윤지애 : 고등학교, 대학교, 심지어 방학 때까지 쉬지 않고 공부만 한 나에게 휴식을 선물하고 싶어서 휴학을 시작했다. 그런데 아예 놀자니 학교 다니는 친구들에게 뒤쳐질까 불안해 영어학원을, 영어학원 비용이나 여행 비용이 부모님에게 부

담이 될까 봐 알바를 시작하니 이도 저도 아닌 '가장 나쁜 형태'의 휴학이 되어 버렸다. ㅠㅠ

@한민정 : 지난 학기가 미친 듯이 연애하기 위한 휴학이었으면 좋았을 텐데… 저는 남자랑 연애 안 하고 YeSS랑 미친 듯 연애했네요. 그것만으로도 행복합니다. ♡

@강동경 : 대학생 5년차인데 아직도 3년 남았다.

@이현목 : 이루고 싶은 것을 이루는 휴학이 필요하다. 어영부영 보내지 말자! 자신의 삶에 맞게 계획하고 설계하는 시간을 가지는 것은 인생에 있어서 값진 경험이 될 것이다.

@차준호 : 휴학하고 연애에 집중해보고자 했으나! 사실 재학/휴학 여부가 문제는 아니더라고요…

@김현진 : 미친 듯이 사랑을 하기 위해 하는 휴학이라ㅋㅋ 그건 아니지만 휴학하길 잘했다는 생각이 드는 요즘이다.

@김민지 : 나의 경우는 조금 다르다. 나는 최대한 빨리 졸업해 경제적으로 독립하고 싶었다. 전액 장학금의 특권 덕분에 학비는 걱정하지 않아도 되었지만, 부수적으로 들어가는 생활비가 만만치 않았다. 나는 나름 열심히 벌어 쓰는데, 전화로 들려오는 부모님의 목소리는 한결 같다. "돈 마련이 힘드네." 나도, 부모님도 자본 부족의 피해자였다. 한시라도 빨리 가시방석에서 일어나고 싶었다. 하지만 이게 뭔가. 나는 반 강제로 휴학을 해야 했다. 너무 세게 달리다 벽에 부딪히면

더보기 ▼

크게 다치듯이, 나는 너무 앞만 보고 달리다 발밑에 있는 돌을 보지 못하고 쾅 당, 넘어졌다. 휴학 후 반년 내내 병원 신세를 졌다. 부모님께는 비밀로 했지만, 곧 탄로 났다. 병원비는 학교에서 내줬고, 나는 여러 지인의 집을 전전하며 잘 곳을 구걸했다. 그때만큼은 부모님께 돈 달라는 소리를 하지 않아도 되었지만, 눈을 뜨면 노숙자로 전락할지도 모른다는 생각에 악몽을 자주 꿨다. 끔찍하게 들리는가? 당시엔 끔찍했지만 지금은 반 강제로 한 휴학이 참 멋진 선물이자 기회였다고 생각한다. 불안과 고통, 버림받음, 실패감 등과 피 터지는 투쟁을 벼랑에 몰려 한 끝에 '나'라는 강력한 무기를 전리품으로 얻었기 때문이다. 삶은 곧 괴로움이고 행복은 곧 괴로움을 끌어안는 것이다. 앞으로도 싸워 나가야 할 괴로움과의 전쟁이 참 많이 남았다. 스펙을 쌓던, 등산을 하던 휴학 기간 동안 색다른 기회와 강인함을 찾을 수 있다면 더할 나위 없이 값진 시간이 될 거라 생각한다.

@김지연: 3년 휴학 기간 동안 잉여 생활을 했다. 영원히 잉여가 되면 어떡하나 하는 불안감은 있었지만 자발적으로 선택한 잉여 생활이라 하루하루가 너무 재있었다. 무작정 텔레비전만 보기, 하루 종일 내가 읽고 싶은 책 읽기, 남들은 학교 갈 때 침대에서 뒹굴 거리기. 정해진 시간에만이 아니라 마음 내키는 대로 운동하기. 인간에게는 '잉여' 시간이 필요하다고 생각한다. 평소에도 나를 끊임없이 되돌아보는 유형의 인간인데 그 잉여 생활을 통해서 진짜 내가 누구인지 알게 됐던 것 같다. 그런데 요즘은 자발적 잉여가 되고 싶어도 영원히 대오에서 탈락할 것 같은 불안감에 선뜻 그럴 수 없는 사회 분위기다.

@김선영: 현재 휴학 버킷리스트 실행 중! 사랑을 위한 휴학이 함정 ㅜㅜ

미국에서는 거지도 하는, 그놈의 영어

영어를 공부하기 위해 휴학하는 나라는 많지 않을 것이다. 휴학하지 않더라도 대학생들은 영어를 달고 산다. 방학이 다가오면 제일 먼저 알아보는 게 영어학원이다. 여름방학과 겨울방학에 대학 캠퍼스는 썰물이고 학원가는 밀물이다. 초등학교 때 처음 만난 영어라는 녀석과는 아무리 세월이 흘러도 친해지지 않는다. 취직한 이후에도 낯설기는 마찬가지다.

대학생 나아가 한국인의 공통 고민이 영어다. 영어에 자원과 정력을 쏟아부어야 하는 현실에서 저절로 반미주의가 생길 법하다. 갑자기 웬 반미냐고? 얄미우니까.

어릴 적 통하던 농담 중에 이런 게 있었다. "야 미국에서는 거지도 영어를 쓴데." 일종의 시샘일 수 있다. 거지도 영어를 쓰는 나라. 그 나라에 대한 열등감의 형성과 심화, 그리고 극복이 현대사의 내용이라고 해도 과언은 아닐 것이다. 앞으로 쓸 현대사는 어떤 내용으로 채워질까.

거지도 영어를 쓰는 나라 미국에 대한 부러움은 동시에 모종의 반감을 구성한다. 그 나라에 태어났다는 이유만으로 미국인은 영어 능통자가 되었으니 말이다. 우리가 영어에 들이는 온갖 노력으로부터 그들은 자유롭다. 물론 영국에서 태어나도 영어 능통자가 될 수 있겠지만 왠지 그곳은 제국의 주변부란 느낌이 든다.

사실 미국의 주인은 지금의 미국인이 아니다. 역사적 연고권에 입각하면 영국 등의 유럽계 이민자들이 학살한 아메리카 원주민들이 미국의 주인이라고 봐야 한다. 먼 과거 해수면이 낮을 때 베링해를 통해 들어간 우리와 비슷하게 생긴 사람들은 광활한 대륙에서 대를 이어 살아갔다. 영어를 쓰는 침략자들이, 영어를 쓰지 않으며 피부색이 다른 그 땅의 원래 주인들을 사실상 멸절시키고 자기 땅이라 주장하며 미국이 탄생했다. 미국이 세계 유일 강대국이 되면서 영어는 침략자의 언어에서 세계인의 언어로 격상됐다. 영어는 피의 언어이며, 미국식 중화주의의 표상이기도 하다.

좋든 싫든, 더럽든 깨끗하든, 배우기 쉽든 어렵든 우리는 영어를 배운다. 세계 6,000개 언어 가운데 거의 유일하게 막대한 돈을 들여 기를 쓰고 배운다. 미국에서 태어났다는 이유만으로 선생이 된 영어 강사들에게는 한국에서 돈 벌 기회를 제공한다.

미국과 관련해, 1등이 전체를 독식하는 현상은 언어에 국한되지 않는다. 대표적인 게 인터넷 주소체계다. 한국기업은 'co.kr'이지만 미국은 그냥 '.com'(닷컴)이다. 원래 'co.us'처럼 구별해서 써야 맞는데, 미국인들은 그냥 우긴다.

달러에도 같은 논리가 적용된다. 2차 세계대전 이후 미국 달러는 서방 자본주의 사회의 기축통화 역할을 떠맡았다. 브레턴우즈 체제는 미국 달러를 '화폐 중의 화폐'로 등극시키면서 대신 달러를 금 태환 화폐로 유지하도록 조건을 달았다. 하지만 1971년 미국 닉슨 대통령이 불(不)태환을 선언하면서 달러는 선출되지 않은 세계 권력이 되어버렸다. 한동안 뒷골목에 공짜로 마약을 뿌려 지역민들을 중독자로 만들어놓은 다음 마약 판매를 시작한 형국이다. 그냥 여러 화폐들 중의 하나였는데 다소 어이 없이 '최고 화폐'가 되어버렸다.

외환위기를 겪은 우리나라는 주로 달러로 구성된 외환 보유액을 적정 수준으로 유지하려고 무척 애를 쓴다. 반면 미국은 외환 보유에 신경 쓸 필요가 없다. 미국에 외환위기가 발생할 확률은 사실상 전무하기 때문이다. 말처럼 쉬운 일은 아니지만 아무리 큰 빚을 져도 달러 찍어서 갚으면 그만이다.

서브프라임 사태 때 사고를 치기는 미국 금융기관들이 쳤는데, 한국을 포함해 세계 각국은 달러를 확보하느라 난리를 겪었다. 미국엔 금융위기였지만 한국에는 금융위기 겸 외환위기로 나타났다. 달러가 슬그머니 세계통화가 돼버렸기 때문에 빚어진 현상이다.

달러나 영어, 즉 미국으로 인해 겪는 북새통은 타율적으로 '친미반공' 정권이 출범한 한반도 남쪽에서는 불가피한 숙명이었을까. 일부 종교인들이 수많은 나라들 가운데 미국을 꼭 집어 그 나라를 위해 기도하고, 조지 부시 등 특별히 그 나라 지도자를 위해 기도하도록 유도하는 게 우리나라다. (흑인인 버락 오바마를 위해서도 기도하는지 조금 궁금하긴 하다)

영어 학습 열풍에도 이런 강박이 내재했다. 단지 대표적인 의사소통 언어로, 사용인구가 가장 많은 언어가 영어인 정도가 아니다. 그 이상이다. 요즘은 좀 줄어들었는지 모르겠으나, 우리말은 마구 틀리게 사용하면서 틈만 나면 영어를 섞어서 쓰는 대학교수들이 적잖다.

중앙일보의 대학평가 때문에 확산일로인 영어수업은 차마 눈 뜨고 볼 수 없는 코미디다. 한국 대학에서 한국인 교수와 한국인 학생들이 마주 앉아 예컨대 한국사까지 영어로 가르치고 배우는 진풍경을 요즘 대학가에서 흔히 볼 수 있다. 선생은 가르치기 힘들고, 학생은 알아먹지 못하는, 누구도 원하지 않는 "뼛속까지 친미인" 영어수업 대신 차라리 실용적인 영어교육을 제대로 할 수는 없는 것일까.

이러한 온갖 불쾌함에도 우리 대학생들이 영어를 배울 수밖에 없다는 게 현실이다. 입시, 진학, 승진시험 등 한 단계에서 다음 단계로 넘어갈 때마다 영어실력을 검사한다. 요즘은 외부 영어실력 검정기관에서 받은 영어점수를 제출하는 추세여서 또 다른 방식으로 미국인들의 배를 불려주고 있다. 공인된 영어시험이라곤 한 번도 친 적 없는 나에게 토플 한 번 치는 값이 30만원 가까이 한다는 사실은 충격적이었다.

영어를 피해 갈 수 없다면 영어와 관련된 사회적 비용을 줄이려는 공론화가 절실한 시점이다. 영어산업 언저리에서 먹고사는 많은 이들의 기득권을 적절하게 조정하면서 본질적으로는 대학생들의 과도한 영어 학습 비용 부담을 줄여주는 게 논의의 핵심이 되어야 한다.

나는 '영어 스트레스'에서 벗어난 지 이미 오래다. 그렇게 열심히 공부하는 성정이 아닌데 내가 원하는 정도의 영어 실력을 쌓기 위해 노력하다간 다른 건 아무것도 하지 못하게 될 게 뻔했다. 물론 어릴 때는 다른 학생들처럼 《성문종합영어》와 (시험용이 아닌 학습용으로) 토플책을 봤고 《Word Power made easy》라는 단어책 등을 학습했지만 입사 후에는 더 이상 영어 학습에 투자하지 않았다. 나에겐 참 다행스럽게도 내가 입사할 당시 신문사 영어시험은 해당 신문사 국제부에서 출제를 책임졌기에 어려운 단어의 의미를 물어보고 외신을 번역하는 게 주종이었다.

영어 공부를 하지 않았다는 얘기지 그렇다고 영어로 된 텍스트를 읽지 않았다는 것은 아니다. 직업상 외국 신문이나 자료를 영어로 읽어야 했고 뒤늦은 공부 과정에서 영어로 된 외국 논문을 읽었다. 어쩌다 해외에 가게 되면 철저하게 단어 중심으로 대화한다. 못 알아들었을 때 애매한 미소를 지으며 웃지 않고 "무슨 말을 했느냐"고 다시 물어보고 내 영어가 시원치 않으니 천천히 말해달라고 부탁한다. 더 높은 차원의 의사소통이 필요할 때는 통역을 활용했다. 나보다 영어 잘하는 사람이 널려 있다는 게 유리한 점이었다.

하지만 내가 외국인 회사에 다녔거나 미국인 등 외국인과 자주 거래해야 하는 처지였다면 나의 대범함을 당연히 재고했을 것이다. 국가 경제를 걱정할 때는 달러 보유액을 신경 써야겠지만 나 같은 사람에게 달러화는 해외여행 시 호텔에서 팁 줄 때 필요한 1달러짜리 수십 장이면 충분하다.

영어도 마찬가지다. 영어를 잘하면(더불어 일어나 중국어, 독어, 불어까지 구사하면) 편리하고 때로 당당하게 항의하고 따질 수 있어 멋있어 보인다. 하지만 영어 말고도 잘하면 좋은 것들이 많다. 나라 경제를 책임지는 사람들이 당연히 달러화 리스크에 대비하듯 생활인들도 적정 영어 실력을 갖춰야 한다. 핵심은 '적정'이다. 생활의 현장에서 갖춰야 하는 영어의 수준은 매우 다양할 것이기에 자신에게 필요한 수준 이상으로 공부할 필요는 없다. 과도한 영어 공부는 생활을 원화로 하면서 개인 차원에서 달러로 '개인' 외환보유액을 쌓는 것처럼 바보 같은 짓이다.

결국 자신의 진로와 관련해 영어 공부를 어느 정도로 할지 빨리 확정하는 게 '영어 스트레스'를 줄이는 방편이겠다. 사회생활 또는 직장생활에서 영어의 비중은 그렇게 높지 않다. 영어 잘하는 사람보다 일 잘하는 사람이 항상 우선이다. 따라서 제대로 점수를 올리지도 못하면서 매일 토플책을 끼고 영어학원을 드나든 사람보다 때로 영어책을 내려놓고 정기적으로 한국어로 된 양서를 읽은 사람이 사회에서 훨씬 환영받고 능력을 더 발휘할 것이 자명하지 않은가.

영어교육 전문가가 아닌 일반인의 한 사람으로서 개인적인 견해임을 전제하고, 나는 영어가 모국어가 아닌 사람에게 말보다는 대체로 글이 더 유용하지 않을까 생각한다. 국어 말고 습득할 수 있는 외국어가 영어 정도일진대, 그때 영어는 다른 세계를 보여주는 창이 될 수 있으며 책이든 인터넷이든 글을 해독하는 능력이 개인의 성장에 더 보탬이 되지 않을까. 어휘는 인식의 지평을 넓히는 힘이다. 그런 논리에서 영문과 학생이 아니어도 영어교재 말고 영어로 된 책에 가끔 도전해보는 건 어떨까.

실시간 댓글

@도하원 : 초, 중, 고등학교를 거쳐 대학교까지 10년이 넘는 세월을 바쳤는데 아직도 고만고만한 실력으로 쩔쩔 매는 모습은 확실히 아이러니합니다.

@서지현 : 내 경우, 외국에 여행 갔을 때 외국 사람들이랑 얘기하는 게 참 신기하고 재미있게 느꼈기 때문에 외국어를 배우는 것 같다. 하지만 다다음 학기에 교환학생으로 가고 싶어서 토플 공부를 하는 중인데 죽을 맛이다. 한국어로도 잘 모르는 단어를 영어로 배우려니.

@소다영 : 영어는 피하고 싶어도 피할 수가 없는 놈이다. 유치원 때부터 영어교육을 시작했고 지금도 하고 있지만 배우는 내내 쩔쩔 매고 있다. 영문학을 전공하는 나로서는 영어는 필수다. 방학 때면 영어학원에 가는 일은 당연시 되고 있다. 하, 정말 쿨하게 영어를 놔버리고 싶을 때도 있지만 현실을 생각하면 그럴 수가 없다. 오히려 영어 말고 다른 제2외국어를 더 공부해야 한다는 생각도 한다. 그만큼 영어는 필수 스펙이 되었고 유치원 때부터 나를 끊임없이 괴롭히고 있다. 흐엉.

@김민지 : 영어는 미국뿐만 아니라 호주, 영국, 아프리카 대부분의 나라, 캐나다, 인도, 뉴질랜드 등 너무나 많은 나라에서 사용된다. 영어=미국이 아니란 얘기다. 머리에 든 것 없이 영어에 능통하단 이유로 국제회의에 불려가 통역을 맡은 경험이 꽤 있는데, 여러 나라에서 모이니 통용되는 언어는 당연히 영어였다. 공통어를 구사하지 못하는 사람은 한 나라의 대표라 할지라도 회의에 참여할 수가

없다. 통역을 쓰면 더 골치가 아프다. 통역사가 배경지식을 충분히 가지고 있지 않으면 엉뚱하게 오역될 때가 자주 있을뿐더러, 참가자가 발언할 타이밍을 놓치게 되기 때문이다.

영어 공부는 전 세계 사람들이 한다. 세계경제의 패권을 미국이 잡던, 중국이 잡던 영어가 세계 공통어라는 사실은 오랫동안 바뀌지 않을 것이다. 문제는 영어 점수로 영어 실력을 평가하는 더러운 시스템이다. 영어를 잘해도 시험 자체에 알레르기가 있어 점수가 잘 나오지 않으면 '아, 나는 영어를 못 하는구나' 하는 생각을 하게 되고 그 점수를 본 타인도 '저 사람은 영어를 못 한다'는 편견을 가지게 된다. 그 편견에 갇혀 원래 영어를 잘 하던 이는 자신감을 잃고 입을 열 생각을 않는다.

발음이 끝내주지 않아도 좋다. 단어를 하나씩 뱉어내는 정도여도 자기만의 방식으로 타인과 소통할 줄만 알면 충분하다. 그런데 '완벽한 영어를 구사'할 것을 강요하는 '영어 공인인증시험'과 점수를 잣대로 소통능력을 평가하는 시스템이 잘못된 것이다. 여기엔 '완벽한 영어'라는 표현도 어울리지 않는다. 영어 시험은 대개 혼자 치르지 않는가? 소통의 상대나 대상 없이 언어는 존재할 수 없다. '완벽한 영어'는 '높은 점수'가 아니라 대화 상황과 상대를 잘 이해하고 또 자기를 표현할 수 있는 '재치'다.

@박찬호 : 본문 속 '영어 스트레스를 줄이려면 자기 진로와 관련해 영어 공부의 정도를 빨리 정하는 게 좋다.' 좋은 말이다. 하지만 대한민국에서 모든 대학생들은 특정 시험의 동일한 점수를 요구받고 있다. 토익 900, 토익스피킹 7급.

@민혜원 : 제목이 너무 귀엽다. 아마 영어는 내가 평생 짊어지고 갈 짐일 듯싶다. 미드에서 나오는 멋진 뉴요커처럼 영어로 센스 있게 농담까지 칠 수 있으려면 얼마나 더 가야 할까. 내 로망인데. 근데 나는 한국말도 잘 못한다. 쓰고 싶은 단어

가 생각나지 않아 자주 버퍼링에 걸린다. 그런데 영어라니.

@박윤아 : 적정 기술처럼 적정 영어를 하란 말씀? 사람들은 이미 적정 수준을 적정하게 판단하는 기준을 잃어버렸습니다. 지극히 상대적인 사회에 살면서 말이죠. 앞으로 어찌 될지 모르니 기본으로 한다는 것들은 어떻게든 따라 가놔야 나중에 뭘 하든 하겠다, 싶어 달려드는 거겠죠. 앞에서 '성적순은 아니지만 기회가 많아지는 것은 맞다'랑 연결되지 않나요. 주체적으로 살지 못해 생기는 현상일 거예요. 정말 언어가 좋아서, 하고 싶어서 배우는 사람들이야 일석이조겠지만 그렇지 않은 사람들에겐 '조건'에 불과한 것이겠죠. 업무가 분화되려면 확실히 분화되어야 전문가라도 될 텐데, 전문가면 된다는 세상이지만 주변엔 슈퍼맨들만 있는 것 같은 현실에 발만 동동 구르고 있는 걸 어쩌겠습니까. 먹고 살길이 그것밖에 안 보인다는데.

@이상은 : 《Word Power made easy》와 《성문종합영어》뿐이었던 시대와 수십여 종의 영문법, 영단어 참고서들을 입맛대로 골라볼 수 있는 우리 시대는 다르다. 영어를 못하기에는 내가 지금까지 들인 참고서 값이며 영어학원비, 값비싼 과외비까지 너무너무 아깝다. 풍요롭게 누린 만큼 뱉어낼 줄도 알아야 한다. 우린 부모님들보다 영어를 잘하는 편이지만 비용 대비 효율로 따지면 한참 모자란 실력이다. 우리가 미국 거지보다 다른 면에서 월등히 낫다 해도 미국 거지만큼 엄마 앞에서 유창하게 영어를 할 수 있다면 참 좋겠다. 이미 너무 커져버린 매몰비용 때문에 계속 토플, 토익 학원이며 미국 어학연수에 돈을 쏟아부을 수밖에 없는 우리들의 아이러니다.

@윤지애 : 대학의 영어수업에 의문이 든다. 대학의 목적이 영어인가, 지식 형성인가? 언

더보기 ▼

어는 소통을 위한 툴일 뿐이다. 영문과야 영어 수업이 어쩔 수 없겠지만, 지식을 형성하는데 어떤 언어인지가 무슨 상관일까 생각한다. 영어를 잘하면 상관이 없지만, 교수도 학생도 한국어가 더 편할 경우에는 한국어를 사용하는 게 맞지 않을까? 영어로 배우면 더 전문성 있다? 난센스다!

@윤송이 : 소위 '네이티브'라고 불리는 친구들이 영어를 잘해서 여러 혜택을 받는 걸 많이 봤다. 나의 영어 실력으로는 꿈도 못 꿀 것들. 부러워서 진득하게 영어공부를 좀 해볼까도 했다. 사실 매 학기 시작마다 하는 결심인데 한 달을 못 간다. 미국에서는 거지도 하는 그놈의 영어인데 그래도 잘하고 싶다. 그런데 영어만 문제가 아니다. 중국어 일본어 프랑스어… 왜 이렇게 해야 될 말들이 많은지. 한국말도 엉망이면서…

@김다슬 : 우리말은 마구 틀리게 사용하면서 틈만 나면 영어를 섞어서 쓰는 대학교수들! 대학교수뿐만 아니라 진짜 그런 사람 많아요. 그래서 그런지 한국어를 '예쁘게' 구사하는 사람을 만나면 그 사람에 대한 인식이 좋아지기도 하고…

@한민정 : 우리나라는 프로야구 코리안 시리즈인데, 미국의 프로야구 시리즈는 미국 시리즈도 아니고 월드시리즈다. 어랏. 이상하다. 왜 그들은 세상이 자기 것이라고 박박 우기는지 원. 하지만 그들을 탓할 수는 없다. 그런 논리에 우리도 편입되어 강박관념에 시달리듯 좇아가고 있으니까. 나 또한 그런 흐름에 편입한 사람 중 한 명이다. 한 학기를 휴학하고 미국에 어학연수를 갔다 왔으니 말이다. 사실 치밀한 계획을 짜서 간 건 아니고 친척이 미국에 살고 있는 김에 갔다 온 것이었다. 어쨌든 학원도 다녔고 학교도 다녔고 수많은 외국 친구들을 만났다. 그런데 미국이라는 느낌보다 아시아라는 느낌이 많이 들었다. 소수의 남미, 유럽 학생들을 제외하고 학원의 90%가 한국 사람들과 일본 사람들로 채워져 있

었기 때문. 말 그대로 아시아에 불어 닥친 영어 광풍에 휩쓸려온 모양새였다. 이런 강박관념을 스스로 깨지 않는 한 이 굴레에서 빠져나오긴 힘들다. 사실 어학연수를 갔다 왔음에도 '영어울렁증'이 아직도 있으며 학교에서 영어 때문에 스트레스를 받을 때가 한두 번이 아니다. 나는 언제쯤 영어 트라우마에서 벗어날 수 있을는지.

@이현목 : 영어라는 것은 하나의 언어다. 언어를 배우는 것은 그 지역의 문화, 사회 등 모든 것을 배우는 것과 같다. 취직을 위한 취업을 위한 언어를 배우는 것을 목표로 하지 말고 오히려 새로운 문화를 경험하고 배운다는 생각으로 언어를 배워라.

@차준호 : 영어!!! 저는 구글을 믿어 보려고요. 언젠가 실시간 동시통역서비스를 개발해서 내놓지 않을까요? ㅋㅋㅋ

@김현진 : 요즘엔 거기에 중국어까지!

@김선영 : 그래서 저는 일본어를 합니다.

글쓰기가
밥 먹여준다

YeSS 친구들에게 반복해서 하는 몇 가지 이야기가 있다. 그중 대표적인 게 "글쓰기가 밥 먹여준다"이다. 문과생뿐 아니라 공대생이든 이과생이든 그냥 막노동해서 먹고 살 게 아니라면 글쓰기 능력은 필수다. 글쓰기가 기본적인 생존 기술이 되는 기자나 교수 같은 직종은 물론이고 포괄적인 의미의 텍스트 생산과 효율적인 전달 능력은 모든 직종에 필요하다. (이 대목에서 막노동을 폄훼하려는 건 아니니 오해가 없기를. 글쓰기가 필요 없는 직무 가운데 가장 먼저 떠오른 게 막노동이었을 뿐이다) 여기에는 말하기 능력이 포함될 수도 있지만, 대부분의 사회생활에서 문서 형태로 된 텍스트가 모든 소통의 공식적이고 실질적인 유통물이라는 사실을 감안하면 글쓰기는 훨씬 더 중요하다. 성공하고 싶으면 영어보다 국어를 더 잘해야 하는 것이다.

"어떻게 하면 글을 잘 쓸 수 있느냐"는 질문에는 역시 오래된 정답이 준비돼 있다. 바로 '三多(삼다)'이다. 많이 읽고(多讀), 많이 쓰고(多作), 많이 생각하라(多商量)는 뜻이다. '삼다'는 비단 글쓰기의 방략일 뿐 아니라 인생을 꾸려가는 기본기이기도 하다.

읽기가 출발점이다. 여기서 '많이'도 중요하지만 '깊이' 또한 놓치지 말아야 한다. 읽는 대상은 모든 텍스트로, 책뿐만 아니라 다양한 멀티미디어 콘텐츠, 그리고 사람까지 포함된다. 책을 읽으며 활성화하는 두뇌 부위와 동영상 같은 멀티미디어 콘텐츠를 접할 때 활성화하는 두뇌 부위가 다르기 때문에 편식은 곤란하다. 둘 중 하나만 고르라면 단연코 책이다. 책읽기를 기본으로 하고 멀티미디어 콘텐츠로 보완하는 게 이상적이다.

어떤 이들은 동영상 같은 유형의 텍스트에 부정적인 견해를 피력하는데, 나는 조금 더 유연하게 접근하는 게 좋다는 입장이다. 좋은 다큐멘터리 한 편은 여러 권의 양서를 읽은 것 이상으로 좋은 영향을 미칠 수 있다.

책을 읽든 다큐멘터리를 보든 메모가 기본이다. 대학생이라면 독서용 수첩을 별도로 만들어 놓고 늘 소지하는 게 정상이다. 다큐멘터리 등 멀티미디어 콘텐츠를 볼 때 특별히 메모에 더 신경을 써야 한다. 아무리 강한 인상이라도 기록하지 않으면 잊히기 마련이다. 책처럼 손쉽게 다시 뒤적일 수 없는 동영상이 더 그렇다.

그렇다면 어떤 책을 읽는 게 좋을까. 독서에 관한 흔한 조언이 "베스트셀러는 피하고, 고전을 읽어라"이다. 틀린 말은 아니다. 하지만 이 조언을 교조적으로 받아들이는 태도 또한 좋지는 않다.

베스트셀러 가운데도 읽을 만한 좋은 책들이 많이 있다. 읽을 만한 책의 범주는 개인마다 취향이 다르기 때문에 매우 넓다. 다만 베스트셀러 가운데 읽지 말아야 할 책은 분명히 있다. 처세술 및 마케팅 책은 읽으면 대체로 후회할 가능성이 높으니 웬만하면 읽지 말아야 한다. (학문적으로 검증된 제대로 된 마케팅 책은 예외다)

현존 인물의 자서전은 거짓말일 가능성이 높으니 잘 선별해야 한다. (대신 제대로 쓴 죽은 위인의 평전은 예외 없이 유익하다) 자기 분야에서나 또는 사회적으로나 특별히 쌓은 업적이 없지만 대중적으로 인기를 누리고 있는 유명인의 책 또한 반드시 기피해야 한다. 자기 자랑과 꾸며내기로 점철된 그런 책을 들고 다니는 행동은 '나 생각 없는 대학생입니다'라고 광고하는 것이나 다름없다.

지금은 사회인이 된 당시 여대생 S군(신문방송학과)이 어느 날 젊디젊은 어느 인기 아나운서의 책을 들고 내 방에 나타났다가 나한테 면박을 당했다.

"차라리 낮잠을 자는 게 낫지 어찌 이런 책을 읽느냐. 설마 돈 주고 산 것은 아니겠지."

"아는 오빠가 사준 책이에요. 소장님 설마 제가 이런 책을 돈 주고 샀겠어요."

"그렇게 취향 없는 녀석이랑 사귀는 건 아니지. 만일 사귀는 사이면 당장 헤어져라."

"저도 보는 눈이 있거든요. 책 선물이랍시고 이런 책을 주는데 저도 황당했어요."

S군과 나 사이에 읽지 말아야 할 책에 관한 동의가 존재해서 다행이었다. S군이나 나나 개인적으로는 그 아나운서를 모르며(아나운서로 TV에 나오고 있다는 사실은 안다) 그러니 좋아하지 않지만 싫어할 까닭도 없다. 책의 기준으로 판단했을 뿐이다.

베스트셀러 가운데 읽을 책을 찾는다면 신문들로부터 어떤 서평을 받았는지를 살펴보는 게 좋다. 두루 여러 신문으로부터 좋은 서평을 받았다면 일독해도 시간을 낭비했다는 생각이 들지는 않는다. 서평을 받지 못한 베스트셀러는 스스로 판단하는 수밖에 없으나 블로거나 독자 서평을 참고할 때는 조심할 필요가 있다. 심심찮게 마케팅 목적에 휩쓸린 서평들이 등장하기 때문이다.

이제 고전에 대해서 이야기해보자. 고전 가운데서는 도대체 어떤 책들을 골라야 할까. 고전은 분명 좋은 책이다. 하지만 누구에게나 좋은 책은 아니다. 베스트셀러의 유혹에서 벗어나야 하는 만큼 고전이 내뿜는 권위로부터도 자유로워져야 한다.

나는 욕심과 달리 제대로 된 베스트셀러를 한 권도 내지 못했지만 적지 않은 책들을 썼다. 동시에 모호한 기준이기는 하나, 남들만큼은 책을 읽었다. 과분하게도 어느 신문엔가 책벌레로 소개된 적이 있다. 그럼에도 아직 읽지 못한 고전을 쌓으면 몇 수레가 될까.

'읽은' 고전 가운데 자주 거론하는 책이 임마누엘 칸트다. 젊은 날 나는《순수이성 비판》,《실천이성 비판》,《판단력 비판》등 칸트의 3대 비판서를 모두 읽었다. 뉘앙스에서 짐작했겠지만 여기에는 자랑스러움이 묻어난다.

하지만 칸트를 읽은 게 나에게는 대표적으로 실패한 독서의 기억이다. 나는 그 책들에서 감동은커녕 별다른 유익함을 끌어내지 못했다. 물론 당시에는 책에다 밑줄을 그었을 테고 친구들에게 내용을 인용하며 짐짓 고매한 체 했을 법하다. 그게 다이다. 내가 그 책을 읽어냈다는 데 가장 큰 의의가 있었다. 내용이라곤 하나도 생각나지 않으며 정말 지루한 책이었다는 생각이 든다. 시대와의 불화로 불행해진 한때 발랄했던 어느 대학 교수의 주장대로 "그 책을 읽는 건 미친 짓"이었다. 그런데도 기어코 읽고야 만 것은 고전 중에 상당한 권위를 누리는 그 책을 거침으로써 내 지식의 권위를 인정받고 싶은 알량한 욕구 때문이었다는 게 지금에서 드는 생각이다. 내가 만일 칸트를 전공했거나, 적어도 철학이나 미학을 전공한다면 어떻게든 '제대로' 읽어냈어야 하겠지만 그런 의무도 없었다. (중학교 3학년 때 마르틴 하이데거의《존재와 시간》의 독파에 도전한 것 또한 또래집단에서 지적인 권위를 확보하기 위한 무공 수련 비슷한 사례일 터이다)

오히려 칸트에 대한 지식은 파편적이나마 세계철학사에 대한 책이나, '칸트 철학의 이해' 종류의 2차 문헌을 통해 쌓았다. 다른 사상가들이 먹기 좋게 잘 씹어서 전해준 경로도 있었다.

당연한 얘기로 그렇다고 모든 고전을 다 간접적으로 접해야 함은 결코 아니다. 《장자》나 발터 벤야민의 글은 직접 읽지 않고서는 제 맛을 느끼기 힘들다. (칸트의 3대 비판서를 새롭게 번역한 백종현 교수 같은 분은 칸트에 대해서도 같은 말씀을 하겠다)

요체는 고전도 자신의 수준과 취향에 맞춰서 구분해서 읽어야 한다는 것이다. 소설을 다이제스트판으로 읽어서는 곤란하겠지만 어떤 고전은 그 분야에 정통한 전문가의 안내를 따라가는 게 더 도움이 된다. 전체적으로 조망해 보고 자신에게 필요하다는 판단이 들면 그때 원작에 도전하는 것이 때로 나쁘지 않은 독서법이다. 원래 자신한테 맞는 독서법만 있을 뿐 올바른 독서법이란 없다.

고전 선별법 못지않게 중요한 것은 고전 이해법이다. 고전이 고전인 데는 합당한 이유가 있겠지만 그렇다고 일점일획 그대로 진리로 받아들여야 한다는 뜻은 아니다. 《자유론》에서 표현의 자유와 토론의 중요성에 대한 존 스튜어트 밀의 선각자적 생각에 응당 경의를 표해야겠지만 그가 갖고 있는 인종적 편견까지 수용해야 함은 아니다. 《국가》에서 플라톤의 '철인정치론'의 함의에 대해서는 숙고해야겠지만 민주주의에 대한 애정과도 결부시켜야 한다. 고전을 고를 때와 마찬가지로 읽을 때, 이해도 선별적이어야 하며 또한 적합해야 한다.

가장 평균적인 현대인이라 해도 대체로 고전 작가들보다 더 많은 지식을 쌓았고, 그 사이 그들이 예측하기만 한 역사의 변천상을 보든 듣든 읽었든 실제로 안다. 최근 한동안 각광받은 《거대한 전환》의 저자 칼 폴라니는 살아서 사회주의의 몰락과 자본주의의 변화를 보지 못했지만 우리는 직접 목격했다. 고전이 쓰인 시대의 맥락에서 고전을 이해해야 오히려 시대를 뛰어넘어 지금에도 통용될 지혜를 얻을 수 있다.

다작은 많이 쓰라는 이야기인데, 전제는 제대로 쓴 글을 많이 쓰라는 것이겠다. 모든 글의 목적은 소통이다. 불통을 염두에 둔 글 역시 목적은 오히려 강력한 소통이다. 소통이란 목적을 간명하게 달성하려면 글을 효율적으로 써야 한다. 모든 글 혹은 모든 텍스트는 연결과 확장의 구조를 갖는다. A라는 사물 또는 현상과 B라는 사물 또는 현상을 설득력 있는 맥락으로 연결을 지어 확장된 의미로 구체화하는 작업이 글쓰기다.

따라서 글을 잘 쓰려면 설득력 있는 맥락으로 연결할 수 있는 사물과 현상의 목록을 풍부하게 확보해야 한다. 다양한 결합이 가능한 레고 조각들이 충분히 구비되어 있어야 멋진 레고 작품을 완성할 수 있는 것과 동일하다.

A와 B를 연결 짓는 능력이 어쩌면 글쓰기의 핵심이라 할 수 있다. A와 B의 거리가 너무 멀면 확장성의 가능성은 커지지만 의미화에는 실패할 수 있다. 둘 사이의 거리가 너무 가까우면 확장성이 떨어져 평범한 글이 되고 만다. 안정과 긴장이 동시에 존재하는 적정 거리를 찾아내는 능력이야말로 좋은 글쟁이를 판정하는 기준이 된다. 처음에는 설득력 있는 맥락 아래에서 연결을 수행하지만 종국에는 연결을 통해 설득력 있는 맥락을 새롭게 구성해내는 이가 최고의 글쟁이다.

이 대목에서 다작은 다상량과 조우한다. 상량은 읽기에도 필요하고 쓰기에도 필요하고, 그냥 상량 자체를 위해서도 필요하지만 세상을 읽어내는 것이 텍스트의 최종 목표란 측면에서 쓰기에 더 유기적으로 결합될 수밖에 없다. 상량은 세계 앞에 벌거벗은 나의 이미지쯤으로 이해하자. 마침내 글은 생각과 다르지 않으며, 생각된 글은 세계를 읽어낸 흔적이라는 점에서 글쓰기는 삶에 통합되고 만다. 글이 그 사람(書如其人)인 것이다.

실시간 댓글

@도하원 : 읽을수록, 쓸수록, 생각할수록 내 자신의 무지함에 한탄하게 됩니다. 어찌 이리 무식할 수 있는지! YeSS에 몸담은 기간 동안 '삼다'를 통해 내공을 쌓아야겠습니다.

@서지현 : 대학교 간다고 논술 공부하던 때가 떠오른다. 그 전에도 두서없이 글쓰기는 좋아했는데, 논술 공부하면서 글쓰기의 매력을 알게 된 것 같다. 매력과는 별개로 매우 어렵긴 하지만. YeSS에 들어와서 정말 충격이었던 것은 삼다에 강한 사람들이 가득했던 것이었다. 그들을 만나며 내가 얼마나 부족한 인간인지 통감했고, 그것은 나에게 긍정적인 영향을 미치고 있다. 책을 읽고자 절에 들어가고 싶었다는 어떤 언니는 나에게 거대한 충격을 안겨주었다. 많이 읽고 많이 생각하고… 시간이 없다는 핑계로 나는 이것들을 제대로 해내지 못하고 있는 것 같아 너무 서글프다. 책에만 푹 빠져보고 싶다. 제일 어려운 건 역시 '쓰기.' 지난 학기에는 제출한 에세이만 30편이어서 세보고 깜짝 놀랐다. 그래도 꽤 즐겁게 글을 썼던 것 같은데 YeSS에 들어와서는 한 문장 한 문장 참 어렵다는 걸 느낀다. 단어의 선택, 단어의 배열, 문장의 배열 등등. 너무 어려워서 답답한데, 이를 통해 성장할 수 있었으면 좋겠다. '글쓰기가 밥 먹여준다'는 말에 공감하고, 인문학도에게 있어서 글 잘 쓰는 것처럼 강력한 무기가 없다고 생각한다. 하지만 글 써서 밥 먹을 수 있을 정도의 내공이 되는 건 쉽지 않다. 아, 글 잘 쓰고 싶다.

@소다영 : 책책책 책을 읽읍시다.

@민혜원 : 독서 노트를 만들어야겠다. 그리고 사무실을 처음 갔을 때부터 궁금했던 건데, 사무실에 있는 그 많은 책을 소장님은 다 읽으신 건가요? +_+? 더더욱 존경심이 생기려고 합니다.

@박찬호 : 공과계열로 취직할 거 아니면 학부 수준의 취업은 토익 점수, 학점으로 하는 게 아니고 말과 글로 직장을 얻는 것이라는 게 여러 합격자의 정설. 물론 그 기회를 얻기 위한 기본을 이루는 것도 만만한 일은 아니다.

@박윤아 : 논술로 대학은 왔다. 그 글이 소통과 상관이 있을지는 모르겠지만. 내 글이 먹여줄 밥은 흰 쌀밥일까 꿀꿀이죽일까. 맘에 드는 단어가 안 떠올라 답답해 어이가 없을 때가 있다. 난 한국인인데. 그런 의미에서 그놈의 영어보다 국어 능력을 키우란 말씀. 레고 조각부터 모아야 한다는 말씀이 와 닿는다.

@이상은 : 글쓰기는 어렵다.

@유정미 : 스스로에게 쓴다. "아직은 쓸 단계가 아니다. '읽기'는 끝이 없다."

@윤지애 : 글 잘 쓰고 싶다! 그런데 요즘 세상에 글쓰기가 밥 먹여줄까……?

@윤송이 : 제대로 된 글을 쓸 수 있는 제대로 된 내가 되고 싶다. 어렵다. ㅠㅠ

@김다슬 : 글쓰기는 어렵다. 하지만 재밌다.

@한민정 : '三多(삼다)'. 많이 읽고(多讀), 많이 쓰고(多作), 많이 생각하라(多商量). YeSS를 통해 보다 많이 읽고 보다 많이 쓰고 보다 많이 생각하게 됐다. YeSS

라는 공간은 내게 그 이상의 특별한 의미를 지니지만 나 스스로 성장하는 데에 터닝포인트와 같은 그런 곳이었다. 활동하면서 느낀 건 정말 '글쓰기가 밥 먹여준다'라는 것이었다. 글은 글을 업으로 삼지 않아도 어딜 가든 쓰는 것이기 때문. 기사를 쓸 때는 물론 과제를 할 때 심지어 일기를 쓸 때조차 나의 비문과 짧은 지식에 통탄하고 반성할 때가 많았다. '삼다'가 균형 있게 이루어질 때 좀 더 나은 사람이 될 수 있다고 생각한다. 많이 읽고 많이 써도 많이 생각하지 않으면 생각의 절음발이가 될 수 있기 때문. 그러나 그동안의 수많은 반성과 생각에도 불구하고 최근 나는 스마트폰의 노예가 되어 휘발성 지식이나 소식에 중독된 것 같다. 나뿐만 아니라 지하철에서 책을 들고 있는 사람보다 스마트폰으로 게임을 하거나 문자를 보내는 사람이 더 많다. 메시지 이용료가 발생하지 않는 카카오톡 때문에 사람들은 더욱 다른 사람들과 1분 1초 긴밀하게 연결되어 있다. 또한 재밌는 게임은 왜 그렇게 많은지. 물론 스마트폰이나 패드 등으로 책을 읽는 사람들이 있다. 그러나 종이책이 주는 감동이 있다. 끼적이고 밑줄을 긋는 그런 소소한 재미.

@강동경 : 진짜다. 나도 글쓰기로 밥 먹고 있다.

@정수지 : 나도 어줍지 않게 글을 잘 써보고 싶어서, 아는 체 하고 싶어서, 그리고 무엇보다 '읽어야 할 것 같아서' 《자유론》을 혼자 독파하려고 한 적이 있다. 책상 앞에서 계속 졸았고 도서관에 일주일 만에 반납했다. '의무감'으로 읽는 책은 나에게 독인 걸까. 아니면 단순히 내가 수준 미달인걸까.

@이현목 : 다독, 다작, 다상량. 누구나 아는 세 단어. 실행이 어려운 세 단어. 하지만 행한 결과의 열매는 달다.

더보기 ▼

@차준호 : 《정의란 무엇인가》를 보고 '읽기 쉬운 책은 내용이 부실할 것이다'라는 편견이 깨졌었어요. ㅎㅎ

@김현진 : 전 대학생 때 하이데거의 《존재와 시간》 보다 지쳐서 포기했는데… 중학생 때라니… ㅠㅠ

@김선영 : 읽고 생각해야 쓸 수 있다는 진리. 아, 잘 쓰고 싶다.

@최잉여 : "A와 B를 연결 짓는 능력이 어쩌면 글쓰기의 핵심이라 할 수 있다. A와 B의 거리가 너무 멀면 확장성의 가능성은 커지지만 의미화에는 실패할 수 있다. 둘 사이의 거리가 너무 가까우면 확장성이 떨어져 평범한 글이 되고 만다. 안정과 긴장이 동시에 존재하는 적정 거리를 찾아내는 능력이야말로 글쟁이의 솜씨다." 동의합니다. 저도 안정과 긴장이 동시에 존재하는 거리를 찾아내, '읽는 맛'이 있는 글을 쓰는 사람이 되고 싶습니다.

호모 이코노미쿠스,
호모 코어퍼러티쿠스,
자본주의 4.0

'긍정 이데올로기'가 번성하고 '결과 지향적 칭찬'이 만연한 이유는 무엇일까. 왜 관계는 소거되고 성과만 남은 것일까. 쉽게 짐작할 수 있듯이 이 모든 현상이 동떨어져 나타나지는 않았다. 우리 사회 전반을 움직이는 거대한 힘을 이해하지 않고서는 이 같은 현상을 제대로 이해할 수 없다.

한마디로 약탈이 정교화하고 광범위해졌으며, 항구적으로 됐다는 것에서 문제를 파악해야 한다. 소위 자유민주주의와 시장경제를 표방한 한국사회는 이미 오래전 계급사회로 전환됐다. 경제권력을 넘어서 이제 모든 권력의 최상층에 확고하게 자리한 재벌과 어느새 재벌의 하수인으로 전락한 정치권력과 관료집단이 지배계급을 형성하고 있다는 데 누가 반론을 제기할까. 하수인 집단을 실제로 누가 구성하는지에 대해서는 논란이 있을 수 있고 세부적인 분석이 필요하겠지만 재벌이 오래전부터 우리 사회를 총체적으로 지배하고 있다는 데에는 이론이 없어 보인다. 재벌지배사회는 생산력과 경제체제의 상이함을 논외로 하면 로마 귀족사회를 연상케 한다. 재벌체제를 옹호하려고 애쓰는 자발적 말단 하수인들이 로마 대귀족의 마부처럼 날뛰는 모습까지 그대로 빼다 박았다. 소수의 재벌들은 우리나라를 슬그머니 금권사회로 바꿔버렸고 선거도 없이 획득한 권력을 로마의 대귀족들처럼 오만하게 휘두르고 있다. 더구나 그 권력은 세습되기까지 한다.

권력의 기반은 약탈한 부이고, 권력은 다시 부를 추가로 축적할 수 있도록 도우며 이렇게 권력과 부가 확대 재생산된다. 순환구조 속에서 재벌과 그 하수인들은 정교하고 광범위하게, 그리고 항구적으로 우리 사회를 약탈하고 있다. 친일파의 후손이 자기 조상의 토지를 돌려달라는 소송을 당당하게 국가를 상대로 내고, 동족을 학살하고 정권을 잡은 독재자가 소위 민주화 이후에도 대명천지를 거들먹거리며 활보하는 마당에 사실상 금권정치의 시대를 활짝 열어젖힌 재벌들의 전횡과 방자함은 오죽할까. 눈으로 보고 귀로 듣는 대로다. 국가권력에 빌붙어 덩치를 키운 재벌들은 이제 역으로 국가권력을 휘하에 두고 좌우지하고 있다. 대한민국의 부를 소수 재벌들의 발 아래로 옮겨놓고는 재벌들의 부가 대한민국의 부이니 이제 대한민국을 지키려면 재벌들을 보위해야 한다는 이상야릇한 논리를 편다. 끝없이 탐욕을 채우지만 일말의 사회적 책임도 이행하지 않는다. 이제 누구도 재벌을 가르칠 수 없는 형편이 됐다는 데 문제의 심각성이 있다. 재벌들이 스스로 각성하기만을 기다리고 있어야 하는 이 나라의 처지가 안타깝기 그지없다.

재벌 주도의 정치경제 시스템이 우리 사회 저변에 깊숙이 자리를 잡은 것과 '호모 이코노미쿠스' 인간관의 정착은 거의 동시에 일어났다. 합리성과 이기심을 기반으로 하는 현대의 인간 '호모 이코노미쿠스'는 애덤 스미스의 《국부론》에서 그 원형을 찾을 수 있지만, 신자유주의에서 더 특징적이다. 이기심이 합리성의 갑옷을 입을 때 사회 전체로 이타성이 발현되는, 그들이 말하는 '기적'은 신자유주의에서 더 강조된다. 개인의 선택이 중요시되고, 개인들이 알아서 선택하게 놓아두면 사회 전체가 최적의 결론을 낼 수 있기 때문에 개인을 넘어서 공공이 개입하는 사태를 극도로 꺼린다. 합리성과 이기심으로 무장한 신자유주의의 개인이 바로 '호모 이코노미쿠스'다.

'호모 이코노미쿠스'는 원형극장의 검투사를 닮았다. 자발적 검투의 형식을 취한다는 측면에서 노예제에 기반한 로마의 검투와는 다르다. '호모 이코노미쿠스'들은 현대 자본주의라는 거대한 원형 경기장에서 만인 대 만인의 검투를 벌인다. 생존을 위한 '호모 이코노미쿠스'들의 사투가 사회 전체로 어떻게 이타성으로 구현될 수 있는지는 검투라는 비유를 통해서는 잘 파악되지 않는다. 그렇지만 현실에서 우리는 홀로 살찌는 재벌을 통해 이타성의 실체를 파악할 수 있다. 개인으로서 이기심이 전체로서 이타심으로 전환된 증거가 결국 재벌밖에 없다는 사실에 경악하지 않을 수 없다.

검투 시합은 살상을 특징으로 하기에 그 자체로는 영원한 마이너스 구조다. 따라서 스스로 소멸할 수밖에 없다. 검투가 화려하면 화려할수록 소멸시점은 앞당겨진다. 만일 노예제라는 거대한 외장 하드가 없었다면 검투는 존립할 수 없었다.

비유는 한국사회에도 흡사하게 적용될 수 있다. 노예들에게 소위 유일하며 존엄한 탈출구로 검투사의 길이 제시되었듯 신자유주의에서는 '호모 이코노미쿠스'를 강제한다. 물론 싫으면 검투사가 아닌 보통 노예로 살아가면 되고, 검투사가 되면 이기면 된다. 어쨌든 노예의 길이다. 성공하는 검투사가 출현하기도 하지만 그 또한 노예라는 본질은 변하지 않는다. 결국 누구나 파괴될 수밖에 없음에도 모든 검투사에게는 승리의 존재론이 주어진다. 공생이 아닌 승리의 존재론은 어쩔 수 없이 파멸을 숙명으로 전제한다. '호모 이코노미쿠스'도 마찬가지다. 요점은 '호모 이코노미쿠스'를 꿈꾸고 강제하는 한 우리가 자존감을 지키며 살아가기는 힘들다는 것이다.

재벌을 비판하는 논리보다 삼성, 현대, LG 등 재벌 계열사에 입사할 비

책을 듣고 싶을 대다수의 대학생들에게 어쩌면 쓸 데 없는 사설을 늘어놓는지 모르겠다. 이제 솔깃할 얘기를 하자면 재벌을 포함한 경제체제 전반이 변화에 직면했으며, 이에 따라 어쩌면 '호모 이코노미쿠스'의 유효기간이 곧 만료되고 새로운 자본주의에서 새로운 인간이 번성할 조짐이 보인다. 새롭게 모색되는 자본주의는 소위 '자본주의 4.0' 등 여러 가지 작명이 이뤄지고 있고 새로운 인간형은 대체적인 윤곽은 짐작되지만 아직 태어나지는 않았다. 적어도 '호모 이코노미쿠스'와 판이하리라는 것은 확실하며, '호모 코오퍼러티쿠스' 정도의 이름이 유력하다.

요즘 세계경제의 화두는 '서브프라임 사태 이후의 경제체제'다. 미국의 국가신용등급 강등, 유럽의 재정위기와 금융거래세 도입 움직임 등 신자유주의 자본주의 틀로는 짐작하거나 해석하지 못할 변화가 시작됐다는 데 많은 전문가들이 의견의 일치를 보인다. 반면 전환기에 늘 그러했듯이 기득권을 지키려는 수구 세력의 활동도 만만치 않다. 2007~2009년의 충격적인 사건을 겪고도 일부에선 자본주의에 무한한 신뢰를 보내고 있다. 여전히 낙관론에 사로잡혀 있는 것이다.

그러나 대체로 비관론이 빠르게 확산되고 있다는 게 중론이다. 이제 자본주의(또는 신자유주의 자본주의)는 본질적인 한계를 드러냈으며 세계경제는 근본적인 전환을 겪을 것이란 전망에 힘이 실리고 있다. 아나톨 칼레츠키가 쓴 《자본주의 4.0》은 이 같은 논쟁에 가세한 책이다. 저자는 명목상 비관론과 낙관론을 아우르는 것처럼 보인다. 시장의 실패를 인정하지만 이미 역사적으로 정부의 실패도 입증된 만큼 양쪽 기능의 조화를 제시한다. 정부와 시장의 주도

권을 중심으로 자본주의의 단계를 나눈 게 '자본주의 1.0~4.0'이다.

'자본주의 1.0'은 1776년 미국 독립선언과 애덤 스미스의 《국부론》 출간 ~1815년 워털루 전투에서 나폴레옹의 패배 이후부터 1932년까지다. 워털루 전투 이후 "미국과 영국에서 수립된 진보적인 정치경제 시스템이 유럽 전역으로 급속히 퍼졌고" 유례없는 자유방임의 시대였다는 것.

'자본주의 2.0'은 1931년 영국이 금본위제를 포기하면서부터이다. '자본주의 2.0' 체제의 지적 상징은 1936년에 출간된 존 메이너드 케인스의 《일반이론》이다. 이 시기는 정부가 보다 강력한 역할을 맡은 큰 정부의 시대다. 금본위제의 폐지로 정부는 전에는 생각하지 못한 자유를 누리게 된다. 브레턴우즈 체제에서 간접적인 모습으로 유지되던 금본위제는 1971년 리처드 닉슨 대통령이 미국의 금태환마저 중지를 선언하면서 역사에서 종적을 감춘다.

'자본주의 3.0'은 1979년 6월 마거릿 대처가 영국 총리로, 1980년 로널드 레이건이 미국 대통령으로 당선되고, 1981~1982년 폴 볼커 미국 연방준비제도이사회 의장이 통화주의 정책으로 인플레이션을 관리하면서 시작됐다. "시장이 자유로워야 국민이 자유롭다"는 신자유주의 자본주의 시대는 1970년대의 스태그플레이션을 넘어서면서 권능을 인정받았다. 그러나 대처리즘에서 시작해 30년가량 이어진 신자유주의 자본주의는 2007~2009년 서브프라임 경제위기로 짧게 끝났다.

그다음의 자본주의 단계가 '자본주의 4.0'이다. '자본주의 4.0'의 도래나, 그 이전 단계 자본주의들에 대해서는 편리하게 잘 구분이 돼 있다. 하지만 저자 칼레츠키는 지금의 자본주의를 '민주적 자본주의'로 파악하는 인식의 한계를 드러냈다. 어쨌거나 신자유주의를 내건 '자본주의 3.0'이 끝났다는 사실이 중요하다. 암중모색기이긴 하지만 '3.0'에 대한 반성이 '4.0'이란 측면에서, '공짜 점심' 같은 건 먹으려고 하지 않는 합리적이고 이기적인 경쟁 만능의 고립된 개인은 사회에서나 기업에서나 점차 설 자리를 잃게 되리라는 점은 충분히 예측된다. '자본주의 4.0'의 '호모 코오퍼러티쿠스'는 아마도 지금과 반대되는 인간형으로 모색될 것이다. 다행이지 않은가. 재벌을 비판하는 젊은이든, 재벌 계열사에 들어가고 싶어 하는 젊은이든, 둘 다 같은 인간형을 지향하게 되지 않았나.

사실 이타성을 통해 이기심을 채우는 방식의 역사는 생각보다 인류에게 친숙하다. 전체 역사에서 '호모 이코노미쿠스'가 어쩌면 예외적인 현상일 수 있다. 삶이 감당하기 힘들 정도로 남루할지라도 '맞는 것이 옳다'가 아니라 '옳은 것이 맞다'는 믿음이 유효하기를 기대하자. 기대하는 것이 기대하지 않는 것보다 낫지 않은가. 어떤 위대한 성취도 처음에는 한낱 기대에서 출발했음을 기억하자.

실시간 댓글

@소다영: 항상 시대의 흐름은 바뀌기 마련이다. 역사를 보면 그렇다. 시작은 미미하나 끝은 창대하리라.

@김민지: 말랑말랑한 자본주의? 보기엔 좋아 보인다. 《자본주의 4.0》에서 저자는 직접 민주주의에 당당하게 반대한다. 개개인의 이익만을 추구하다 보면 거시적인 모순이 올 것이라는 이유에서다(인플레와 실업률 등). 그는 시장과 정부, 소수의 정책결정자만을 가지고 자신의 논리를 폈다. 사회적 기업이나 협동조합 등 새 경제 블록으로 떠오르는 이들을 한 번도 거론하지 않았다. 시민사회가 설 자리는 더더욱 없었던 걸로 기억한다(오히려 이들의 주장을 무시해야 한다는 발언까지 한다). 《자본주의 4.0》도 영 시원치 않다. 정책결정자들이 환경에 관심이 없으면 지구는 곧 멸망할 텐데? 오죽하면 조선일보가 1면에 소개했을까.
나는 '작은 것이 아름답다'가 더 마음에 든다. 실현 불가능할지도 모르지만.

@박윤아: 기대에서 출발하자. 때가 왔다는 건가. 사회 변화에 대해선 '희망'을 갖자고 하시네요. 개인의 절망에서 사회의 희망의 빛이 드리운 건가. 기대는 해보겠습니다. 어찌 탄탄한 그들을 무너뜨리든 설득해내든 바꿀 수 있을지, 추상적이지도 않게 아득해서 모르겠지만 말입니다.

@이상은: 호모 이코노미쿠스: 합리성과 이기심으로 무장한 신자유주의하의 개인. 모든 개인이 이기심을 발휘하면 사회 전체적으로 이타성이 발현되는 기적이 일어남.
호모 코어퍼러티쿠스: 자본주의 4.0하의 개인. 하여간 좀 나은 인간.

더 늦게 태어났더라면 좋았을 뻔했다는 생각을 하는 건 없혀가려는 의도가 너무 빤한가.

@유정미 : 공동의 믿음과 결단이 필요한 것 같다.

@윤송이 : 새로운 사회가 언제쯤 올까. 온다면 어떤 모습일까. 자본주의 4.0의 사회는 지금과는 많이 다를까. 딱히 그럴 것 같지는 않다는 우울한 생각이 든다.

@강동경 : 몇 년 전만 하더라도 자본주의의 신성함을 의심하면 정신 나간 빨갱이란 반응이 대부분이었는데 지금은 고장 난 자본주의를 걱정하는 공감대가 세계적으로 퍼져 있는 듯하다. 자본주의 또한 더 나은 체제에 의해 극복될 것이다.

@차준호 : 호모 코어퍼리티쿠스에 동의합니다! 전제조건은 '이타심'이 공동체 구성원 전반의 공통가치로 자리 잡아야 된다는 거겠죠. '죄수의 딜레마' 따위 극복해버릴 수 있는 인류가 되었으면 합니다.

@박찬호 : 혼자 나는 새보다는 두 마리, 세 마리가 보기에도 편한 것처럼 혼자 달리는 인간을 보는 건 마음이 편치 않다. 나도 같이 걸어줄 사람이 있었으면 좋겠다.

@김선영 : 여성의 사회 진출, 흑인의 인권선언. 성취는 기대에서 시작해서 엄청난 고난의 벽을 넘어 마침내 웃을 수 있었다. 남은 과제는 줏대 없는 나를 바로 세우기 정도일까?

@최잉여 : 맞다. 어떤 위대한 성취도 처음에는 한낱 기대에서 출발했다.

:-) _아파?

응_ :]

:-) _청춘이잖아

...... _ :]

:-) _......

...... _ :]

:-) _......

그래서 어쩌라고?_ :]

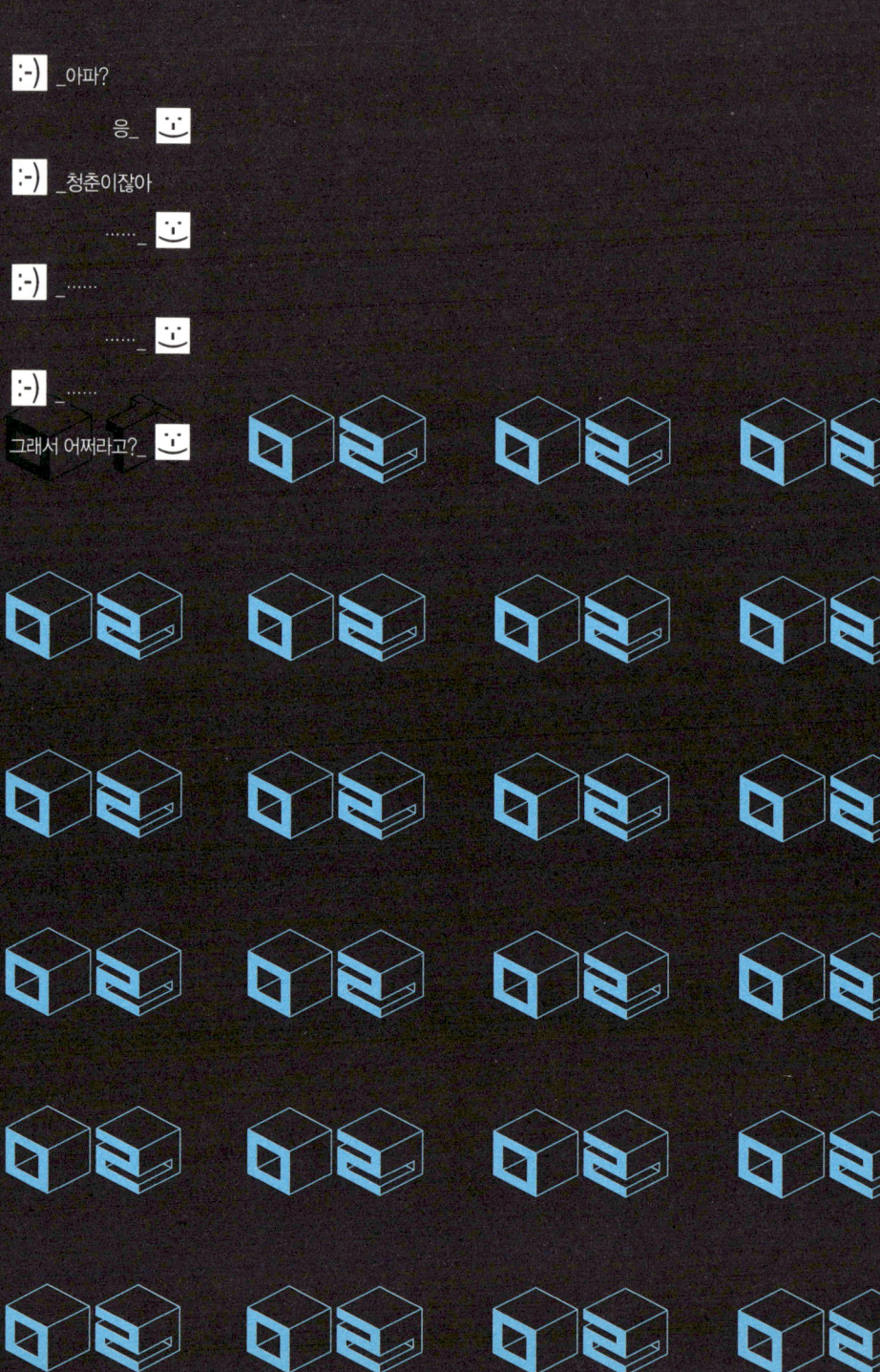

{02}
_너

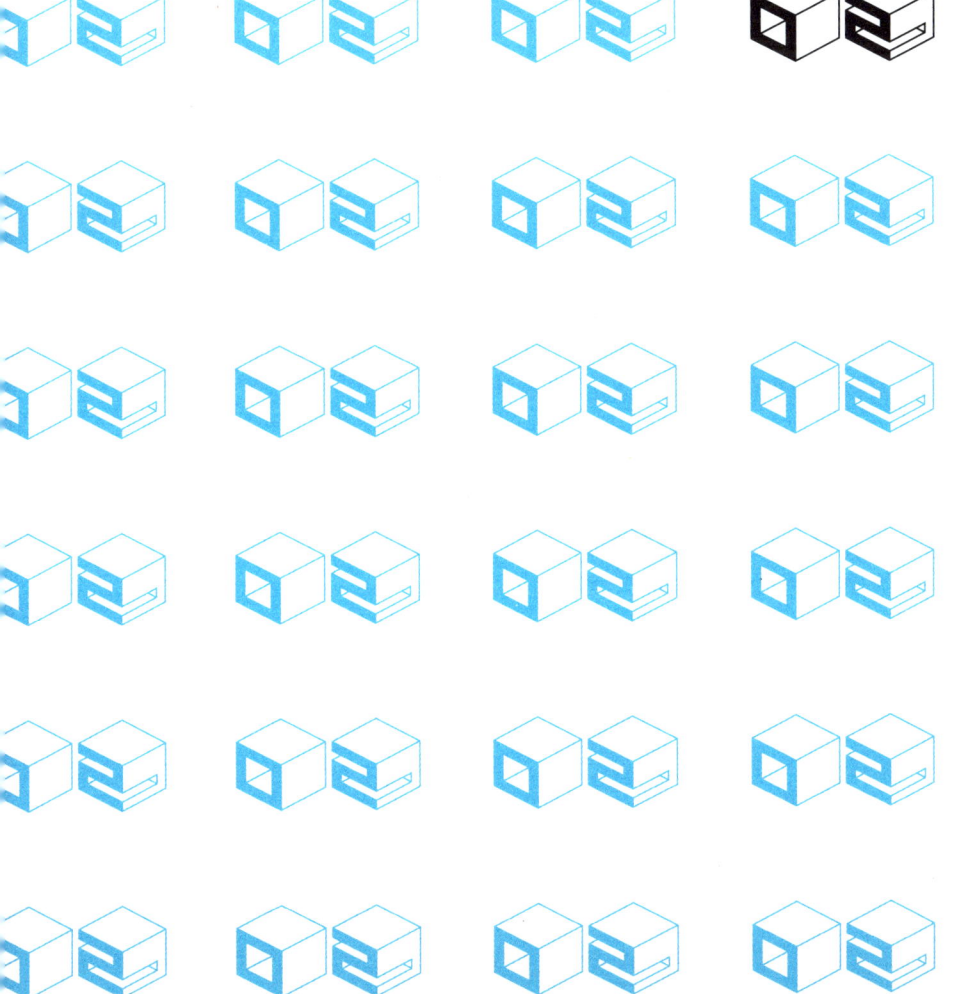

삼포세대는 재생산의 포기로 압축된다.
당장 공부하고 취업하기 힘든 판에, 집값은 천정부지이고,
큰맘 먹고 결혼해서 아이를 낳았다 해도
그 아이를 교육시키고 결혼까지 시킬 생각하면 도무지
엄두가 안 난다는 것이다.
십분 이해가 된다.
일부 꼴통 어른들은 "그렇다고 아이를 안 낳아서야 쓰나"며
호통을 치신다.
"단일민족 국가를 이민자들에게 넘겨줄 심산이냐"고도
으박지른다.
어쩌라고?
버릇없는 줄 알면서 이런 말이 불쑥 튀어나올 법하다.

삼포로 가는 길?

1977년 미국 ABC가 제작한 TV시리즈 《뿌리》에서 주인공 쿤타킨테는 생식기능과 다리 한쪽 가운데 하나를 포기해야 할 기로에 섰을 때 '자신'을 버리고 '후손'을 택했다. 즉 다리 불구가 되는 길을 택한 것이다. 그때 다리를 구했다면 후손 알렉스 헤일리가 《뿌리》라는 원작 소설을 쓰지 못했을 터이고 따라서 내가 쿤타킨테란 흑인 노예가 자유를 얻기 위해 얼마나 몸부림쳤는지 알 수 없었을 것이다.

사실 가장 이기적인 인간도 자기를 포기하는 순간이 있는데, 자식을 살려야 할 때이다. 물론 예외적인 인물은 언제나 있다. 자식을 낳아서 키워본 사람은 누구나 공감하는 바이지만 자식만큼 자신을 좌절시키는 게 없다. 그런데도 내가 죽어서 자식이 살 수 있다면 대다수의 부모가 그런 선택을 할 것이다.

그러나 그런 선택에 대단한 의미를 부여할 필요는 없다. 숭고함 또는 인간미와는 전혀 상관없는 맹목적 행동이란 해석도 가능하기 때문이다. 세포 속 유전자의 통제에 따라 후세에 DNA를 전할 확률적으로 더 유력한 수단을 골랐다는 풀이가 터무니없는 것은 아니다.

'살아서 번성하라'는 DNA의 정언명법이 얼마나 지엄하고 정밀한지는 모든 생명체에서 쉽게 확인할 수 있다. 세균에 불과한 발진 티푸스의 진화과정을 살펴보자. 발진 티푸스균은 처음에는 쥐를 숙주로 설정했다. 매개체는 쥐벼룩이었다. 다음에 숙주를 쥐에게서 사람으로 갈아탔는데 그때도 쥐벼룩을 이용해 사람들 사이에 후손이 확산되도록(사람 입장에서는 전염) 했다. 그렇게 시간이 흐르는 동안 발진 티푸스는 더 효율적인 매개체로 이를 채택하게 된다. 쥐들 사이가 아니라 사람들 사이를 옮겨 다니게 된 마당에 굳이 전염 효율이 떨어지는 옛 매개체인 쥐벼룩을 고집할 이유가 없었던 것이다. 사람 몸에 붙어사는 이를 통해 번식(또는 확산, 반대로 전염)하는 게 훨씬 더 효과적이었기 때문이다. 발진 티푸스는 대부분의 미국인들이 이를 없애버린 요즘에는 또 다른 확산경로를 찾아냈다. 사람과 접촉이 많은 북아메리카 동부의 날다람쥐를 감염시켜 다시 인간에게 옮아가는 전략을 실행 중이다. 인간이 보기에 미물에 불과한 세균마저 기를 쓰고 후손을 살리려고 갖은 노력을 다하는 셈이다. 우리 입장에서 기특하다고 발진 티푸스균을 칭찬할 수는 없지만 DNA의 권능만은 인정하지 않을 수 없다.

이런저런 배경에서 어쨌거나 세균도 아닌 인간이 자식을 버렸다는 얘기를 듣게 되면 너도나도 혀를 차게 된다. 그러나 한 걸음 떨어져 냉정하게 생각하는 방법도 있다. 역사적으로 자식을 버려 죽게 만드는 역할은 주로 어머니가 떠맡게 되는데, 좀 더 고차원적 이유가 없다면 자식을 포기할 정도의 극한 상황에 몰렸을 때는 이미 아버지가 어머니와 자식을 버린 뒤였을 개연성이 농후하다. 누가 됐든 자식을 버리는 행위는 역설적으로 '초인'적인 선택으로 규정 지을 수 있다. 우주의 섭리에 맞서며, 세포에 저장된 500만 년이 넘은 신의 지령을 거부한 것으로 해석될 수 있어서이다(마찬가지로 DNA의 관능에 복종했다는 해석도 가능하다. 만일 자식을 버리지 않았을 때 어머니와 자식이 둘 다 죽을 상황이라면, 즉 어머니(나 아버지)가 죽어서 자식을 살릴 수 있는 상황이 아니라면 어머니(나 아버지)가 살아남아 다른 자식을 볼 기회를 갖는 게 DNA 논리다. 그렇다면 혼자 살아남지 않고 자식과 함께 죽는 선택이 가장 '인간적'인 것인가).

동정론도 가능하다. '얼마나 힘들었으면 자식까지 버렸을까'라고 생각할 수 있다. 자식을 버리는 일이 그만큼 힘겹다는 전제하에서 이뤄진 발상이다.

아는 사람은 다 아는 젊은 세대 조어 중에 '삼포세대'란 게 있다. 옛 대중가요 〈삼포로 가는 길〉의 그 삼포가 아니다. 연애, 결혼, 출산의 세 가지를 포기한 세대라서 삼포세대다. 젊은이들의 고민을 단적으로 드러낸 말이다.

당사자들이야 인정하지 않을 수 있지만 (DNA의 지령에 의한) 연애, 결혼의 목적이 결국은 출산이라는 걸 감안하면 삼포세대는 재생산의 포기로 압축된다. 당장 공부하고 취업하기 힘든 판에, 집값은 천정부지이고, 큰맘 먹고 결혼해서 아이를 낳았다 해도 그 아이를 교육시키고 결혼까지 시킬 생각하면 도무지 엄두가 안 난다는 것이다.

십분 이해가 된다. 일부 꼴통 어른들은 "그렇다고 아이를 안 낳아서야 쓰나"며 호통을 치신다. "단일민족 국가를 이민자들에게 넘겨줄 심산이냐"고도 윽박지른다. 어쩌라고? 버릇없는 줄 알면서 이런 말이 불쑥 튀어나올 법하다. 그래 맞는 말이다. 어쩌라고.

출산율 저하를 국가적 현안으로 받아들이고 있는 것에서 이미 답이 나와 있다. 출산은 부부 또는 여성 개인의 문제가 아니라 사회의 문제다. 출산 및 육아, 그리고 자녀 교육의 비용이 천문학적 수준이기 때문에 감히 아이를 낳을 각오를 못한다. 아이를 낳을 여건을 만들어주고 아이를 낳으라고 해야 맞다.

자신 없으면 아이는 낳지 말 일이다. 지금처럼 집약적으로 투자해 자녀를 키우는 분위기에서 무턱대고 낳을 일은 아니다. 출산, 육아, 교육을 사적으로 떠맡아도 크게 부담되지 않는다면 대체로 자식을 낳는 게 옳다. "평생 살면서 자식을 낳은 게 가장 잘한 일"이라고 말하는 사람을 많이 봤다.

하지만 자식에게서 "평생 후회스러운 게 아버지 어머니 밑에서 태어난 일"이란 소리를 듣게 될 수도 있다. 부모가 자식에게 물려줄 게 돈뿐만은 아니겠지만, 다른 미덕이 없는데 돈마저 없다면 지금 같은 고비용 구조에서 부모 노릇하기 여간 어렵지 않게 된다. 부모 자식 모두 곤욕을 치르게 된다. 하지만 그래도 소신이 있으면 아이는 낳아야 한다.

만일 그렇지 않다면 출산에 신중하자. 국가와 사회에서 적정 수준으로 육아 및 교육환경을 조성해줄 때까지 아예 젊은 여성들이 연대해 '출산파업'에 들어가는 방안도 적극 검토해봐야 한다. 본때를 보여서 당연한 권리를 되찾아 와야 한다. 미국의 인권단체 휴먼라이트워치(HRW)에 따르면 미국은 아프리카 극빈국들과 함께 세계에서 유급 출산휴가가 없는 5개국 중 하나다. 무엇이든 미국식을 숭상하는 지배층이 이런 터무니없는 출산 환경마저 따라했을까.

'삼포' 중에 대신 나머지 두 가지는 슬슬 해금을 시도해보는 게 어떨까. 우선은 연애부터, 다음은 결혼. 이것저것 걸리는 게 많겠지만 전향적으로 검토해보자. 그래도 청춘인데. 들어본 적은 없겠지만 참고로 대중가요 〈삼포로 가는 길〉은 원래 연애 노래다.

실시간 댓글

@소다영 : 개인적으로 삼포와 나는 안 맞는 것 같다. 결혼을 하지 않겠다는 생각을 해본 적이 없는 것 같다.

@박찬호 : 어릴 적 나는 자발적 '삼포'자였다. 개인적으로 누군가를 사랑하고 매여 있다는 것은 참 귀찮은 일이고 낭비라고 생각했다. 우연찮게 시작하게 된 연애는 나를 이제 사랑 찬양론자로 만들었다(이것은 결혼과 출산까지 바라보는 사랑이다). 하지만 나도 주변사람들도 이것을 행운이라고 부른다. 사랑이 당연한 사회가 되기를 바란다.

@민혜원 : 흠흠, 해금을 시도해보려고 하는데 나 혼자 마음먹는다고 할 수 있는 게 아니군요.

@박윤아 : 부모가 되려는 사람들은 '난 셋이면 좋겠어, 아들이 몇째 딸이 몇째였으면 좋겠어' 그러고 있다. 요즘이야 돈 문제로, 사회가 각박한 문제로 자녀 수나 성별에 관해 '순수한 희망'에서 벗어나 좀 더 진지하게 고려하는 것 같긴 하다. 하지만 여전히 세상을 살아가는 건 자식인데 부모는 보통 그런 고려는 하질 않는다. 사회에 내놓아지는 건 자식인데 내 여건에 따라, 내가 원함에 따라 자식은 기호 선택과도 같다. 하지만 우선 자식에 대해 책임을 의식해야 맞다. 돈 같은 것은 둘째 치더라도 사회적 책임을 고려해야 한다. 깨물어주고 싶은 내 귀염둥이가, 눈에 넣어도 안 아플 내 새끼가 어떤 인간이 될지. 사람이 많아 지구가 터질 지경인데 꼭 버릇처럼, 의무처럼 구성원을 늘려야 하나. 사회에서 혹

없었던 게 나을 인간이 되진 않을지. 그런 극단적인 생각을 한번쯤은 해야 하는 거 아닌가. 인간으로 키울 준비가 된 사람만 부모가 되어야 한다고 생각한다. 사랑과 가르침 등등 가족 경제 형편과도 무관하진 않겠다.

@이상은: 내가 아이를 낳지 않을 거라 하자 같이 YeSS를 하던 언니 하나가 '우리 엄마가 남들 하는 건 다 해보고 살아야 한다고 했다'라고 말했다. 남들처럼 애들 육아에 교육, 뒤치다꺼리로 반평생을 살고 나면 보람이라는 걸 느끼게 될까. 별로 설득력이 없었다. 내 한 몸 건사하기도 힘든 세상에 절대 못 끊을 인연을 만들어놓고 떠안고 살기엔 스물두 살의 난 아직 많이 이기적이다.

@유정미: 연애는 포기하고 싶지 않다. 아마 다른 사람들도 그럴 것이라 감히 추측해 본다. 개인적으로 결혼과 출산을 완전히 포기한 것은 아니다. 잘 모르겠다는 말이 더 맞는 것 같다. 다만 사랑만으로 관계를 유지하기 힘든 시대임은 분명하다.

@윤송이: '삼포 인생이 되면 어쩌지' 하는 두려움이 밀려온다. 결혼, 연애는 아직 모르겠고 '출산'은 포기할 수도 있겠다. 아니 포기가 아니라 자발적 선택으로 출산은 하지 않을 마음도 충분하다. 나 하나 건사하기도 힘든 이놈의 세상에서 애까지? 생각만 해도 끔찍하다.

@한민정: 나는 경제적 능력이 된다면 그리고 내가 아이를 키울 수 있는 '자발적 잉여'의 삶을 택할 수 있다면 아이를 많이 낳아 기르고 싶다. 조건은 경제적 능력과, '자발적 잉여' 즉 비잉여의 여유로운 삶이다. 삼포세대. 부정하기 어렵다. 연애도 힘들고, 결혼도 힘들고, 출산은 더욱 힘들다. 연애부터, 다음은 결혼. 슬슬

더보기 ▼

시도해보고 싶지만 20대에게 연애도 사치고 결혼은 먼 안드로메다에서 온 이야기처럼 들리는 것 같다.

@강동경 : 육아 비용 전부 대줄 거 아니면 출산이 의무라느니 개소리 좀 집어치웠으면 좋겠다.

@차준호 : 청춘은 일단 지르고 보는 맛이 있어야죠! "못먹어도 고!"

@김현진 : 미국은 아프리카 네 나라와 함께 세계에서 출산휴가가 없는 5개국 중 하나인 줄 몰랐다. -_-

@김민지 : Alpha Female!!!

@김선영 : 엄마가 평범하게 사는 것이 가장 어려운 거라고 했다. 아직까지 내 속에서 지켜지고 있는 '삼포'에의 충성은 언제까지 이어질까? 역시 아직 철이 덜 들었다.

@최잉여 : 희랍신화에 따르면 태초의 인간은 자웅동체였다고 한다. 네 개의 손 발, 둥그런 등과 옆구리, 똑같은 두 개의 얼굴로 서로를 바라보는 모양새였다고. 힘 또한 대단해 그리스 신에게 대들기까지 했다고. 이에 제우스는 인간의 힘을 약화시키기 위해 자웅동체의 인간을 남녀로 반반씩 쪼갰다고 한다. 반쪽이 된 인간이 잘려 나간 또 다른 반쪽을 사모하며 끊임없이 찾아다니고 하나가 되고 싶은 욕구에 불타는 것. 그리스 희곡가 아리스토파네스는 이를 사랑이라 불렀다.
그런데 이런 반쪽을 향한 열렬한 욕구는 대한의 청년들에겐 몇천 년 전 그리스 청춘남녀가 그러했던 만큼 절실하지 않은 것 같다. 사실 절실할 수가 없다. 자신의 반쪽을 향한 욕구보단, 자신 하나 건사하는 데 총력을 다해야 하기 때문이다. 연애할 돈, 시간, 노력을 생각하면 혼자 노는 게 훨씬 '싸게 먹히는' 일이다. 그 시간에 공부하고 스펙 쌓는 게 밥이 나오고 떡이 나오는 길이다.

"니들 연애해라. 그 좋은 걸 왜 안 하니." 말은 쉽다. 반포세대가 반쪽을 찾도록, 그 반쪽을 꽉 붙들고 놓치지 않도록 하는 사회적 여건을 만드는 건 어렵다. 머리를 맞대고 함께 고민해봐야 할 일 아닐까? 연애는 단지 남과 여, 둘만의 일인 걸까?

@안혜정 : 출산 파업이라도 하지 않으면 (출산 계획이 있다면) 부모 세대에 또 손 벌리고 예속되는 게 불가피한 구조. 그건 싫고. 유효한 대안을 잘 쓰신 것 같지만 막막합니다. 정치가 제대로 돌아가지 않으니까 뭐든지 개인이 나서서 파업해야 하는 더러운 세상.

서로의 기쁨과 슬픔,
가치와 신념,
과거와
미래를 공유하는 사이

널리 알려진 금언이 "결혼은 해도 후회하고 안 해도 후회한다"이다. 이에 따른 반응은 대체로 그렇다면 '결혼하자!'가 많은 듯하다.

천만의 말씀이다. 결혼은 두 (아직까지는) 남녀가 만나 가정을 이루는 사회적 행위다. 두 사람이 만나서 그냥 살기만 한다면, 즉 가끔 잠자리를 같이 하고 생활공간을 공유하며 더러 서로의 친구들과 어울려 시간을 보내는 것만이라면 혼인신고를 했느냐와 무관하게 결혼했다고 보기는 힘들다는 게 나의 생각이다.

공유에 대해서는 생활공간과 섹스 이상의 것을 공유해야 한다. 서로의 기쁨과 슬픔, 가치와 신념, 그리고 과거와 미래까지 나누는 사이라야 부부일 수 있다. 미래를 공유하는 가장 흔한 방법은 (공유의 '유'자가 적합하지는 않지만) 두 사람의 유전자를 반반씩 물려받은 자식을 낳는 것이다.

결혼한 사람이라면 대부분 공감하겠지만 섹스와 생활공간의 공유는 생각만큼 중요한 현안이 아니다. 물론 사람마다 차이는 있다. 서구적인 가치의 확산과 함께 부부생활에서 섹스의 중요도를 너무 높게 평가하는 경향이 생긴 것 같은데, 분명 과도한 측면이 있다. '부부생활'이 성생활로 의미가 축소된 것도 그런 영향 때문이 아닐까 생각한다. 부부생활과 성생활은 분명 다르다. 긍정적 영향을 주겠지만 성생활을 잘한다고 부부생활을 잘하는 건 아니다.

공유에는 사회적 관계가 포함된다. 포함되는 정도가 아니라 한국사회에서는 매우 중요하다. 결혼이 사회적 행위가 되는 주된 배경이다. 상대의 사회적 관계와 그에 따라 내면화한 사회적 맥락을 존중하는 것 또한 결혼의 의무에 들어 있다. 단지 검은 머리가 파뿌리 될 때까지 사는 것만이라고 생각했다간 오산이다.

결혼은 결코 쉬운 일이 아니다. 호르몬의 준동으로 얼떨결에 결혼한 사람들을 많이 봤지만 깊숙한 상호 공유를 형성하지 않는 한 대체로 적잖은 홍역을 치렀다.

결혼한(할) 두 사람 및 가문의 사회적 배경이나 지위, 경제적 수준이 비슷하면 유감스럽게도 '공유'가 촉진되는 경향이 있는 게 사실이다. 하지만 더 쉽다는 얘기지 절대적 조건이란 뜻은 아니다. 조건이 유사한 사람들이 만나면 쉽게 친구가 되는 것처럼 결혼생활도 용이해질 수 있다. 하지만 그것은 매우 포괄적인 경향성에 불과하다. 판이한 성격과 배경의 두 사람이 좋은 친구가 되듯이, 마찬가지로 그렇게도 좋은 부부가 될 수 있다. 인간의 결혼이 동물들의 짝짓기와 다른 데는 그래도 그럴듯한 근거가 한두 가지는 있을 게 아닌가.

결혼은 사회적 행위이고, 관습과 제도이며, 많은 공유목록을 만들고 앞으로도 목록을 함께 작성해야 할 의무를 지기 때문에 "해도 후회하고 안 해도 후회할 정도"라면 안 하는 게 좋다. 아직 자유분방하고 싶은 젊은 나이라면 마음의 준비가 될 때까지 미루어놓는 방법이 있다. 호르몬이 날뛰거든 날뛰는 동안 자연이 시키는 대로 열렬히 연애하고, 결혼은 호르몬의 활동이 잠잠해진 다음에 검토를 시작하는 게 상책이다. 그래봐야 오래도 아니다. 호르몬이 남녀를 끌어당겨 화학적으로 붙어 있도록 만드는 기간은 짧으면 12개월, 길면 36개월이다. 호르몬에 이끌려 결혼하기보다는 존경까지는 아니어도 신뢰할 수 있어서, 또 공감할 수 있는 게 많아서 결혼하는 게 실패할 확률을 줄인다. (만일 실패한 결혼이란 생각이 들기 시작하면 빨리 믿을 만한 주변 사람들에게 이혼에 대해 상담하라. 응당 처음이자 마지막 결혼이라고 생각하고 결혼해야겠지만, 그게 아니거든 '이번이 꼭 마지막일 이유는 없다'는 쪽으로 생각을 바꿔라. 일단 실패한 결혼을 성공으로 만들기는, 삶은 계란으로 부화를 시도하는 것만큼이나 어렵다)

가끔 YeSS 소속 대학생들의 연애사업에 끼어들 때가 있다. 나와 친한 학생이라면 어쩌다 "(그 남자 친구, 또는 여자 친구와) 헤어지는 게 좋겠다"고 조언한다. 정색하고 조언한다기보다는 거의 농담조이다. "그러다가 정말 결혼하면 어쩔래?"

그런 말을 던질 때는 그 연애가 매우 억압적이거나, 둘 사이에 공감의 요소가 너무 적어 왜 만나는지 알 수 없을 때이다. 억압적인 관계의 한 당사자는 주로 여학생이다. 17~18세기형 남자와 사귀는 여학생이 드물게 목격된다. 노예제의 유지가 평화적 지배와 자발적 복종의 형태를 취하듯 가부장제의 적극적 옹호자 또한 여성이다. 잘 성장하고 공부 잘하는 똑똑한 21세기 여성에게서도 그런 모습이 적잖게 발견된다.

공감이 적다는 점은 둘만 놓고 보면 억압적 관계보다 문제가 더 크다. 억압적 관계가 지속되는 까닭은 둘이 억압에 공감했기 때문이다. 공감 없는 사랑보다는 사랑 없는 공감이 더 낫다. 공감할 여지가 매우 적다면 연애가 즐겁지 않을 것이고 혹시 연이어 결혼이라도 하게 됐다면 원만한 결혼생활을 만드는 데 고충이 예상된다. 삶의 한 토막을 턱 하니 잘라서 냉동실에 넣어놓고 시작하는 것이나 같다. 당연히 냉동실 문을 다시 열 일은 없다.

"그러다 너 정말 결혼한다"는 내용상 욕에 가깝다. 욕을 먹으면서도 그래도 관계를 이어간다면 서로가 노력해서 공감할 구석을 많이 만들고 있다는 뜻으로 받아들인다. 그렇지 않다고 해도 어쩌겠는가. 내 결혼이 아닌 걸. 이런 얘기 저런 얘기 많이 듣지만 결혼처럼 즉흥적이고 비합리적 결정을 통해 도달하는 인생사가 없다는 게 또한 현실인 것을. 청첩장이 날아오면 큼지막한 냉동고나 하나 사서 보낼까. 젊은 인생에 과도한 악담인 듯해 그러지 말아야겠다.

실시간 댓글

@도하원: 개인차겠지만, 요즘 시대에선 '꼭 해야 하나?'라는 생각이 먼저 든다.

@소다영: 아직 결혼을 할 나이는 아니지만 여자라면 결혼에 대한 상상은 많이 해봤을 것이다. 결혼생활이 성생활이 다가 아닐 것이다. 같은 공간에서 평생을 함께해야 하는 만큼 신중해져야 할 것이다.

@김민지: 수필가 알랭 드 보통과 열렬히 연애 중이다. 프러포즈도 할 거다.

@박찬호: "청첩장이 날아오면 큼지막한 냉동고나 하나 사서 보낼까." 기대하겠습니다. 소장님.

@박윤아: 결혼이든 연애든, 그런 만남이 아니어도 인간관계란 상대의 모든 것, 머리끝부터 발끝까지 녹아들어 있을 과거부터 그 밖의 모든 것을 받아들일 수 있을 때 진정으로 형성된다고 생각합니다. 그 단계에 도달하는 사이에 그냥 아는 사람, 친구, 친한 친구, 둘도 없는 친구 등등이 있겠죠. 결혼이라면, 절대적으로 그래야 한다고 생각합니다. 장기적으로 '내가 이 사람의 이런 면을 보고 살 수 있나' 하는 진지한 고민이 바탕이 된 공유여야 합니다. 그런 면에서 저는 제가 존중할 수 있는 사람을 만나야 한다고 생각하고 있습니다.

@이상은: 그런 생각을 한 적 있다. 10번째 만난 남자와 결혼을 하려 하는데 찬찬히 생각해보니 6번째 남자를 더 많이 사랑한 것 같다면 난 10번째 남자랑 결혼을 해도

옳을까. 읽어보니 '서로의 기쁨과 슬픔, 가치와 신념, 과거와 미래를 공유'하는 정도가 결혼의 조건이라면 내가 좀 손해 보고 노력하면 될 테니 10번째와 결혼을 해도 좋겠다 싶다. 아직 '공유'보다 '사랑'이 어렵게 느껴지는 나는 결혼을 하기엔 한참 멀었다.

@유정미 : 아무튼 한때 결혼을 하기 싫다고 말한 적이 있었다. 그 말을 우연히 들은 한 선생님이 나에게 넌지시 질문하셨다. "왜? 엄마 아빠의 결혼생활이 불행해 보인 것이니?" 전혀 아니다. 그런데 왜 나는 아직 결혼을 생각해보지도 않았고 출산을 고민하지도 않으면서도 결혼이 괜히 부정적으로만 느껴지는 것일까. 설명 못할 막연한 두려움이 있다. 아, 몰라. 모르겠다. 이건 말도 안 되는 변명이지만 생각하기 싫다. 왜? "난 아직 어리니까!"

@한민정 : 인생 걷는 길이 지칠 때 잠시 쉬어갈 수 있는 고목나무 같은 그런 배우자를 만나고 싶다.

@윤송이 : 취직 1년 차도 되지 않은 (여자) 친구들이 벌써 결혼을 생각한다. (대체로 안정적인 직장을 가진 애들이 이렇다) 벌써 대화의 화제 중 하나가 '결혼'이 되어버렸다. 아직 내게 결혼은 너무 먼 이야기다. 취직을 하면 좀 가까이 다가올까. 아, 먼저 남자가 생겨야겠지? ㅋㅋㅋ

뭐 지금 남자 친구가 없는 애들도 결혼 얘기는 신나서 심각하게 하는 걸 보니 현재 남친 존재 유무와는 별 상관이 없는 것 같고… 여하튼 결혼이 일생일대의 중대사는 맞나 보다.

@김다슬 : 결혼은 아직 먼 얘기고 개인적으로는 딱히 할 생각도 없지만 결혼에 대한 개

더보기 ▼

인적인 기준이나 가치관을 형성해놓을 필요는 있는 듯.

@강동경 : '저지르고 후회하자'가 삶의 모토인지라 그래도 하고 싶다.

@이현목 : 부부의 관계. 배우자의 진정한 역할. 결혼은 신중히 하자.

@김현진 : '안 하고 후회하는 것보다 하고 나서 후회하는 게 낫다'라는 말은 결혼에도 적용되는 말인가? ㅋ

@김선영 : 여자의 인생은 20대에 결정된다. 여자 팔자 뒤웅박 팔자. 가끔 결혼 경매 시장 가판대에 걸린 자신을 상상해보고는 한다. 가끔씩 미용실에서 머리를 하며 음흉하게 여성지 뒷면 19세 페이지를 살짝 엿보곤 하는 정도 수준의 발상으로는 서로의 기쁨과 슬픔, 가치와 신념, 과거와 미래를 공유하는 사이는 너무 어렵다. 하지만 만나고 싶다. 지금이라도 당장, 달려가서 그에게 내가 얼마나 기다려왔는지를 이야기해주고 싶다. 이런 글은 뭔가 설렌다. 괜히 '나 요리 잘하는데……' 와 같은 새색시 멘트를 던지고 싶어진다.

잠자는 숲 속의 공주 되기,
구하는 왕자 되기

어릴 때 친숙하게 읽은 동화 중에 반드시 《잠자는 숲 속의 공주》가 포함된다. '필독 동화'가 대체로 그렇듯 물론 해피엔딩이다. "공주는 왕자와 행복하게 살았답니다"이다.

동화적인 시각을 벗어나 현재를 살아가는 입장에서 트집을 잡기 시작하면 《잠자는 숲 속의 공주》에는 여러 가지 당혹스런 장면들이 눈에 띈다. 우선 공주와 왕자의 나이 차이는 문제 삼지 않도록 하자. 지금 어법으로 '민중을 까면' 두 사람의 사랑은 당장 위기에 처하게 된다. 연상도 100살 넘는 연상이라면 남자 입장에선 유령과 사는 기분이 들 수 있다. 다만 100년을 푹 잤기 때문에 공주의 신체 나이는 정상이다. 백년해로가 가능하다. 공주 주변 사람들이 공주와 함께 잠들었다 함께 깨어난 만큼 성에서 살아가는 데 문제는 없다. '100살 많은 아내와 살고 있다'는 사실이 왕자에게 심리적인 이상 징후를 유발하지만 않는다면 해피엔딩에 전혀 지장이 없다.

하지만 왕자가 공주를 '쟁취'하는 과정에 법률적 하자가 목격된다. 일단 초대 없이 남의 성에 무단으로 들어가면 주거 침입으로 범죄 요건을 구성한다. 게다가 푹 자고 있는 주인집 딸의 방에 들어가서 키스까지 한 것은 심각한 성추행이다.

주제에서 벗어난 이야기이지만 흔히 영화에서는 남녀가 아침에 일어나 침대에 그대로 누운 채로 얼굴을 가까이 대고 마주보며 사랑스런 표정으로 속삭이다가 키스한다. 결코 현실에서 있을 수 없는 일이며 있어서도 안 된다. 밤

새 숙성된 입냄새를 여과 없이 사랑하는 사람 면전에다 직통으로 발사한다면 너무 배려가 없는 짓이다. 사랑과 연애 그리고 섹스, 나아가 삶 전체까지 조망했을 때, 인생의 구체적인 국면마다 파트너(들)에게 가능한 최대로 배려하는 게 죽을 때 후회를 최소화하는 비결이다. 죽을 때 후회하지 않으려면 아침에 눈 뜨자마자 상대에게 키스를 퍼붓지는 말자. 한데 공주의 100년 묵은 입냄새는 얼마나 강력했을까. 동화 속에서는 입냄새가 저절로 꽃내음으로 바뀔까.

하여간 왕자는 이 동화에서 최대 난관이라 할 수 있는 '입냄새 공격'을 막아내고 공주에게 키스한다. 그리고 마법에 풀려 눈 뜬 공주에게 "공주, 나랑 결혼해주오"라고 말하고, 공주는 즉석에서 기꺼이 청혼을 받아들인다.

이렇게 써놓고 보니 실제로 좀 황당한 동화 같기는 하다. 하지만 동화라고 현실 삶과 완전히 동떨어지지는 않았다. 《잠자는 숲 속의 공주》에는 우리 인류의 옛 삶의 모습이 여기저기 숨어 있다. 무단 침입과 키스, 그리고 청혼은 과거 인류에게 보편적이었던 신부 약탈 관습이 동화적으로 표현된 예로 볼 수 있다. 키스는 강간을 순화한 표현이 된다. 청혼은 공주를 자신의 소유물로 선언한 의식이라고 볼 수 있겠다.

'여자는 최초의 운송용 동물이었다'는 인류학적 인식이 있다. 당연히 과거 인류를 대상으로 한 인류학적 언명이다. 같은 맥락에서 여자는 재산이었다. 신부 약탈은 따라서 재산 증식의 유력한 방편이다. 유전자 교환에도 도움이 됐을 법하다.

또는 《잠자는 숲 속의 공주》가 데릴사위제를 동화적으로 형상화한 것일 수도 있다. 동화는 동화다. 비유라는 관점에서 이야기를 계속하면, 현대판《잠자는 숲 속의 공주》는 새로 쓰는 제 좋지 않을까. 당장 강간까지 포함한 신부 약탈은 다른 형상으로 표현의 가능성을 모색하는 게 더 바람직해 보인다. 굳이 '키스'의 모티브를 유지하려면 성에 들어가는 과정 및 키스에 앞서 공주의 동의를 획득하는 문학적 장치를 설정하는 것을 검토할 만하다. 100년 동안 잠을 자도록 설정하는 판에 만들지 못할 장치가 무엇인가.

여기서 동화를 새로 쓰자는 얘기가 아니다. 동화는 논의를 시작하기 위한 핑계이고, 단도직입적으로 말해 여성을 약탈의 대상으로 삼은 오랜 사회적 구조를 혁파하자는 것이다. 누가 더 나은지는 논외로 하고, 우리는 유목민이 아닌 문명인이다. 하지만 여성에 대한 인식은, 공개적 담론과 달리 신부를 약탈하던 시기의 수준에 고착돼 있지는 않은가 하는 생각이 든다.

우리 시대의 신부 약탈은 또 다른 은유를 획득했다. 《잠자는 숲 속의 공주》가 동화의 형식으로 인류의 삶을 나름대로 솔직하게 묘사했다면, 우리 시대 신부 약탈의 은유는 노골적이고 적나라하게 또한 천박하게, 외재화한 욕망으로 보편성을 드러낸다.

우리 사회에서는 개인 차원에서 '왕자 되기'는 원천 차단되지만 집단 차원에서는 대놓고 '왕자 되기'를 부추긴다. 개인적 욕망이 집단적 욕망으로 치환된다고 해서 소멸하지는 않는다. 집단은 개인의 욕망을 추구하는 생식기가 된다. (엄연한) 주체의 은폐와 거대 생식기의 출현이란 측면에서 현대사회의 보편적 병리현상이 된다. 미다스는 만지는 모든 것을 황금으로 변하게 하는 능력을 갖고 있는 까닭에 역설적으로 가장 가난한 자로 전락한다. 황금과 가장 친한 자는 황금에게서 가장 절실하게 도망치는 운명일 수밖에 없다. 미다스에게는 욕망을 채울 능력이 욕망을 넘어선다. 따라서 욕망이 존재로 전환해 스스로 황금이 되고, 따라서 더 이상 황금을 갈구하지 않게 되며, 그렇게 확립된 존재는 욕망이란 동력을 상실해 서서히 소멸하게 된다. 자본주의 사회에서는 황금의 소유보다는 황금에 대한 욕망 자체가 본질적 신앙이기에, 모든 것을 가질 수 있었던 미다스는 마침내 가장 가난한 자로 추락한다. 자본주의는 숭고한 자를 천대하고 대신 비천한 자를 숭상하게 된다.

미다스 자신만 빼고 모든 주변 사람들이 미다스의 욕망을 욕망하는 구조는 '왕자 되기'에서는 뒤집어진다. 미다스 사례와는 판이하게 전체로서 주변 사람들의 '왕자 되기'를 통해 개인은 신부 약탈이라는 욕망에 철저하게 얽매이게 된다.

동시에 약탈과 강간이란 행위는 사회적 담론과 미디어 속에서 체계적 욕망의 형식으로 개인 밖으로 시출된다. 이러한 외재화에도 불구하고 개인은 여전히 생식기의 주인으로서 욕망에 관여하며 신부 약탈이란 은유를 수용하고 전파하며 활성화하는 것이다. 예를 들어 리쌍의 노래 《TV를 껐네》는 대중예술이란 형식을 통해 신부 약탈의 욕망을 공유하고 확산시킨다. (꼭 집어 이 노래만 그렇다는 얘기는 아니다) 여기서 '딱딱해진' 게 소위 가수의 머리인지 생식기인지는 별반 의미가 없다. 거대 생식기의 공공연한 발기에 가수와 수용자들이 총체적으로 참여한다는 게 핵심이다. 이때 개인들의 생식기에 피가 몰렸는지는 전혀 무관하다. 개인 차원에선 생식기가 소거되고 (개인적이지만 사회적) 욕망만 살아남는다. 개인은 이때 죄책감이나 윤리적 갈등에서 벗어날 수 있으며, 순수하게 욕망에 개입할 수 있게 된다.

요점은 신부 약탈이란 억압은 여전히 작동하고 있다는 것이다. 잊지 말아야 할 점은 신부 약탈의 관습은 약탈자의 행위와 함께 피약탈자의 동조를 통해 욕망으로 완성된다는 사실이다. 툰드라 지역 유목민 부족에는《잠자는 숲속의 공주》처럼 신부 약탈 관습의 잔재가 살아남아 있어, 결혼식을 치른 뒤 신부를 꽁꽁 묶어 눈썰매에 숨기듯이 싣고 신랑의 집으로 데려가는 풍습이 아직도 목격된다. 과거 실제로 신부를 약탈할 때는 신부가 저항했겠지만, 지금은 신부가 즐겁게 약탈을 완성한다는 게 차이점이다. 개인 수준의 욕망이 사회적 수준의 욕망으로 어떻게 전환했는지 짐작할 수 있는 사례다.

'공주 되기'가 '왕자 되기'와 동전의 앞뒷면을 이루며 신부 약탈의 은유를 완성한다는 측면에서 여성은 자신에 대해 스스로 적극적인 가해자로 나선다는 아이러니에 직면한다.

남녀는 평등하고 대등하게 서로 보완하는 존재로서 서로를 새롭게 인식해야 한다는 이야기를 너무 어렵게 해버렸다. 서로 차이를 인정하고 남성, 여성이 각자 독자적인 기준이 돼야 한다는 뜻이다. 남녀 문제에는 대칭적 인식보다 비대칭적 인식이 적합하다. 특정한 성을 기준으로 세우고 다른 성의 특질을 과하거나 부족함으로 인식해선 해답을 찾을 수 없다. 신부 약탈의 대안이 신랑 약탈이 아니라는 사실은 너무 확실하지 않은가. 어느 성도 다른 성을 약탈하지 않고 서로의 독자성을 인정하며 상생해야 한다는 식상한 결론이 언제나 정답이다. 수습책 삼아 마지막으로 덧붙이고 싶은 말은, 어쩌다 가끔은 아침 잠자리에서 양치질하기 전이라도 열정적으로 키스할 수 있는 게 진짜 배려하는 삶일 수도 있다.

실시간 댓글

@소다영 : 여자는 성에 있어서 항상 침묵하는 자, 약자, 피해자였다. 지금은 많이 나아지고 있지만 아직도 남성들의 머릿속에 그런 사고방식이 남아 있는 듯하다. 결혼하면 나중에 남편이 깨기 전에 양치질을 해야겠다.

@박찬호 : '공주 되기', '왕자 되기'보다 서로에게 지지대가 되기를.

@이상은 : 공주는 자기 전 장미꽃이라도 물고 잠들었겠지. 하긴 100년이 지나면 모두 썩어버려 오히려 악취가 풍기긴 했겠다.

@유정미 : 동화를 다시 읽는 것은 참 즐겁다. 늘 동화 속 여주인공과 왕자의 결혼 뒷이야기가 더 궁금했기 때문일까.

@윤송이 : 아직도 많은 사람들이 잠자는 숲 속의 공주가 되어 왕자를 기다리고 있는 건 아닌지.

@한민정 : 낭만적으로만 생각했던 동화를 현실적으로 다시 읽기. 여성을 약탈의 대상으로 삼은 오랜 사회적 구조 혁파. 인정하고 싶지 않지만 인정할 수밖에 없는 리얼리즘.

@강동경 : 양치 자주 해야지.

@차준호 : 그런 의미에서 '황진이'나 '춘향이'는 신여성이었군요! 오히려 동양 문화권의 여성들이 과거엔 더 급진적인 성담론을 가지고 있었을 수도 있겠어요. ㅎㅎ

@김현진 : 아침에 일어나도 입냄새가 나지 않은 사람도 있어용. ^^

@김민지 : "네가 학교/직장에서 돌아올 때까지 나는 집에서 청소하고 요리하고 있을게." 내가 남친한테 한 말이냐고? 아니다, 남친이 나한테 한 말이다. 두 놈이나. 기분이 이상했다. 여성의 본능인지 사회적 인식인지, "무슨 소리야? 너도 벌고 나도 벌고, 집안일도 같이 해야지!"라며 반박한 기억이 난다. 말은 그렇게 했지만 실은 내게 갑작스레 떠 넘겨진 '남성의 역할'이 부담스럽기 짝이 없었다. 말로는 남녀평등 운운하면서 나도 모르게 가부장적 문화에 복종하는 나를 종종 발견한다.

@김선영 : 그래요, 아직 꿈꾸고 있습니다. 정말 이제 환상에서 깨어나 뭐라도 찍어 바르고 문 밖에 나가야 할 시간인가요? 그런가요?

@안혜정 : 남자에게 성공 욕구, 집세, 가정을 꾸릴 연봉, 학벌 등을 요구하고 여자에게 성적 매력, 온후함, 안정적 집안 배경 등을 요구하는 사회적 통념에 대해 다시 한 번 생각해보게 하는 글.

사랑은 연필로,
숫자를 쓰세요

남녀 간의 사랑은 참으로 쉬우면서도 어렵다. 누구나 할 수 있기에 쉽지만 그렇다고 명료하게 정의하기는 힘들다.

그럼에도 사랑은 가장 인간다운 행위이며, 동물은 할 수 없고 인간만이 할 수 있는 것이란 견해에 대체로 동의하지 싶다. 앞서 '삼포세대'를 논하면서 번식은 인간만이 아니라 모든 동물이 하는 행위인 만큼 차라리 번식을 거부하는 게 인간다운 것(?)이란 주장과 논리는 비슷하다.

사람만이 할 수 있는 행위라고 했을 때는 번식의 전(前) 단계 이상의 숭고한 의미를 부여하는 것이다. 한마디로 사랑은 섹스 이상의 것이란 추정이다. 사랑과 섹스는 오랫동안 영역 다툼을 벌였다. 흔히 통용되는 "남자는 섹스를 위해 사랑하지만, 여자는 사랑을 위해 섹스를 한다"는 경구에서도 영역 다툼의 조짐이 보인다. 인용구의 분석을 존중하면 여자와 달리 남자는 애초에 섹스 이상이 될 수 없는, 즉 숭고한 존재가 될 수 없는 존재다. 반면 여자는 숭고함을 지향하지만 숭고함을 얻기 위해 어쩔 수 없이 숭고함을 희생하는 이중적인 존재가 된다.

인간을 뺀 나머지 동물들의 섹스와 사랑도 간단하지는 않다. (인간을 뺀) 동물에게까지 사랑이란 용어를 쓸 까닭이 있느냐고 이의를 제기할 수 있지만, 인간이 모든 동물의 삶에 완전히 정통한 게 아닌 만큼 일단 결론은 유보하도록 하자.

일단 보노보들의 프리섹스는 제법 유명하다. 매춘까지 존재하는 상황이니 인간 말고 가장 적극적으로 섹스를 즐기는 대표적인 생물종이라 할 수 있겠다. 다큐멘터리 《동물의 왕국》의 단골 출연자 사자들의 섹스는 비정함을 느끼게 한다. 일부 종에서 그러하듯 사자는 무리로 생활하며 우두머리 사자가 교미권을 지닌다. 이론상 모든 암컷의 새끼는 우두머리 사자의 새끼라는 얘기다. 그러나 이론은 이론이다. 인간 여성의 자식 가운데 유전자 검사를 한 결과 법률상 친부의 유전자가 검출되지 않은, 즉 어머니의 자식임은 분명하지만 아버지의 자식은 아닌 사례가 적잖게 발견됐다. 사자와 인간이 다르지 않다. 모든 암컷이 우두머리 수컷의 새끼를 배는 것은 아니라는 얘기다.

극적인 상황은 우두머리 수컷이 바뀌었을 때, 즉 새로운 젊은 수컷이 왕위를 찬탈한 경우 볼 수 있다. 이때 새끼를 키우는 암컷들은 새 왕과의 교미를 거부한다. 햄릿이 이 사실을 알았으면 자기 어머니 거트루드를 "암사자보다 못한 여인"이라고 불렀으리라. 암사자에게 열녀문이라도 세워주고 싶은 생각이 든다면 조금 더 기다릴 일이다. 그렇다고 물러날 라이온 킹이 아니기 때문이다. 젊은 왕은 전래의 비법을 쓴다. 폐위된 왕이 남긴 새끼들을 모두 물어 죽이는 것이다. 이때 자식과 남편을 잃은 암컷들은 단체로 자결하거나 새 왕에게 복수해야 할 법한데, 실제로는 '아니올시다'이다.

암컷 사자들은 새 우두머리 수컷과 교미에 들어간다. 이들의 섹스는 철저하게 번식을 위한 섹스다. 암컷 사자는 번식을 위해 섹스하고, 수컷 사자도 번식을 위해 섹스하는 것이다. 차이점은 있다. 암컷이든 수컷이든 자기 유전자의 보전이 우선이다.

전 우두머리 수컷의 새끼를 키우는 암컷 입장에서는 이미 태어나 자라고 있는 새끼들을 제대로 양육하는 게 훨씬 경제적이다. 새끼에게는 이미 암컷의 유전자가 절반 들어 있고, 제법 투자가 진행되어 추가 투자는 얼마 안 남았다. 새 우두머리와 교미해 새끼를 밴 다음 출산해 키우는 것에 비해 지금 새끼를 잘 지키는 게 분명 더 효율적이다. 하지만 새 우두머리 수컷이 제 유전자를 남기기 위해 새끼들을 다 죽여버리면 암컷도 제 유전자를 전하기 위해 교미하는 수밖에 없다. 복수는 선택지에 아예 빠져 있다. 유전자 나머지 반을 새 우두머리 수컷에게서 받아야 하는 까닭이다.

인간세상에서는 보노보 같은 면과 사자 같은 면이 동시에 발견된다. 인간에게도 유전자의 권력은 막강하다. 인간 남자의 유전자 속에는 아프리카에서 발원해 지금까지 500만~700만 년 작동시킨 번식기제가 탑재되어 있다. 인간 남자의 섹스는 기회가 생기는 대로 많이 또 신속하게 감행해 유전자를 퍼뜨릴 확률을 높이는 전략을 구사한다. 많이 뿌리면 유전자가 우수한 여자를 만날 확률이 높아지고, 남자에게 주어진 가능성 내에서 최고로 우수한 후손을 남길 수 있다. 다다익선 전략이다. 이 때문에 인간 남자는 다른 포유류나 곤충들과 동일하게 여자를 얻기 위해 치열하게 경쟁하게 된다.

반면 인간 여자는 자신의 유전자를 자신의 몸을 통해 전달해야 하고, 관련 작업에 걸리는 시간이 적지 않은 처지임을 감안해 좋은 유전자를 골라내기 위해 신중을 기한다. 출산, 육아 등 자신이 투자해야 할 몫이 크기 때문에 성공 투자가 되도록 최선을 다하는 것이다. 일각에서는 500만 년 이상 지속된 이 같은 습속이 현대를 사는 인간 남녀에게도 영향을 미쳤다고 주장한다.

그럴듯해 보이는 논리이기는 하다. 하지만 이 논리로 설명이 안 되는 번식론에 입각한 사랑에 대한 예외 사례가 무수히 많이 발견된다. 실제로 여성에게 피임과 낙태가 가능해지면서 번식과 사랑은 결정적으로 결별하게 된다. 원하지 않는 결혼, 임신, 출산으로 인해 얼마나 많은 여성이 원하지 않은 삶을 살았을지는 불문가지다. 하지만 현대 여성은 위험하지 않은 연애를 할 수 있는 기회를 손에 넣었다. 번식과 사랑의 분리가 대충 대세임을 감안할 때 위험하지 않은 연애에는 활발한 섹스까지 포함된다. '활발한 섹스'는 너무 단정적인 표현이란 반론이 제기될 수 있지만 '여기에 섹스까지 포함된다'는 정도에는 거의 대부분 동의할 터이다.

요약하면 이제 번식을 위해서가 아니라 사랑을 위해서 안전하게 섹스할 수 있게 됐다. 맨 앞의 경구로 다시 돌아온 셈이다. 남자의 섹스도 달라졌다고 봐야 한다. 만일 섹스를 위해서 사랑한다면 그 섹스는 번식이 배제된 섹스여야 한다. 남녀 모두 불모의 섹스를 추구하는 시대가 된 것이다.

그렇다면 이제 사랑하면 섹스하면 된다. 보이는 몸, 남의 몸에 대해서만 관심 기울이지 말고 자신 몸의 감각에 대해 탐구심을 갖는 게 어떨까. 우리 말 어른의 어원이 섹스를 의미하는 '얼우다'에서 왔다는 사실이 흥미롭다. 즉 '섹스한 사람'이 어른인 것이다. 조선 시대에 "얼운 님 오신 밤이어든 굽이굽이 펴리라"고 노래하던 황진이의 기개가 새삼스럽다.

섹스 탐닉과 동일하게 섹스 거부도 일종의 억압이다. 섹스는 자연스럽고 즐길 만한 것이지만 섹스에 대한 특정한 태도를 서둘러 정상이라고 선언해서는 안 된다. 중요한 것은 당사자의 주체적 선택이다. 다만 여기서 '주체적'은 진짜 '주체적'을 말한다.

여학생들과 이런 주제로 대화를 나눠 본 적이 있다. 그들 중 일부는 남성 어른과 이 같은 대화를 나눈다는 사실 자체를 불편해할 정도로 폐쇄적이었다.

"우리는 왜 남자랑 자는 데, 즉 섹스에 소극적이고 나아가 거부감을 갖고 있을까"를 두고 이런저런 얘기가 나왔지만, 스무 살도 훨씬 넘은 여자가 섹스에 대한 자신의 태도를 형성하지 못했다는 사실 자체가 답답했다. 그들이 섹스를 하지 말아야 할 거의 대부분의 이유는 '결혼시장에서 딸의 상품가치가 훼손되기를 바라지 않는' 부모의 지대한 영향 때문인 것 같았다.

한 여학생이 재미있는 얘기를 꺼냈다.

"자고 싶어도 남자 애들이 자잔 말을 안 꺼내요."
"좋으면 네가 먼저 자자고 하는 방법도 있지 않나?"
"아, 그런가요……."

지금 세대, 특히 여자들은 그들 선배가 누리지 못한 기회를 손에 넣었다. 범주 구분이 어떻게 되는지 모르겠지만 얼마든지 원하는 만큼 사랑하고, 연애하고, 섹스할 수 있게 됐다. 한데 그냥 삼포세대를 하겠단다. 요즘 대학생들의 연애는 이렇다. 호감이 생기면 눈치를 보다가 사귀자고 고백한다. 상대방이 "좋다"고 하면 그때부터 연애가 시작된다. 손잡고 다니며 연애하고 공부하며 대충 외양은 전통적인 연애와 비슷한데 차이점이 있다. 대학생 남녀가 둘이 같이 밤을 지냈다면 여관에 갔을 가능성보다 게임하러 PC방에 갔을 가능성이 더 높다. 섹스에 소극적인 이들은 대신 숫자에 밝다. 연애 100일 기념 등 무수히 많은 날짜들로 연애를 장식한다. 연애 기간 내내 숫자를 헤아리는 것으로 이들은 성적 로망을 충족시키는 듯하다.

실시간 댓글 ↻

@서지현 : 섹스의 해방과 젠더의 차별, 이 두 가지를 혼동해서는 안 된다고 생각한다. 가끔 이런 것 때문에 논쟁이 나는 것 같다.

@소다영 : 개인적으로 여성도 성에 대해 좀 더 당당하고 솔직해질 필요가 있다고 생각한다. (하지만 나 역시도 그런 이야기가 나오면 소극적으로 반응할 때가 많다)

@박찬호 : 소득만 양극화되는 게 아니라 육체적 사랑도 양극화되는 거 같긴 합니다.

@박윤아 : 여자가 기회를 가졌다고 하기에는 남자들의 '그런 면'이 문제가 되는 게 아닌가? '처음'인지 아닌지를 알아차리고(?) '꿍(?)'해질 수 있다는 점? 순결, 정조 관념이 사회적 인식에 뿌리 깊게 자리 잡을 수 있었던 바탕은 남녀의 타고난 생식기 차이였다고 생각합니다. 처음인지 아닌지가 티가 나는(억울하게 처음이 아니게 보일 수도 있지만) 여성 생식기의 특성상 '처음'에 관한 기회는 무척 닫혀 있지요. 남자들처럼 티 안 나면 기회를 보고만 있진 않을 것 같은데요.

@유정미 : 서로의 연애 경험들에 대해 자유롭게 이야기 하는 자리가 가끔 생긴다. 그래도 어딘가 부족한 느낌이다. 좀 더 터놓고 이야기 할 수 있는 공간이 있었으면 좋겠다. 구체적으로 어떤 형태가 되어야 할지는 잘 모르겠지만.

@이현목 : 사랑은 보이는 것이 우선 되어서는 안 된다. 그 내면에 진정성을 찾아라.

@김민지 : 쉽게 하면 마음만 공허해지더라. 섹스는 이해와 믿음이 없으면 자기 파괴의 도구로 곧잘 전락한다. 물론, 사랑을 수치화하는 것이 더 바람직하다는 얘기는 절대 아니다. 영혼을 쉽게 메마르게 하는 섹스는 바람직한 만남의 방법이 아닐 수도 있다고 말하고 싶을 뿐이다. 영혼과 영혼이 맞닿는 상대와 믿음과 책임감을 갖고 오르가즘을 동반한 섹스를 하는 것은 이 세상 가장 아름다운 현상(또는 행위) 중 하나이지만 똥통에서 다이아몬드 찾기만큼이나 어렵다. 난 알랭 드 보통과의 섹스 없는 연애질이나 계속 해야겠다.

@안혜정 : 대학가 필수요소였던 모텔들은 사라지고 원룸으로 바뀌는 현실. 연애와 생식의 공간이 위협받는 환경, 안전하게 한 몸 뉘어 섹스할 공간이 줄어드는 현실은 어쩌죠? 콘돔은 사도 모텔비는 없는 현실. 섹스하려고 결혼할 수도 없는 노릇. 남녀의 섹스에 대한 추구 양태가 달라졌다는 데에는 공감하나, so what?

불륜공화국,
게이공화국,
로맨스공화국

해외 호텔 식당에서 겪은 일이다. 초등학교 저학년생인 아들이 나에게 뭔가 해석을 요구하는 눈빛을 보내고 있었다. 아닌 게 아니라 거의 전부 부부나 연인 등 남녀 커플 아니면 가족 단위로 식사를 하고 있는 가운데 동양인과 서양인 남자 한 쌍이 다정하게 앉아 식사하고 있었다. 한눈에 게이 커플임을 알 수 있었다. 그 두 사람을 빼고는 부부나 연인이 모두 남녀로 이루어져 있었다. 아들도 두 사람이 게이 커플이라는 사실을 파악하고 있었다. (요즘 아이들은 도무지 모르는 게 없다!)

사실에 대한 확인이 아니라 가치 판단을 내려달라는 요청에 나는 '쿨'하게 대답했다. "그런 커플도 있을 수 있어." 사실 '쿨'하다기보다는 피해 나간 측면이 강했다. "있을 수 있다"는 건 가치 판단이라기엔 너무 포괄적이다.

동성애자가 사회로부터 받는 핍박은 마찬가지로 소수자 그룹의 일원인 여성이 핍박받는 정도를 훨씬 능가한다. 단지 게이라는 이유만으로 살해된 사람이 세계 도처에 적지 않다. 게이는 게이를 빼고는 누구로부터도 환영받지 못한다. 한국사회에서 게이가 공개적으로 자기 권리를 주장하기 시작한 지 채 얼마 되지 않았다. 성적 취향이 아니라 질병으로 간주되었기 때문이다. 유대인이 과거 유럽 역사에서 오랫동안 세균 취급을 받은 것과 마찬가지로 허무맹랑하지만 뿌리 깊은 편견이다.

그 편견은 '정상'을 무조건 정상시하는 집단 사고의 광범위한 폭력성에서 싹을 틔웠다. 정상이 비정상일 수 있음을 받아들여야 한다. 정상과 비정상의 범주는 고정된 것이 아니라 집단 사고의 유기적 전환을 통해 끊임없이 조정되어야 한다. 사실 관점을 조금 바꾸면 동성애가 이성애에 비해 더 본질적인 사랑을 지향한다는 논리도 가능하다. 사랑의 정수는 사랑과 생식 간의 구별을 전제로 추출된다는 통념을 받아들인다면, 동성애야말로 '비(非)생식'의 사랑이란 점에서 사랑의 정수를 구현했다고 볼 수 있기 때문이다.

마찬가지로 관점에 따라 불륜이 '진정한' 사랑일 수 있다는 견해도 있다. 약간 궤변처럼 들리겠지만 한 사람, 또는 두 사람이 모두 각각 다른 사람과 결혼한 상태에서 시작하는 불륜(불륜의 정의가 그렇다)은 결혼을 목표로 하지 않는다는 점에서 가장 사랑에만 몰입하는 형태의 만남이다. 사회적 통념과 금기를 깨면서까지 다가가야 할 끌림이 존재했다는 측면에서 강력한 사랑의 에너지가 축적되어 있다. 반면 사랑을 방해하는 어떤 귀찮은 일상도 서로에게 존재하지 않는다.

결혼하지 않은 남녀끼리의 사랑은 불가피하게 '사랑 이후'를 염두에 두기 때문에 종종 사랑이 사랑에서 이탈할 수 있다. 물론 사랑은 응당 시간과 공간의 공동 점유를 최대한 기도해야 하겠지만 그것이 사랑의 최종 목표는 아니다. 사랑의 자연스런 결과로 이루어지는 공동 점유와 악착같은 목표로 만들어진 공동 점유 간에는 현격한 차이가 존재한다. 사랑의 필수조건인 시간이 과거와 현재뿐 아니라 미래까지 구속하고, 또한 사랑의 필수조건인 공간이 무한정 확대되면서 사랑을 위한 시간과 공간이 역으로 사랑을 방해한다. 사랑이 사랑 때문에 사랑에서 실족하는 것이다. 시간과 공간이 애초에 제한되어 있는 불륜은 역설적으로 방해받지 않은 사랑을 가능케 할 수 있다. 사랑에서 미래

란 시간을 제거하고 가정이란 공간을 없애면 남는 건 사랑밖에 없지 않을까. (물론 이론상 그렇다는 얘기다)

현실에서 불륜은 '사랑 자체'에 전면적으로 승부하는 아름다운 사람들의 이야기일 확률은 매우 낮다. 대부분 일방적 성의 약탈 형식으로 드러나며 종종 통제되지 못한 욕정의 난장으로 표출된다. 그럼에도 '들키면 불륜, 안 들키면 로맨스, 남이 하면 불륜, 내가 하면 로맨스'란 우스개는 현실에서 유효하다. 사랑은 '나'의 영역에 속하고, 윤리는 '나' 밖의 영역이기 때문이다. 나는 '나' 밖보다 '나'를 더 좋아하고, 인간은 윤리보다 사랑에 더 경도되기 마련이다. (단정적으로 꼭 그렇다는 얘기는 아니다)

동성애는 들키든 안 들키든 양 당사자에게 분명한 로맨스다. 다만 들키면 (또는 드러내면) 불륜처럼 배제의 징벌에 처해지게 된다.

세간에 불륜이 만연하다 보니 '불륜공화국'이란 말이 회자된다고 하는데, '안 들키면' 여전히 로맨스이기 때문에 정의를 엄밀하게 한다면 대한민국은 '로맨스공화국'이어야 한다. 실상이 '불륜공화국'이라 하더라도 우리 모두는 '로맨스공화국'에 사는 길을 택한다. '진리가 너희를 자유케 하리라'는 꼭 통용되어야만 하는 잠언이 아니다.

홍석천 등 일부 유명인들의 커밍아웃은 우리 '공화국'에 긍정적 자극이 되고 있다. 그들의 성적 취향 자체가 긍정적 자극이라는 뜻이 아니라 금기를 뚫고 성적 취향을 드러내는 행위가 긍정적 자극이란 의미다. '로맨스공화국'의 실체를 까발려 '불륜공화국'임을 드러내는 행위는 긍정적인지 부정적인지 알 수 없지만, 홍석천 등의 커밍아웃은 '민주공화국' 대한민국의 장래에 긍정적이다.

유무형의 사회적 징벌이나 배제는 법에 의해서만 이뤄져야 한다. 사회적 징벌과 배제를 가능케 하는 요건은 사회적 토론과 합의를 통해 엄격하게 최소한으로 정해져야 한다. 법률에 위배되지 않은 사안에 대해 '비정상'이란 이유로 또 관행에 의거해 세속적 징벌과 배제로 소수자를 학대하는 사회는 후진적인 사회다. 한때 서양 의학에서 자위가 정신병의 징후로 취급됐지만, 지금은 '정상적인' 성행위로 받아들여진다. 다양한 경로와 층위의 제재를 통해 개인적인 취향과 태도까지 옭아매려는 권력의 부당한 압력에는 단연코 저항해야 한다.

앞으로 성과 가족에는 더 많은 다양성이 반영될 것이다. 이때 권력이 편협한 정상/비정상의 틀을 앞세워 개인의 사적인 영역을 침범해서는 안 된다. 사적 영역은 사적인 자유로 보호되어야 한다. 또한 사적인 영역을 공개적으로 드러내는 행위도 보호받아야 한다. 사적 취향에 대한 자유와 사적 취향을 밝힐 자유는 기본권에 해당하기 때문이다. 마찬가지로 사적 취향을 밝히지 않을 자유도 존중되어야 함은 물론이다.

실시간 댓글 ↻

@도하원 : 한 50년쯤 지나면, 이 모든 일들을 개인의 취향으로 여기며 무덤덤해질 수 있을까?

@서지현 : 어떤 여중생이 학교에서 '아웃팅'을 당했고 그 때문에 투신자살을 했다는 이야기를 들은 적 있었다. 참 안타까운 일이다. '다수'인 것처럼 보이는 우리도 어떤 범주에서는 소수자가 될 수 있다. 사실 '소수'를 억압하는 것도 자신이 '다수'임을 강하게 보여주기 위해서라고 생각한다.

@소다영 : 개인의 취향을 존중한다. 세상에는 다양한 사람이 있으니까. 불륜이 바람직한 것은 아니지만 이해는 간다. 사람 마음이 어디 뜻대로 되겠는가.

@이상은 : 본능이라는 사랑도 이따위로 하기가 어렵다. 사랑만큼은 머리를 안 쓰고 하고 싶은데 말이다. 학교에서 "사랑에 서툰 청춘들을 위한 연애수업"이란 걸 한단다. 저거라도 들을까 보다.

@유정미 : '불륜'과 '게이'와 '로맨스'라는 코드를 대중문화에서 접하기 굉장히 쉬워졌다. 물론 SBS 드라마 《인생은 아름다워》가 한창 방영될 당시 헌법재판소를 지날 때마다 '우리 아들을 게이로 만들 셈이냐, 에이즈 걸리면 방송국이 책임 질 거냐'라는 말도 안 되는 팻말들을 들고 시위를 하는 사람들을 보며 불편했지만. 어찌 됐든 이 코드들이 한동안은 계속 등장하지 않을까. 다만 이것들이 미디어 내에서 코드로 기능하면서 소비 대상이 되어가고 있음은 분명하다. 이들을 진정성 있게 바라봤으면 좋겠다. 주변에 '게이 친구' 한 명 있었으면 좋겠다는 바

보 같은 이상을 내려놓지 못하는 사람들이 여전히 있다.

@한민정 : 내가 하면 로맨스 남이 하면 스캔들. 자기중심적 이기적 사고에서 탈피한 사랑에 대한 개념 정의가 필요한 시점.

@윤송이 : "'내 아버지와 내 남편'은 바람 피지 않을 것"이라는 말을 평생 마음에 두고 살아야겠다. 성적 취향은 지극히 사적인 영역이니 각자의 선택을 존중해야 한다고 생각했다. 그런데 막상 레즈비언 커플을 마주하고 보니 흠칫했다. 버스정류장에서 그들의 대담한 연애행각을 지켜보고 있자니 엄청 민망했다. 그러면서도 계속 흘겨봤다. 내가 모순덩어리인 거겠지.

@김다슬 : 오 불륜에 대한 새로운 접근. ㅋㅋㅋ 가끔 친구나 사람들이랑 얘기하다 보면 흔히 하는 말이 '성적으로, 생물학적으로 생각했을 때'라는 근거를 많이 드는데 그런 얘길 들으면 자신들은 이성을 좋아하기 시작할 때 항상 그런 식으로 접근하는 건가? 라는 생각이 들어서 항상 좀 난센스라고 생각했다. (그런 거라면 할 말 없지만…) 너무 이성애의 논리로 동성애를 판단한다는 생각이 들어서… 흠 편협한 정상/비정상의 틀은 정말 위험하다… 권력이 규정한 '정상'에 대한 사고방식을 내면화한 개인들이 저지르는 폭력은 가해자나 피해자나 폭력이라고 인식하기 어렵기 때문에 더 위험……

@강동경 : 우리가 관심을 기울여야 할 부분은 타인의 성적 지향이 아니라 그들이 그러한 이유로 부당한 차별을 받을 때 함께 싸울 수 있는 연대의 정신이다. 누구나 소수자가 될 수 있다.

@이현목 : 소수자를 배제 혹은 배척하는 사회는 올바른 사회가 아니다. 다르다는 것을 틀리다는 것으로 판단해서는 안 된다. 다르다는 것을 인정하자. 다르다는 것을 인정할 줄 아는 배려가 필요하다.

@박찬호 : 동성애와 불륜을 묘하게 엮는 구절에서 동성애자분들이 기분 나빠할 것 같은 건 나만의 생각인가. 나에게 동성애는 사랑의 한 종류. 불륜은 사랑의 어떤 부도덕한 형태인 것 같다.

@차준호 : 동성애와 불륜이 오히려 '본질적' 사랑일 수도 있다는 가설이 너무 재밌습니다! 예전에 MBC 한 예능프로에서 P가수가 자신은 부인과 결혼생활 동안 딱 한번은 서로 다른 상대방과 바람 필 수 있기로 약속을 했다는데, 얼마 뒤에 보니까 이혼했더라고요. 아! 로맨스 공화국이여. ㅋㅋㅋ

@김현진 : "안 들키면 여전히 로맨스이기 때문에 정의를 엄밀하게 한다면 대한민국은 '로맨스공화국'이어야 한다"에서 빵 터졌습니다. ㅋㅋ

@김선영 : 각자 자신 고유의 색으로 반짝반짝 빛나는 세상이 되기를!

청바지가
잘 어울리는 여자

지금은 거의 잊힌 변진섭이란 가수의 〈희망사항〉이란 노래의 가사 중 일부다.

"청바지가 잘 어울리는 여자 / 밥을 많이 먹어도 배 안 나오는 여자 / 내 얘기가 재미없어도 웃어주는 여자 / 난 그런 여자가 좋더라."

"청바지가 잘 어울리는 여자"까지는 그럴 법하다는 생각이 들지만 이어지는 "밥을 많이 먹어도 배 안 나오는 여자"에서는, 이건 요술공주 세리도 아니고 즉시 반감에 사로잡히게 된다. 명백히 실현 불가능한 요청을 가사에 담아도 대중은 히트곡이란 이상반응을 내어놓기도 한다. 한편으로는 사회적 요청과, 스스로 향유하는 소비상품으로서 하급 문화 사이를 구별할 변별력이 대중에게 있다는 뜻이다. 다른 한편으로는 사회가 은밀하게 공유하는 강렬한 욕망을 우연을 가장해 노골화했다는 뜻일 수도 있다.

밥을 많이 먹으면 배가 나오고, 배가 안 나오려면 밥을 많이 먹지 말아야 한다는 게 상식이다. 여기에 작동하는 핵심적인 논리는 밥 많이 먹는 여자는 괜찮지만 배 나온 여자는 안 된다는 것이다. 그렇다고 뚱뚱한 여자, 혹은 살찐 여자의 선언적 배척으로 환원되어서는 곤란하다. 거래의 대상, 혹은 마케팅 대상으로 성 상품화한 여성과, 생활인으로서 여성의 분열을 촉진한다는 게 쟁점이 되어야 한다. 형식 논리상 남자들이나 찬동할 법한 이러한 분열된 여성상을 대다수 여자들이 내면 깊숙이 받아들이고 있다는 것 또한 문제다. 사실 남자들이 시시덕거리며 여자의 몸을 보편적 기호품으로 만들고 있을 때 자신들도 피해자가 되고 있다는 사실을 애써 외면한다.

남성과 여성 양쪽에서 사랑받는 보편적인 기호품인 여성의 몸은 광범위하게 유통되며 상시적 계량화에 노출되어 있다는 측면에서 이미 화폐의 지위를 획득했다. 생활인으로서 여성은 분할된 여러 시장에 소속되어 각기 다른 도량형의 지배를 받지만, 성 상품으로서 여성 또는 더 명확하게 여성의 몸은 세계 화폐에 의해 가격이 매겨진다. 남성뿐 아니라 여성 또한 이 가격화(pricing) 메커니즘에 적극적으로 가담한다.

　　몸의 값을 결정하는 시장이 세계화했다는 측면에서, 또 몸을 내어놓은 주체가 파편화했다는 측면에서 미디어와 정보기술(IT)은 교묘하게 결탁하고, 모든 여성을 성 시장의 상품과 자본주의 사회의 노동·노동력 상품으로 때로 분리하고 때로 통합해 탈인격화(脫人格化) 혹은 물화(物化)한다. 여성의 몸이 지금처럼 철저하게 화폐로 변신한 적은 없었다. 실제로 사고파는지 또는 사고파는 데 동원되는지는 이 주제와 전혀 관련이 없다.

　　'식스 팩'이란 슬로건의 확산에서 짐작할 수 있듯이 '남성의 몸' 또한 '여성의 몸'을 둘러싼 동일한 논리로부터 완전히 자유롭지는 못하다는 점만 확실하게 거론하고 넘어가도록 하자.

　　이제 잠깐 '몸 밖'의 여성에 대해서 이야기해보자. (화폐로서 여성의 몸과 교환가치로서 여성의 노동·노동력이 항상 명확하게 구분되는 것은 아니지 싶다)

　　사회 전반에 여성 파워가 거세다. 이 현상을 이른 바 '알파 걸'의 보편화로 해석하는 시각이 있지만 비판론자들은 '알파 걸'만 있고 '알파 우먼'이 없다는 점을 들어 '알파 걸'의 한계를 거론하기도 한다.

　　내가 몸담고 있는 회사에도 여성 파워가 영향을 미쳐 해가 갈수록 여성 기자가 늘어나고 있다. 입사시험에서 여자들이 남자들보다 좋은 점수를 받는 경향을 보이기에 젊은 세대에선 점점 여초로 가고 있고, 확고한 추세로 자리 잡을 조짐마저 보이고 있다.

　YeSS에서도 여초는 뚜렷하다. 대략 남녀 성비가 1대 3 정도다. 인적 구성의 여초 탈피를 바라는 기존 멤버가 신입 멤버를 뽑는 구조이기 때문에 여초가 쉽게 해소될 것 같았으나 그렇지 않았다. 전형 시 남성할당제, 우대제 등 다양한 내부 방침에도 불구하고 문턱을 넘어서는 건 여자들이 훨씬 많았다.

　회사에서는 공적인 업무장소라는 공간 특성상 여자 후배들과 복장에 관해 이야기할 기회가 별로 없었고 그럴 이유도 없었다. 여기자들의 복장은 논란의 여지없는 평균적 사무 복장이었고, 오히려 내근하는 남자 기자들의 옷차림이 가끔 지나치게 편안한 감이 있었지만 이 문제에 관심을 기울이는 사람을 찾기는 가뭄에 콩 나기였다.

　하지만 YeSS 여학생들과는 비교적 주기적으로 옷차림에 대해 토론을 벌이곤 했다. 내가 갖고 있는 대학생의 옷차림에 관한 견해가 그들과 많이 다른데다 매 학기마다 새로운 멤버가 들어온 까닭이었다. 내가 기계론적 사고에 빠져 있는지 모르겠으나 이미 대학이란 공간이 대략적인 옷차림을 규정한다고 보았다. 이 공간이 그들에게 부여된 시간을 씨줄과 날줄로 엮어 보편적이고 평균적인 복장을 제시한다고 예상했다. 내가 예상한 복장은 남녀 구분 없이 청바지에 운동화였고, 여기에 굳이 성별이 개입하자면 여학생의 헤어스타일로는 끈으로 대충 묶은 포니테일이 무난하겠다는 정도.

　YeSS가 대학과 비슷한 공간과 시간으로 구성된다고 할 때 내가 대면할 여학생들의 복장은 물론 예외가 존재하겠지만 대체로 그런 기준에 따라 정규 분포를 이루는 것이어야 했다. 그러나 웬걸, 내가 주류로 예상한 모습은 비주류였고 치마 또는 원피스에 하이힐, 그리고 비교적 공들인 화장을 한 여대생들이 일반적이었다.

이런 '불편한' 복장에 대해 "아름답게 꾸미는 건 여자의 본능이다", "누구를 보여주려고 꾸미는 게 아니고 내 만족을 위해 꾸민다", "(내 사고가) 386세대에 고착돼 너무 획일적이다" 등의 이유를 대며 이들은 자신을 변호했다. 가부장제 질서 및 자본주의 세계에서 포괄적으로 기도되고 있는 여성화에 자발적으로 순응하는 행태라는 게 나의 반론이었다. 단순하게 얘기해서 때로 최고로 예쁘게 꾸밀 수 있다손 치더라도 평소에는 자신의 외부, 즉 자신의 몸을 치장하는 것 말고 자신의 내면을 가꾸는 데 전념하는 게 온당하지 않느냐는 논리였다. "미국에서 여자가 바지 입을 권리를 얻기까지 얼마나 오랜 기간 투쟁했는지를 아느냐"며 정서적 접근법을 쓰기도 했다.

토론은 논리 때문이었는지 나이 때문이었는지 늘 나의 승리로 끝났지만, 중요한 사실은 그럼에도 불구하고 여학생들의 복장이 달라지지 않았다는 것이다. 집단 구성원이 총체적으로 빠져 있는 덫에서 개별적으로 빠져나오면, 그것은 자유가 아니라 배제를 의미하기 때문이다. 논리 배경은 다르지만, 기술적 제약으로 인해 일부러 타자치는 속도를 늦추기 위해 고안된 쿼티(QWERTY) 자판이 기술적 문제가 해결된 뒤에도 여전히 사용되는 불합리나 마찬가지다. 다른 방식의 자판을 활용하면 훨씬 타자 속도가 빨라진다는 사실을 알지만 쿼티 자판이 지배적이기 때문에 그냥 쓰는 것이다.

전체가 불합리와 비효율의 덫에서 빠져나오지 못하는 구조가 시스템화해 돌아간 지 이미 오래이기에 방향을 되돌리려면 엄청나게 많은 노력을 쏟아부어야 하는 것들이 있다. 그럴 때 개인의 지배적인 반응은 헛된 노력을 기울이기보다 흐름에 편승하는 것이다. 이럴 때 개인의 결단을 재촉하는 건 어리석은 일이다. 안타깝게도 여대생의 화장 트렌드도 마찬가지이겠다. 물론 특정한 부문의 소비산업에서는 여대생의 화장 트렌드가 확실히 긍정적이리라.

비슷한 양상의 토론이 전개되는 주제는 다이어트다. 정상 체중의 여학생은 물론 마른 학생도 다이어트에 관심을 갖는다. 가슴과 엉덩이가 크고 배는 나오지 않은 체형은 진짜 아주 드물게 타고나거나, 아니면 TV에 등장하는 많은 연예인들처럼 과학기술의 도움을 받아야만 가능하다는 걸 모르는 사람이 있을까. 그럼에도 다이어트는 논리와 선택의 문제가 아니라 감정과 복종의 문제다. 자발성의 외양 속에 철두철미하게 조이는 강압이 숨어 있는 것이다. 여전히 토론에서는 내가 이기지만 이들에게서 달라지는 모습을 목격할 수는 없다.

토론을 그만두고 내가 달라지는 게 나을까. 가끔 청바지를 입고 오면 "청바지가 잘 어울리는데" 하며 칭찬을 건네볼까. 적은 너무나 강력하고 도처에 있어 도무지 패퇴시킬 길을 찾기가 힘들다.

실시간 댓글

@도하원 : 사회는, 혹은 남자들은, '청바지'도' 잘 어울리는 여자를 원하는 것 같습니다.

@소다영 : 대학교 내에 복장 규정이 암묵적으로는 있지만 웬만한 의상이 아니고서야 개인의 취향이다. 대학교 와서 제일 신경 쓰이는 게 옷이다. 고등학교 때까진 교복을 입기 때문에 그냥 아침에 일어나서 교복 입고 집을 나서면 그만이었다. 하지만 대학생이 되면서 화장을 하게 되고 사복을 입게 되었다. 아침마다 시간과의 전쟁이다. 화장하랴 옷 고르랴. '여자에게는 꾸밀 권리가 있다'라는 생각에 동의한다. 남에게 보여주기 위한 것도 있지만 자기 만족이 가장 큰 이유인 것 같다.

@박찬호 : 아예 못생기면 편하다는 걸 느낀다. 꾸며봐야 소용이 없으니 시간이 절약되고 아예 못생겼으니 나의 그녀가 안심을 한다. 그리고 밥 먹으면 배 나와서 여자친구가 웃어주는 건 덤. 물론 그것도 내가 남자라 그런 거겠지. 여자분들에게 심심한 위로를 전한다.

@민혜원 : 초등학교 4학년 이후론 한 번도 날씬한 적이 없었다. 작년 여름 독하게 마음을 먹고 레몬디톡스 다이어트를 했다. 일주일 동안 레몬 물만 먹었는데, 결과는 성공이었다. (지금은 요요의 무서움을 깨달았으며 다시 원상복구되었다) 심한 다이어트로 한여름에도 오한을 느낄 정도로 몸에 부담이 왔지만, 그렇게 했어야만 할 정도로 다이어트는 나에게 엄청난 압박감이자 (그 당시에는) 인생의 목표쯤 되는 것이었다. 과연 이 사회가 여성의 몸에 대해서 이러한 기준을 제시하지

않았다면 나는 그렇게 고통스럽게 다이어트를 했었을까? 나는 또 다시 새로운 다이어트를 계획하고 있다.

@박윤아 : 제일 좋네요, 이 글이ㅋㅋ 나도 꾸미면 폭발할 수 있다고, 그런 건 특별할 때 하는 거야, 하는 맘으로 삽니다. 꾸밀 줄 모르고 기껏해야 가끔 렌즈 끼는 것도 큰맘 먹고 하는 거니까요. 화장으로 얼굴을 달라지게 하는 게 거짓말하는 것 같아 괜히 싫어 안 하는 것도 있습니다만, 사회생활 하는데 기본 매너라며 권하는 사람들이 있습니다. 꾸민 상태의 모습이 예뻐야(기준은 남자? 딴사람?) 인정받는 건가 봐요. 우리 오빠는 자신을 꾸밀 줄 아는 게 부지런한 거라며, 여자든 남자든 사람을 볼 때 그런 생각을 한데요. 예쁜 것도 중요하겠지만 요즘처럼 외모가 중시되는 세상에 자기 관리는 투자이기도 하고, 부지런한 자세가 드러나는 거라고 그러네요.

그래요, 전 게으릅니다. 작년 2월, 신입생들을 볼 수 있었던 학과 모임에 잠깐 들렀었는데, 신입생들이 절대 처음 해보는 솜씨가 아닌 노련한 손길로 예쁘게들 하고 왔더군요. 제 옆자리에 앉았던 한 고학번 남자 선배가 "3학년 되도록 화장 안 하는 애는 처음 본다"며 절 보고 웃더군요. 1년이 지났지만 전 여전히 중고등학교 친구들 만나면 '넌 왜 그대로냐? 애가 변하질 않아' 하며 장난스런(장난일까요?) 질타를 받습니다. 예뻐질 거야! 하고 올해는 정말 뭔가 변해보리라 큰소리쳤지만 오늘도 난 안경 끼고 질끈 동여맨 머리에 청바지네요. 지금의 모습을 받아주는 사람이 진짜 나를 알아주는 사람이라고 생각해요. 전 내면을 잘 쌓아가고 있는 걸까요. ㅋ

@이상은 : 여자는 '왕(王)' 자가 아닌 'Y' 자 복근을 최고로 친다. 섹시함의 대명사 이효리, 전지현 등이 가지고 있는 복근이 바로 이 Y 자 복근이라 한다. 운동을 열심히 해 이 Y 자를 배에 새기면 '밥을 많이 먹어도 배 안 나오는' '요술공주 세리'가

실제로 될 수 있다. 아니 요술 없이 노력만 있으면 세리가 될 수 있다. 하지만 문제는 우리가 외모를 가꾸는 일이 직업인 연예인이 아니기 때문에 충분한 노력을 기울일 시간이 부족하다는 거다. 그렇다고 우리가 돈 걱정 없이 '닐니리야' 지낼 수 있도록 먹여 살려만 준다면 내가 연예인처럼 예쁜 외모로 네게 보답하겠소, 하고 남자들에게 말해도, 요즘 세상에 씨도 안 먹힌다. 꾸미는 데도 상당한 시간과 비용이 소요된다는 사실에 입각해 연예인도 아닌 우리들이 얼마나 낑낑대며 살아가고 있는지 주목해주길. 화장대 앞에서 보내는 하루 15분이 연예인이 된 양 행복해질 수 있는 시간이라고 한다면 15분 정도야 눈감아줄 수 있지 않을까. 예쁜 여자를 선호하는 대다수의 시선을 단칼에 싹 바꿔줄 자신이 없다면 말이다. 우리도 아는데, 다들 그렇지는 않다.

@유정미 : 아무튼, 예뻐지고 싶다는 욕망이 진정 누구를 위한 것인가는 차차 깊이 고민하겠다.

@윤지애 : 모르시는 말씀. 남자들이 좋아하는 '청바지가 잘 어울리는 여자'는 힙업이 되고 다리가 쭉 뻗은 여자라고요. ㅠㅠ

@윤송이 : 먹는 즐거움을 포기하지 못한다. 다이어트를 절대 하지 않을 거면서도 '다이어트 해야지'라는 말을 입에 달고 산다. 다행히 행동으로 복종하지 않았지만 내 정신은 확실히 실체를 알 수 없는 것에 복종했다.
구둣방 아저씨가 다른 손님과 대화를 나누고 있는 걸 들었다. "꾸미고 다니는 것도 능력이에요. 꾸미고 다니는 애들이 공부도 잘해요, 부지런한 애들이거든." 부지런하지 못한 나는 그저 고개를 숙이고, 구두 굽을 갈자마자 황급히 나왔다. 요즘은 후드티에 청바지, 운동화를 신은 사람들이 예뻐 보인다. 그런데 그것도

더보기 ▼

다 패션인 것 같다. 옷 입고 꾸미는 일은 쉬운 게 없다. 그것도 능력이니.

@김다슬 : 전 잘 꾸미는 편이 아니지만 제가 본 많은(전부는 아니고) 여학생들은 외면을 가꾸면서 동시에 내면도 가꾸고 있다고 생각했었는데… 성 상품화나 여성화에 대해서는 동의하지만 외면을 꾸미는 게 꼭 내면과 반비례 관계에 있는 건 아닌 것 같아요. (물론 그런 경우도 있지만)

@한민정 : 청바지가 어울린다는 칭찬을 한 번 들어본 적이 있다. 내가 앞서 걸어가는데, 선배가 나보고 청바지 핏이 예쁘다고 칭찬을 했다. 사실 그게 내 몸매에 대한 칭찬인지 아니면 청바지에 대한 칭찬인지 알 수 없지만 다리가 예쁘다, 치마가 잘 어울린다, 그런 칭찬보다 더 기분이 좋았다. 보통 청바지가 잘 어울리는 여자는 신민아 등과 같은 날씬하고 예쁜 연예인들에게나 붙는 칭찬이기 때문이다. 맞다. 청바지가 잘 어울리려면 말랐지만 어느 정도의 볼륨감이 있어야 한다. 사람들은 그런 몸매를 꿈꾸고 그런 청바지에 자신의 몸을 구겨 넣기 위해 초콜릿을 포기하고 후식을 포기하고 식사를 포기한다. 사회가 만들어놓은 이상형에 우리를 맞출 필요가 없는데도 나도 나 자신을 구겨 넣고 있는 모습에 회의감이 든다. 이 고리는 도대체 어떻게 끊어야 하죠?

@강동경 : 쿼티 자판이 밀려날 날이 올까? 알면서도 너무 깊숙이 뿌리 박혀 바꾸지 못하는 것 중에 하나가 우리 사회에서 다이어트인 것 같다.

@차준호 : 저는 백팩에 전공책을 가득가득 매고 있는 여자가 이상형이에요!

@김현진 : 밥만 먹으면 배가 이티처럼 나오는 친구가 생각난다. ㅋㅋ

@김용재 : 아름답게 꾸미는 것이 여자의 본능이다에 대한 선생님의 반론이, '결국 그 '아름다움' 자체가 남성 중심, 가부장적 질서에서 형성된 기준이 아니냐, 그리고 그 기준을 여성들이 받아들여서 내면화해서 마치 그걸 자신들의 본능(실제로는 외부로부터 주입된, '여성'의 본능이 아닌 '남성'의 본능)으로 착각하는 것이 아니냐'인 것입니까.

저는 어쨌거나 제가 '선생님의 반론'이라고 정리한 대로 생각을 해왔습니다. 그래서 아름답게 꾸미는 게 여자의 본능이라고 하는데, 왜 그들이 가꾸는 아름다운 모습은 항상 (대부분의) 남성들의 본능적인 취향, 미적 기준, 요구 등에 맞게 나타날까란 생각을 했었습니다. 진실로, 그들의 본능에서 가꿈이 시작된다면, 남성들이 기대/요구하는 아름다움과는 좀 다른 뭔가가 나와야 하지 않을까란 생각도 했고요. 뭐 남성의 본능과 여성의 본능이 다르냐, 같냐 하는 건 또 복잡한 문제지만, 가볍게 댓글을 다는 차원에선 이만.

@김민지 : '여성의 권리를 보장해달라, 모든 몸과 얼굴은 고귀하며 아름답다'라는 말을 매일같이 내뱉으면서도 쉬지 않고 몸매 관리 걱정을 하는 나는, 역시 위선자다. 나는 사회에서 낙오되는 것이 두려운 걸까, 아니면 한없이 부족한 자신을 용서할 수 없는 걸까? 아니면 사랑받지 못할까 봐?

"너 요즘 살찐다/빠졌다", 또는 "너 얼굴에 잡티가 꽤 있다/없다"라는 말을 인사말처럼 주고받는 문화도 다이어트나 화장의 유혹을 부추긴다.

@김선영 : 외면이 구질구질하면 내면도 구질구질해지는 느낌에 오늘도 늘어난 인대를 부여잡고 굳은살 박힌 발가락을 꾸깃꾸깃 하이힐에 집어넣습니다.

@최잉여 : 한 인간의 외부와 내면 모두를 완벽하게 꾸미기 바라는 사회. 그 사회에 요구

더보기 ▼

를 맞추려 노력하는 사람들. 어쩌면 사람들이 사회의 요구에 부응해 노력하는 것 자체가 그런 사회를 존속시키는 자양분일지도 모릅니다. 악순환이지요. 하지만 개개인들에게 그것은 도태되지 않기 위한, 소위 '경쟁력'을 가지기 위한 안간힘이라고 볼 때, 그런 그들의 발버둥을 보며 혀를 차는 게 온당한지 저는 잘 모르겠습니다. 개인을 비난하기에 앞서 사회를 바꾸기 위한 구조적 노력을 우선시해야 하지 않을까요? 결국 해답은 미디어의 변화인가? 아, 이것도 뻔한 해답이다.

직업은? 시인

〈5적〉의 시인 김지하는 어린 날 나의 우상이었다. 시로써 시대를 풍자하고 시로 시대에 결연하게 저항한 김지하 시인의 존재는 감동 그 자체였다. 말도 안 되는 혐의로 체포돼 법정에 섰지만 당당한 시인의 모습에서 또한 감명을 받았다.

본격 심문에 앞서 판사가 '피고인' 김지하에게 직업을 묻는 대목이 특별히 인상적이었다. 김지하 시인은 "시인"이라고 대답했다. (당시 재판에서 판사석과 검사석에 앉았던 소위 법조인들은 그 후 어떤 삶을 살았을까. 그들의 자식들은 부모에 대해 어떻게 생각할까. 그들이나 그들의 자식들이 그 행적으로 인해 내 생각만큼 부끄러워하지 않았을 것 같다는 게 작금의 분위기다)

꼭 김지하 때문만은 아니었겠지만 젊은 나는 당시 여느 젊은이들처럼 '시인'을 꿈꾸었다. 그때는 바야흐로 시의 시대였다. 시인은 단지 '시를 쓰는 사람'이 아니라 존엄한 존재로 격상됐다. 호감 가진 여학생에게 김남조 시인의 시를 읊조린 사춘기의 경험을, 김남주가 아닌 김남조였다는 사실 때문에 나중에 부끄러워했다. 시인이라면 〈국화 옆에서〉를 농하다가 독재자를 찬미하는 과거의 그런 시인이 아니어야 했다.

그러나 세월이 흘러 기성세대의 일원이 되기 훨씬 전에 나의 생각은 바뀌었다. '시인의 직업이 시인이어야 하는가'에 대해 이견이 생긴 것이다. 우연찮게 김지하 시인에 대해서도 더 이상 열광하지 않고 시들해졌지만 두 사실 사이에는 아무런 연관이 없다.

현실을 숨기지 않고 있는 그대로 노래하는 것. 그것만으로도 암울한 시대

상황에서 한 줄기 빛처럼 숨통을 터주었지만, 시와 시인은 구별되어야 했다. 낭만주의 시인 바이런처럼 자신과 아무런 상관도 없는 남의 나라 전장에서 전사하는 인생이 나쁘지는 않겠지만 시를 위한 인생은 다소 사치스럽게 느껴졌다. 결론은 '시인의 직업이 시인이어서는 안 된다'였다. 맥락은 다르지만 출중한 바이올린 연주자였던 아인슈타인의 직업이 연주자가 아니었던 것과 유사한 관점이다.

'시를 위한 시'가 아니라 '삶을 위한 시'가 되어야 하며, 시인은 시를 위해 살 것이 아니라 동시대인과 함께 호흡하며 '삶을 살아야 한다'는 생각에 이르렀다. 시를 쓰는 사람과 시인을 구분해서는 안 되며 시를 쓰는 사람은 곧 생활인이어야 한다는 논리다. 초인으로서, 우상으로서의 시인이 몰락한 셈이다. 삶의 통찰이 시의 언어로 구현되어야지 시적 통찰이 삶의 언어로 표출되어서는 안 된다는 입장이다. 물론 반대되는 생각도 얼마든지 일리가 있다. 당시 나는 어렸고, 조급했으며, 지금 젊은이들과 다른 의미에서 삶이 팍팍했다. 발상의 전환에 따른 이점은 억지를 부리며 비천한 문재(文才)에 천착하지 않아도 되었다는 사실이었다. 시인을 직업으로 삼지 않아도 되었으며, 따라서 당시 유행하던 용어로 삶을 '치열하게' 살다 보면 고승의 죽음 뒤에 사리를 얻듯 '진짜' 시를 남길 수 있으리라고 생각하며 훗날을 기약할 수 있게 됐다.

물론 명분은 변명으로 전락하고 말았다. 치열한 삶이나 '진짜' 시와는 무관하게 적당히 세파에 휘둘리는 인생을 이어가고 있으니 말이다. 어쨌거나 나는 당당하게 다른 직업을 모색할 권리를 획득했다. (이후 나의 직업 모색 과정과 실제 갖게 된 직업이 당당했는지는 마찬가지로 별개 문제다)

시인은 말하자면 젊은 날의 꿈이었다. "어려서 꿈이 무엇이었나요?"라고 묻는다면 "시인이었어요"라고 대답할 수 있는 그런 꿈. 상투적인 질문에 뻔한 답변. 하지만 살다 보면 알게 된다. 상투적이고 뻔한 삶의 목록이 삶의 결을 이룬다는 사실을. 꿈을 이루지 못했지만 그다지 섭섭하지는 않다. 시인은 구체적인 무엇이라기보다는 하나의 은밀한, 너무나 의미가 뚜렷하지만 동시에 모호한 기호였고, 다행히 이제 나에게 은밀한 기호 같은 건 효용이 없어졌다. 그 기호의 의미는 흐릿해졌고, 기호 자체로 '의미 있게' 과거를 구성할 뿐이다.

군이 따지자면 정말 아주 드물지만 생활인으로써 어쩌다 시 비슷한 것을 쓰기 때문에 시인의 꿈을 이뤘다고 볼 수도 있다. 직업으로서 시인의 꿈을 이루지는 못했지만, '시인의 직업이 시인이어야 하는가'에 대해 부정적인 결론을 내린 지 이미 오래이기에 시인이 아닌 사람에게서 드물게 산출된 시 같지 않은 시로 충분히 만족한다. 사실 시가 시일 필요가 없는지도 모르겠다.

하지만 아주 가끔은 그 꿈이 그립다. 시를 쓰는 사람이 아니라, 시인이 되기를 염원한 젊은 날의 갈증을 떠올리면 지금도 '타는 목마름'이 느껴진다.

요즘 대학생들은 어떤 꿈을 꿀까. 한 대학생으로부터 이런 얘기를 들었다. "직장이 꿈인 게 싫다"고. 애초에 시인 따위를 꿈꾸지 않으니 요즘 대학생들과 필자 사이에는 요행히도 의견의 일치를 본 셈이다. 그러나 직장이 꿈인 현실은 참으로 각박하다. 오죽 취업이 힘들면 그럴까, 하는 동정심이 생기지 않는 것은 아니다. 그렇게 저급한 꿈을 꾸느냐고 질책하기엔 그런 현실을 방조한 일말의 책임이 너무 무겁다.

직장을 잡으면 꿈을 이룬 것일까. 말도 안 되는 소리라며 비웃어야 할까. 꼭 그렇게 선(線)을 그을 필요는 없지 않을까. 적어도 생활인이 된 것이니 어쩌면 그럴지도 모르겠다. '직장이 꿈이 된 순간 꿈 같은 건 없어'라고 예단하지 말자는 취지다. 시인이 아니지만 삶을 살아가는 동안 자기 앞에 예기치 않게 부서져내린 삶의 조각들을 모아 시를 엮어내듯이, 우리는 인생을 꾸역꾸역 징발당하는 가운데 자신도 모르게 삶을 자신의 꿈대로 모자이크한다. 자신이 억눌렀던 기호의 의미는 잊히지만, 되살아난 기호들로 의미 있게, 더러 아름답게 구성된 과거를 마주 대할 수 있는 법이다.

깨기 위해 있는 게 꿈이니, 너무 거창한 의의를 두지는 말자. 직장이 꿈이라기보다는 직장을 잡을 때까지 꿈을 미뤄놓는다고 생각하자. 꿈과 일은 별개일 수 있으며, 어떤 관문이든 한 번 통과한 관문은 뒤돌아보지 않는 법이다. "직장이 꿈인 게 싫다"는 말은 꿈이 저급한 수준으로 강등됐다는 것이 아니라, 지금은 현실이 고달파 잠시 꿈을 꿀 여유가 없다는 의미다. 언제든 다시 꾸게 되는 게 꿈이다.

직장이 꿈이 되지 말란 법 또한 없다. 여전히 시인이란 직업은 유효하며 도모할 만한 가능성이다. 취직 이후에 일에 매몰되어 조금이나마 남아 있을지 모를 꿈을 일상에 퇴적시키고 잊어버리지 않는다면 말이다.

70년대 후반에서 80년대 초반 총명하고 정의롭던 많은 대학생들이 공장으로 들어갔다. 노동운동에 투신하기 위해서였다. 1987년 민주화운동이 폭발하고 이후 노동운동이 활성화하면서 대학생 출신 노동운동가들은 표류하게 된다. 노동운동의 발전과 함께 '노동운동의 주인은 노동자'라는 자신들의 신념이 실현되는 모습을 지켜보면서 이율배반적 상황에 처한 것이다. 어떤 측면에서 꿈을 이뤘다고 볼 수 있지만 또 다른 측면에서 주변부로 전락하는, 생활인으로서 열패감을 맛보게 됐다.

자신보다 덜 정의롭고 덜 총명했던 친구들은 판사, 검사에 대기업 임원, 또는 지식노동자로 사회를 운영하는 일원이 됐지만 자신은 노동운동가가 아닌, 그저 자녀 학비를 걱정하는 가난한 노동자로 가라앉고 말았기 때문이다.

애초에 노동자가 아닌, 노동운동가를 꿈꾸었기에 그러한 분열은 불가피했다. 인간이 꾸는 모든 꿈은 자신을 주인공으로 캐스팅한 뒤 결코 주인공을 바꿀 마음이 없기 때문에 항상 세계와 충돌한다. 최근 인물로는 러시아의 블라디미르 푸틴이 대표적 예라고 할 수 있겠다. 현명한 사람은 적당한 시점에 스스로 드라마에서 하차한다. 일상의 퇴적층에 작은 화석 하나 넣은 것으로 만족한다. 그러나 현명한 사람이 드물듯 현실에서 그런 사람은 드물다. 노동운동가로 시작했지만 건강한 품성의 노동자로, 자녀들에게 부끄럽지 않은 민주시민으로 노년을 대비하기를 마다하는 것이다.

그래서 일상의 퇴적층을 탐욕스럽게 헤집어 화석화를 방해하며 새롭게 시작하기도 한다. 영화 《영웅본색》의 속편에서 주윤발을 다시 출연시키기 위해 쌍둥이 동생을 설정하는 식의 말도 안 되는 시나리오를 짜면서. 예컨대 누구보다 열심히 노동운동에 헌신한 김문수 경기도지사가 그렇다. 쌍둥이로 살아 돌아온 김문수 지사는 그러나 영화 속 주윤발과 달리 형의 원수 편에 붙어버렸다. 주인공을 계속 맡았으니 그것으로 만족할까. 그러나 나에게는 속편의 김문수가 너무 낯설고 가엽다. 그가 목숨 걸고 꾼 청춘의 꿈이 사회적 자산으로 쌓이지 않아서 안타깝다.

물론 한때 김문수의 노동운동 동지였다가 지금은 대척점에 선 심상정 대표처럼 일과 꿈을 한데 묶어 평생 끌고 가는 사람도 있다.

문제는 청춘의 꿈이 김문수의 꿈이 될지, 심상정의 꿈이 될지, 아니면 가장 확률이 높은 '노동운동가에서 시작해 노동자가 되는' 꿈이 될지 전혀 짐작할 수 없다는 점이다. 그러니 일과 꿈의 맞선을 주선하려거든 매우 신중해야 한다.

실시간 댓글

@유정환 : 예전에 마종기 시인의 시집을 읽으며, 의사라는 직업을 통해 느낀 생명의 존귀함과 삶의 애환을 시인의 영역에서 표현할 수 있다는 것에 대해 참 부러웠다. 그에게 영감을 얻어 나도 시를 몇 편 습작해보았지만, 병영문학상 입선에 그쳤던 기억이 난다. 그가 부러웠던 까닭은 시를 짓는 게 단지 벌어먹고 살기 위함이 아니라, 자신을 위로함과 동시에 자신이 옳고 소중하다고 생각하는 가치를 추구하는 것이기 때문이었으리라. 나를 비롯한 각박한 시대를 마주한 젊은 세대들이 직업이 아닌 꿈을 가질 수 있는 사회가 어서 빨리 오기를 염원해본다.

@도하원 : 내가 진짜 하고 싶은 일과, 세상에 쫓겨 선택하는 일 중 어느 길을 가는 게 맞는 것인지. 머리로는 내가 하고 싶은 일을 하는 게 맞겠지만, 현실이 두려워 선뜻 그러겠다고 마음을 먹지도 못합니다.

@서지현 : 열일곱 살, 고등학생 1학년 때 이런 말을 들었다. 니 인생의 한 문장을 만들어라. 너의 존재이유를 정해라. 그때 당시엔 열일곱 나에게 그런 말을 하는 선생님에게 '지금 장난하나?! 내 나이가 몇인데 그런 걸 어떻게 정해?' 라고, 나에겐 너무나 큰 이야기라고 흘려 넘겼다. 그러다 스무 살, 불현듯 내 인생의 존재목적을 깨닫게 되었다. '다른 사람에게 긍정적인 영향을 주는 사람이 되자.' 이 '한 문장'을 만들고 나자, 내 인생은 급변했다. 내 인생의 목표인 저 한 문장은 내 인생의 모든 면에 영향을 미쳤다. 저 문장은 나의 기준이 되었고, 인간관계, 졸업 후 진로 등에 있어서 확고한 생각을 갖게 해줬다. 저 문장과 내가 좋아하는 '청소년' 이라는 존재를 결합해서 나는 현재 '청소년들에게 긍정적 영향을

미칠 수 있는 인간'을 꿈꾸고 이와 관련된 회사나 연구원 등을 찾아보고 있다. 하지만, 내가 철이 없어서 이런 말을 할 수 있는 거겠지만, 사실 저 문장을 이룰 수 있다면 어떤 일을 하더라도 괜찮을 것 같다.

@소다영: 예전에 꿈에 대한 내용으로 자신에게 편지를 쓴 적이 있다. 지금 읽어보면 손발이 오글오글 하지만 그 안에 이런 내용이 있었다. 직업이 아닌, 꿈을 꾸는 사람이 되자. 어릴 때부터 우리는 "꿈=직업"이라는 등식을 당연하게 받아들였다. 직업을 꿈꾸는 게 잘못된 일은 아니지만 씁쓸한 건 사실이다.

@민혜원: 내 꿈은 무엇이었을까? 지금은 무엇일까? 대학교 1학년, 교수님과 면담을 할 때 들었던 말, 꿈을 쫓아가야지 시간에 쫓겨서 꿈을 정하지 말라고 하셨다. 아직도 질문에 답은 정할 수가 없고 점점 내가 선택할 수 있는 선택지가 작아지고 있어 무섭다.

@이상은: 자기소개서에 꼭 들어가는 취미와 특기 란은 항상 나를 곤란하게 만들었다. 학원 시간표로 빼곡한 일상에 취미를 즐길 새가 어디 있다고. 국어, 수학, 영어, 하나 같은 과목들을 하나같이 가리키면서 특별히 잘할 게 뭐가 있다고. 그보다 더 고민이었던 것은 장래희망 란이었다. 시도 글이니 스토리가 있어야 한다고 무식한 소견에 피력하자면, 나는 도저히 시인이 될 수 없다. 내 삶은 너무 재미가 없다.

@유정미: '장쾌한 본래의 《영웅본색》을 보는 즐거움'이 있는 '과도한 희망사항'에 배팅하고 싶다. 마음 속 깊이 꿈이 있다. 글을 쓰고 싶다는. 문학을 전공하는 터라 주변에는 글을 쓰고 싶어 하는 친구들이 몇 있다. 그들의 꿈과 나의 꿈을 위로해야만 할 것 같은 밤이다.

@김다슬 : 노동운동가에서 시작해 노동자가 된 사람들은 자식들에게 일과 꿈 중 어느 것을 좇으라고 할까요? 그 자식들은 어떤 선택을 하게 될까.

@강동경 : 지금 꿈은? "탈 기생충"

@이현목 : 꿈과 현실과의 괴리. 올바른 사회를 위한 개인의 신념이 오히려 개인의 삶에 행복을 가져다줄 수 없다는 현실. 이러한 사실이 우리를 울린다.

@박찬호 : 갖고 싶은 것이 꿈이 아니라 하고 싶은 것이 꿈이어야 한다. 요즘 세상의 직업적인 꿈은 갖고 싶은 것을 위한 수단이 된 거 같아 안타깝다. 나의 꿈은 노릇하기. 예를 들면 사랑스러운 남편 노릇, 듬직한 아들 노릇, 친근한 아빠 노릇, 믿을 만한 친구 노릇 그리고 부끄럽지 않은 사람 노릇.

@김선영 : 내 꿈은 언론 NGO를 만드는 것! 허나 사실 언론 NGO 설립자라는 직함 하나를 더 달기 위한 것이 아닐지? '간지' 나잖아? 세상에 의한 더 나은 세상만을 위한 NGO 설립 역시 과도한 희망사항 중 하나.

볼륨 업, 스펙 업,
올리고 또 올리고

스펙이란 단어만큼 짧은 기간에 대중적 인지도를 높인 말도 없을 것이다. 대학 진학률이 80%에 이르는 형편에서 스펙은 대학생뿐 아니라 학부모들의 관심사이기도 하다. 대학생들의 스펙이 취업을 목표로 한다면 고등학생들은 대학 입시를 겨냥하는데, 고등학생들의 스펙 바람 또한 대학생들에 버금간다. 고등학생 스펙이 거의 전적으로 '부모 스펙'이라는 데 차이점이 있기는 하다. 스펙이 대한민국 10대 후반~20대 후반의 보편적 고민이 된 지 오래다.

내가 스펙과 관련을 맺게 된 계기는 사회적 기업 YeSS의 설립이었다. 2008년 2월 YeSS 설립 이후 나는 대학생 사회에서 유력한 '스펙 제공자'로 자리매김했다. '스펙 제공자'라는 기본적 규정에서 자유로울 수 없다면, 나는 조금 다른 관점의 '스펙 제공자'가 될 작정이었다.

처음부터 그렇게 생각하지는 않았다. 지금도 YeSS 친구들에게 고백하는 바, 나는 '대학생 무급노동'에 관심을 갖고 대학생들에게 접근했다. 그럴듯한 명패만으로도 똑똑하고 유능한 대학생들이 줄을 선다는 사실을 알게 됐기 때문이다. 내가 제공하는 스펙이 시장에서 꽤 먹히는 편이었던 것이다. 당시 내가 노동 착취를 기도했다는 측면에서 나는 악덕 기업주나 다를 바가 없었다. (물론 이런저런 변명거리나 합당한 명분이 없는 것은 아니지만, 대학생들에 대해선 노동 착취라는 비판에서 완전히 자유롭긴 힘들다)

하지만 YeSS를 운영하면서 곧 나에게 변화가 일어났다. 이 자리에서 심경 변화 과정을 일일이 설명할 필요는 없을 것 같고, 결론적으로 대학생들에게 무급노동일지라도 노동의 의미를 찾게 해주고 성장과 발전의 기회를 제공하는 게 '스펙 제공자'이자 우리 사회의 책임 있는 구성원으로서 나의 사회적 책무라는 각성에 도달했다.

그러나 '스펙 이상'을 제공하려는 나의 선의는 '단지 스펙만을 원하는 일부 대학생들에 의해 가끔 도전받았다. 이들이 갖고 있는 'UP 강박증'은 대단하다. 브라만 해도 요즘은 '볼륨 업'한 '뽕 브라'가 일반적이다. '정직한' 브라 제품은 잘 나오지도 않는다. 모두가 UP을 택하기 때문에 '정직'은 DOWN으로 귀결된다. 대표적인 스펙 안내 및 알선 사이트가 '스펙 업'이란 이름을 달고 있는 건 여러모로 시사적이다. 또 (연예인이 아닌) 여학생들의 하이힐 높이에 놀란 데 이어 남학생들의 신발 속 깔창의 존재에 다시 한 번 놀랐다.

'스펙 이상'을 추구하는 나의 생각과 '스펙 UP'을 추구하는 일부 대학생들의 생각이 충돌을 일으킨 건 당연했다. 그러나 희망적인 건, 스펙에 '쩔 대로 쩐' 많은 대학생들이 '스펙 이상'이라는 나의 생각에 잘 따라주었다.

스펙과 관련해 대학생들이 보편적으로 갖고 있는 잘못된 생각은 스펙을 다양하고 화려하게 쌓아야 한다는 것이다. 어쨌거나 입사를 위해선 스펙을 쌓는 게 맞다면 그런 유형의 스펙은 전혀 도움이 되지 않는다는 기업 인사담당자들의 설명에 귀 기울여야 한다.

YeSS 구성원 중에 가끔 타의에 의해 퇴출당하는 이들이 있다. 군대를 다녀온 K군(경영학과)이 퇴출당한 대표적 사례. 나중에 알게 됐지만 K군은 스펙을 쌓기 위해 아예 1년 휴학 계획을 세웠다. 휴학 동안 네댓 개 단체와 조직에 가입해 스펙 목록을 만들어갈 생각이었다.

그는 정작 활동과 활동의 내용보다는 어떻게든 버텨 이수증을 받아내서는 나중에 이력서에 한 줄 적어 넣는 데에 더 관심을 갖고 있었다. 조금 더 미련스럽게 보인 행동은 YeSS에서 활동하는 동시에 YeSS와 성향이 정반대인 다른 단체에서도 활동했다는 것. '다양한 견해를 두루 경험하기 위해서'라는 설명이 채용담당자에게 얼마나 군색하게 들릴지 K군은 짐작하지 못하는 듯했다.

문제는 또 있다. '스펙 목록'에만 집중하다 보면 해당 활동기간이 소모되고 만다. 회계적으로 설명하면 투자가 아닌 매몰비용이 된다는 뜻이다. 실제로 YeSS에서 K군의 행태는 소위 '묻어가기'의 전형이었다. YeSS의 최소 활동기간은 1년이다. 아무리 '묻어가기' 전술을 잘 구사한다 해도 1년을 들여서 이력서 한 줄을 얻겠다는 발상은 주류사회의 셈법으로도 너무 비효율적이다.

스펙에 대한 대학생들의 질문에 나는 선택과 집중을 강조한다. 너무 흔한 말 같은가? 그렇지 않다. 채용시장에서 스펙을 볼 때 목록을 보지 않고 내용을 본다. 사회는 그렇게 간단하지 않다. 예컨대 기를 쓰고 '스펙 분식'을 한다고 해도 거의 모든 인사담당자들은 분식을 적발할 수 있다. 이때는 분식에 따른 불이익까지 감수해야 한다. (물론 정교한 분식까지는 어쩌지 못한다. 정교할 자신이 있으면 분식하든지)

스펙을 스펙 이상으로 생각해, 어떤 조직에서든 또 어떤 일에 대해서든 주인의식을 갖고 책임감 있게 열정적으로 해낸 경험을 면접관은 원한다. 그런 경험은 한두 개이면 족하다. 그런 경험은 물리적으로 한두 개 이상 쌓을 수도 없다. 나아가 스펙을 쌓는 일이 자신의 성장과 동떨어져서는 곤란하다. 나는 그동안 YeSS 활동을 통해 무럭무럭 성장한 젊은이들을 많이 봤다. 1년 사이에 자신의 잠재력을 제대로 끌어낸 대학생들이 적지 않았다. 젊은 날의 1년이면 많은 것들을 바꿀 수 있다. 물론 열정이란 에너지를 투입한다면 말이다. 스펙을 피할 수 없다면 스펙을 스펙 이상으로 만들라는 게 나의 일관된 조언이다.

실시간 댓글

@김민지 : '정직한 브라'는 모순이다. 맨가슴으로 세상에 나가기엔 튀어나온 젖꼭지를 향한 (혹은 빈약한 가슴을 향한) 주위의 시선이 너무 따갑다.

@도하원 : 어? 내 얘기다.

@유정환 : 스펙을 스펙 이상으로 채우려면 결국 진정성의 문제로 귀결되는 것이 아닌가 싶다. 내 주위에도 글에서 언급된 K군 같은 경우가 많다. K군처럼 이리저리 찔러보는 학생들보다는 자기가 진정으로 관심 있어 하는 분야의 한두 군데 대외활동을 통해 내실을 쌓는 학생들이 더 바람직해 보이는 것은 물론, 아웃풋도 K군 부류의 학생들보다 좋다.

@소다영 : 대학생인 이상 '스펙'에서 자유로운 사람은 몇 명 없을 것이다. 그만큼 취업 경쟁이 심해지면서 많은 사람들이 남들보다 더 좋은, 더 다양한 활동을 하기 위해 혈안이 되어 있다. 유명 기업에서 진행하는 대외활동은 경쟁률이 몇십 대 일을 육박하기도 한다. 하지만 말 그대로 선택과 집중이 없다면 자신의 이력서에 한 줄 더 쓸 수 있을지 몰라도 자신의 이력은 평생 공란으로 남아 있을 것이다.

@민혜원 : 스펙을 쌓는다는 말 자체가 나쁘다고 생각하지는 않는다. 문제가 되는 건 시간을 들이고 돈을 들여서 스펙을 쌓았는데 그게 정말 나에게는 도움이 되지 않고 이력서에 글자 몇 개로 남는다면 그것 자체가 너무 슬픈 게 아닌가.

@이상은: 학력, 학점, 토익, 자격증, 해외 연수, 인턴 경험, 대외활동 경험, 각종 공모전 수상. 무궁무진한 원소를 가진 '스펙' 집합에는 더 많은 경험의 제공과 성장의 기회라는 우리에게 우호적인 특징이 있지만, 남들의 기회를 빼앗아 내가 잡아야 성장의 가능성을 모색할 수 있다는 못된 속도 존재한다. 남을 짓누르고 오른 자리에서 스펙 이상을 꿈꾸는 열정으로 뛰어보라는 건 옳을까.

@유정미: 스펙, 스펙, 스펙, 스펙, 스펙, 이렇게 스펙을 나열하다가 자기만의 스토리를 만들어가는 그것이 요즘 인사담당자들이 추구한다는 소위 취업 시장에서의 미덕이자 덕목이란다. 나는 그 시장에서 벗어나고 싶었지만 여전히 철저히 종속되어 있다. 언젠가는 나에게도 스토리가 생기겠지. 제길.

@윤송이: "나 한 학기 남았는데 '스펙'이 너무 없어서 휴학해야 할까 봐"라는 친구의 볼멘소리가 귓가에서 맴돈다. 동아리, 어학연수, 교환학생까지 웬만한 스펙은 다 갖췄는데 또 뭘 쌓아야 한단 말일까.

@윤지애: 스펙을 올리는 게 내 직업 연봉을 올리기 위한 수단에서 그치지 않았으면 좋겠다. 그 과정에서 만난 좋은 사람들, 좋은 경험은 스펙 쌓기에 가려져 그냥 놓쳐버리면 아깝잖아!

@한민정: 하고 싶은 게 너무너무너무 많다. 그러나 능력도 시간도 제한적이다. 선택과 집중은 어려운 일이다. 아직 선택하고 싶은 것도 계속 해 나가고 싶은 일도 많은데 말이다. 헤르미온느의 시간을 돌리는 목걸이를 갖고 싶다.

사회는 우리에게 멀티플레이어가 되기를 강요하는 동시에 또한 전문가가 되라고 한다. 100년 뒤엔 어떤 울트라 슈퍼인간이 탄생할까. 지금 20대도 개개인을

더보기 ▼

보면 모두 슈퍼인간인데. 토익, 한자, 컴퓨터, 학점은 기본 플러스알파. 오늘도 아등바등 살아가는 사람들이 이렇게도 많은데 여유, 망중한의 미학은 어디에서 찾아야 하는가. 여유를 찾는 건 사치처럼 느껴진다.

진짜 내가 하고 싶은 게 무엇인지를 찾기 위해서도 여러 가지 일에 도전해보고 알아봐야 하는데 왜 대학생이란 타이틀을 달고 자율적으로 인생을 탐구할 시간을 주지 않고, 연봉 높은 대기업만 보고 달리게 채찍질하는 건지. 열심히 사는 것도 개인의 선택이라고, 자율적이고 주체적인 선택이라 말해선 안 된다. 그렇게 하지 않으면 살 수 없게 만드는 사회가 무언의 협박이다.

정말 모두 열심히 산다.

@강동경 : 스펙 쌓으려고 분식회계를 했던 기억은 없지만 타고난 고집 때문에 싫어하는 일에 없는 열정을 억지로 쏟아부었던 기억이 난다. 억지로 하니까 재미없더라. 요즘은 재밌게 산다.

@이현목 : 선택과 집중. 내면이 채워지지 않는 경험이나 경력들은 단순히 겉모습에 불과하다.

@차준호 : 얼마나 빨리, 오래 달려왔는가가 문제가 아니라, 어느 방향으로 달려왔는가가 중요할 텐데요.

@김현진 : 진짜 스펙은 사람!

@김용재 : 스펙이란 말을… 어떻게 없앨 수 없을까요. 뭐라고 그걸 달리 가리킬 만한 말이 마땅찮아서 저도 모르게 급한 대로 스펙이란 표현을 갖다 쓰는데, 이게… 사람한테 갖다 댈 말이 아닌 걸로 알아서.

@박찬호 : 스펙을 그렇게 갈구하지 않는다. 근데 그 이유는 내가 다니는 학교가 별 스펙이 없이도 일단 취직은 할 수 있기 때문이다. 남들에게 뭐라 하기가 참 어렵다.

@박윤아 : 난 내가 하고 싶은 활동들로 시간을 채우고 싶다. 그러다 보면 그게 스펙이 될 거다. 물론, 그 일을 시작할 때 스펙 계산은 이미 되어 있다. 하지만 적어도 스펙을 위해 나랑 상관도 내가 관심도 없는 일을 하진 않는단 말이다. 내 위치에서 열심히 하고, 그 기록이, 기억이 또 사람이 재산이 되리라. 그래서 네댓 개 혹은 십수 개 할 생각도 여력도 없다. 그렇게 하는 사람들이 대단해 보였는데 이 글을 보고 위안 삼은 건지 합리화한 건지 정말 사실을 알게 된 건지! 내가 찾아 시작한 일에 책임을 다해야겠다. 요즘 정말 좋다 ㅜㅜ

@김지연 : 내가 하고 싶은 것 하기에도 모자란 시간. 이리 재고 저리 재기보다는 소장님이 말씀하신 선택과 집중처럼 나 하고 싶은 거 재미있게 하면서 살래요. 그리고 스펙 스펙 하지만 다 천편일률적인 스펙인데.

@김선영 : 나는 88만원세대다. 어쩌면 88만원도 못 받는 인생을 살게 될지도 모른다. 안 돼! 그럴 수는 없어. 바늘구멍과도 같은 취업문을 뚫기 위해선 해외봉사, 학점, 공인영어성적, 자격증, 공모전 그리고 외모 점수가 일정하게 균형을 맞춰야 한다. 최대한 6개 조건이 최대한 크고 고른 정육각형 분포가 될 수 있도록 나는 노력해왔다. 이 강박관념에 사로잡혀 나는 실질적인 쉬는 시간이 10분도 없이 숨 막히는 생활을 한 적도 있다. 인터넷 사이트 메인화면은 항상 공모전 및 대외활동과 관련된 홈페이지다. 나는 항시 이를 확인하고 기웃거린다. '저는 기자를 꿈꾸고 있는 대학교 2학년 학생입니다. 미래를 향해 힘차게 비상하기 위해 이번 인턴십에 지원하게 되었습니다. 제 재능을 꽃 피울 수 있는 기회를 주

더보기 ▼

십시외……' 돌고 도는 지원서 레퍼토리. 나는 내게 주어진 모든 기회를 잡고 싶었다. 이를 하나라도 놓쳐버리면 내 꿈과 미래가 산산조각 나버릴 것만 같은 두려움이 들었다. 자신이 시간을 거스르는 소녀가 될 수 없다는 것을 여실히 깨달은 지금. 애써 '스펙 업!'을 외치진 않으련다.

{03}
우 _리

우리 시대 아버지의 권위는 무시되면서 동시에
존중받는 특이한 현상이었다.
아버지들은 대체로 가정에 충실하지 않았지만
아버지들끼리 담합이라도 한 듯
이상하게도 권리 주장에는 당당했다.
나의 아버지도 마찬가지였는데,
의무가 면책된 권리를 일방적으로 요구하는
아버지의 비논리적인 당당함이
어린 나에겐 불가사의였다.
자식들은 아버지의 권위에 격렬하게 저항하기도,
마지못해 순응하기도 했지만
끝내 권위 그 자체를 문제 삼지는 않았다.

어깨가 움츠러든 아버지, 흰머리 눈부신 어머니

한국인에게 어머니는 애틋하기 그지없는 존재이지만, 아버지는 애매한 존재다. 어머니에 대해서야 세대가 달라진다고 해도 이론(異論)이 없겠지만 아버지에 대해서는 견해차가 있을 법도 하다. '도둑맞은 세대'에 속하는 젊은이들은 '애매하다'는 설명에 동의할까. 386세대를 포함한 그 이전 세대는 쉽게 동의할 것이다. 대부분 "개뿔도 없으면서 큰 기침만 한" 아버지에게 양가의 감정을 가졌다.

나에게도 돌아가신 아버지는 애매한 감정으로 남아 있는데 딱히 양가(兩價)라고 하기는 힘들고 그저 애매했다. 선친은 그 시대 대다수 남자들이 그랬

듯 억세게 고생한 분이셨다. 가진 재능에 비해 사회적으로 별로 인정을 받지 못한 것 같다. 아버지가 이런 불일치 때문에 고민하고 적잖게 힘들어했을 것으로 추측되지만 속마음을 알 수는 없었다. 내가 성장하던 시기엔 요즘과 달리 부자(父子)의 대화가 아주 드문 일이었고, 나 역시 아버지에게 내 인생문제를 이야기한 적이 한 번도 없었다. 내 인생 문제에 관해 이야기한 적도 없는데 하물며 아버지 인생을 논하는 건, 인정받지 못하지만 여전히 존재하는 아버지의 권위에 대한 심각한 도전으로 치부되었다. 우리 시대 아버지의 권위는 무시되면서 동시에 존중받는 특이한 현상이었다. 아버지들은 대체로 가정에 충실하지 않았지만 아버지들끼리 담합이라도 한 듯 이상하게도 권리 주장에는 당당했다. 나의 아버지도 마찬가지였는데, 의무가 면책된 권리를 일방적으로 요구하는 아버지의 비논리적인 당당함이 어린 나에겐 불가사의였다. 자식들은 아버지의 권위에 격렬하게 저항하기도, 마지못해 순응하기도 했지만 끝내 권위 그 자체를 문제 삼지는 않았다.

 권위는 그렇다 치고 아버지는 살아 있을 때 자식들로부터 존경을 받지 못했다. 부자간에는 근원적인 의견 대립이 있었는데, 아버지는 기존 규범에 따라 '아버지는 아버지이니까 존경해야 한다'는 입장이었고, 자식들은 '아버지라도 존경받을 만한 삶을 살아야 존경받을 수 있다'는 입장이었다. 아버지가 돌아가실 때까지 이 입장 차이는 좁혀지지 않았다.

 세속의 기준으로 많이 부족하고 특별히 존경받을 만하지 않아도 아버지는 아버지였다. 아버지와 관련된 여러 가지 기억 가운데 내가 결혼하고 채 3년이 지나지 않았을 때의 일이 특별히 기억에 남는다. 결혼 후 두 번째로 살게 된 집은 좀 오래된 아파트로 여기저기 손볼 데가 많았다. 이사 전에 미리 수리를 한다고는 했지만 막상 입주하고 나니 불편한 게 한두 가지가 아니었다. 마침 어머니와 함께 새집을 둘러보러 오신 아버지는 직접 스패너를 들고 화장실 세면대 밑으로 몸을 굽혔다. 여러 가지 불편 가운데 하나를 당신이 직접 해결하기 위해서였다.

세면대 밑 파이프 교체가 작업 목표였는데, 작업을 위해서는 세면대 지지대를 잠시 치워놓아야 했다. 지지대가 없으니 세면대가 공중에 뜨게 되었다. 아버지는 어깨로 도기로 된 세면대 몸체를 받친 채 낡은 파이프를 손보았다. 아버지가 이런 쪽 일에 능통한데다, '원래' 힘쓰는 건 항상 아버지 몫이었기 때문에 난 건성으로 도기에 손을 대고 아버지 옆에 쭈그려 앉아 있었다. (아버지 집안은 장사 집안이었다. 안타깝게도 난 그 피를 물려받지 못하고 대신 골골한 외가 쪽 피를 물려받았다. 물론 아버지가 장사 혈통을 타고나지 않았어도, 또 내가 장사 혈통을 이었다 해도, 힘쓰는 일은 아버지가 도맡아 했을 것이다)

나는 그때 처음으로 아버지가 노동에 버거워하는 모습을 목격했다. 나한테 차마 도와달라는 말을 하지 못하고 세월의 작용으로 홀로 감당하기엔 이미 너무 무거워진 어깨 위 무게를 버텨내느라 혼신의 힘을 다하고 있었다. 비 오듯 흐르는 땀과 바들바들 떨리는 안간힘을 알아채고 내가 지원에 나섰고, 아버지는 못 이기는 척 버둥버둥 혼자 지고 있던 어깨 위 무게를 나와 나누어 졌다.

예나 지금이나 나는 손가락이 긴 게으르고 희멀건, 소위 먹물에 불과하지만 그 시점부터 적어도 아버지보다는 물리적으로 힘이 센 존재가 됐다. 잘하든 못하든 그때부터 내 아들 앞에서는 물론 아버지 앞에서도 힘쓰는 일을 도맡아 할 수밖에 없어졌다는 의미다. 아버지가 돌아가시기 전까지 아버지 앞에서 실제로 힘쓸 기회가 많지는 않았다.

　이렇게 쓰고 나니 '노동을 통한 무언의 화해' 같은, 막힌 곳에서 뭔가 소통이 일어난 듯한 감상적인 분위기가 느껴지지만 당시 내 소회는 '아버지가 늙었구나' 이상도 이하도 아니었다. 어떻게 모를 수 있었을까. 화장실 세면대 밑 아버지는 노인의 모습이었다. 아버지는 벌써 70세 가까운 나이였는데 난 그때 처음으로 그를 노인으로 인식했다. '노인=할아버지'라는 고정관념은 할아버지가 아닌 아버지는 노인일 수 없다는 무의식적 판단을 끌어낸다. 풀어 설명하자면 천부인권처럼 아버지에게 부여된 가장의 권위라는 것은 적어도 자식들에겐 아버지가 노인으로 전락하는 사태를 쉽게 허락하지 않는다.

　그 일이 있고 나서 몇 년이 지났을까, 내 아들이 태어나고 얼마 지나지 않아 아버지는 돌아가셨다. 초상을 치르면서 특이하게 난 한 번도 눈물을 쏟지 않았다. 가끔 아주 친숙한 사람 앞에서는 어머니 이야기를 하다가 쉽사리 눈물을 떨구는 내가 말이다. (어머니는 그런 사실을 모르신다. 내 기억에 난 어머니 앞에서 운 적이 없다) 어머니라는 대화 소재는 나뿐만 아니라 대다수에게 눈물샘을 강력하게 자극하는 법이다.

　장례식 기간에 4형제 중 끝내 나만 통곡하지 않았다. 아버지 생전에 다들 아버지와 별반 좋은 사이라고 할 수는 없었지만 한 번씩은 대성통곡하며 아버지를 떠나보냈다.

　내가 울지 않은 건 사실 자체일 뿐 그 이유까지는 나 자신도 모른다. 지금 글을 쓰는 순간에서야 억지로 이런 가설을 세워본다. 아버지가 돌아가셨을 때 나 자신의 '아버지 경력'은 채 1년이 안 된 시점이었다. 반면 나이 터울이 제법 되고 나보다 결혼을 상대적으로 빨리 한 형들의 '아버지 경력'은 20년 안팎이었다. 남자가 아버지를 아버지로 제대로 인식하게 되는 때는 자신이 아버지가 되어 시행착오를 겪고 자식으로부터 비슷한 몰이해를 당한 이후가 아닐까 하는 게 내 가설이다. 이 가설에 입각하면 나와 형들 사이에 아버지 죽음에 대한 반응의 차이가 생긴 이유가 설명된다.

가설이 최종적으로 검증되려면 아직 시간이 더 필요하다. 나의 '아버지 경력'은 10년 정도로 아직 짧기 때문이다. 앞으로 10년쯤 지난 어느 날 내가 갑자기 아버지를 생각하며 통곡까지는 아니어도 눈물을 떨어뜨리게 된다면 최종적으로 나의 가설은 이론으로 입증될 것이다.

'눈물샘 자극' 운운했지만, 한국인에게 어머니의 존재는 특별한 설명을 필요로 하지 않는다. 한국인인 나로서는 한국인의 어머니가 더 특별한 것이라고 예상하지만, 다른 나라의 어머니라고 많이 다를 것 같지는 않다. 어머니는 설명을 요하는 개념이 아니라 그 자체가 설명이다. 예를 들어 영어 표현 'Mother Nature'에서 어머니는 자연을 수식하기 위해서가 아니라 설명하기 위해 동원된다. '어머니 같은 자연'이란 뜻인데 어머니가 쪼갤 수 없는 '최소 의미 단위'임을 보여주는 대표적인 표현이다.

그럼에도 어설프게나마 설명을 달자면, 서정으로서 어머니는 무한대에 가깝지만 서사로서 어머니는 본질상 매우 협애하다. 어머니는 애초에 서사적인 표현이 아닌, 서정적인 표현이다. 반면 신화는 물론이고, 한없이 초라해지긴 했지만 현실에서도 아버지는 서사적인 표현이다.

어머니의 권위가 취약한 배경이기도 하다. 사실 실체로서 어머니의 권위는 매우 강력하다. 서정성의 유현(幽玄)한 깊이가 그 근거다. 그러나 관계 측면에서 또 가정이란 시스템 안에서 작동하는 어머니의 권위는 자식에게 권위로 설정되지 않는다. 권위는 서사의 용어다.

사춘기에 어머니에게 못되게 군 기억이 난다. 어느 순간부터인가 어머니가 나의 머리를 쓰다듬으려고 하면 싫어하는 기색을 팍팍 내며 머리를 뒤로 뺐다. 다소 무뚝뚝한 집안 분위기 탓이기도 했겠지만 사춘기 이후로 어머니와 나 사이의 스킨십은 나의 이유 없는 반항에 의해 서서히 소멸했다.

모자의 스킨십이 복원된 건 어머니가 할머니가 되고 난 다음이다. 사실 스킨십이라고 하기는 힘들고, 관절염 때문에 계단 같은 데를 올라가기 힘들어하시면 부축해드리는 정도다. 어머니 집에 갈 때는 곧잘 '오늘은 손을 잡아드려야지'라고 다짐하지만 늘 덤덤하게 헤어지고 만다. 아들 녀석을 대리인으로 내세워 "할머니에게 뽀뽀해드려야지", "할머니 안아드려라" 같은 천연덕스런 주문을 내는 '간접 스킨십'에 머물 뿐이다. 나의 어머니와 피 한 방울 섞이지 않은 내 아들의 어머니는 내가 별다른 주문을 안 해도 내 어머니와 친근하게 손을 잡는다. 두 어머니 사이의 교감에 나는 좀체 끼어들지 못한다.

정말 실천할지 장담하기 어렵지만 다음에는 어머니 손을 잡아드릴 생각이다. 지금 이 글을 읽는 사람이 아들이든 딸이든 가끔 어머니 손을 잡아드리는 행동은 확언컨대 좋은 사람이 되는 데 적잖게 도움을 줄 것이다. 좋은 사람이 여기서 정확히 무슨 의미인지는 중요하지 않다. 그냥 좋은 사람이다. 가능하다면 어머니가 할머니가 되기 전부터 잡아드리는 게 더 바람직하지 않을까. 하긴 나에게 조언할 만한 자격이 있는 것 같지는 않다.

아버지는? 아버지가 이미 돌아가신 내 입장에서 어떤 얘기를 할 수 있을까. 언젠가 세월이 흘러 아버지를 위해 눈물 흘릴 수 있게 되면 그때서야 조언할 수 있게 될까. 내가 할 수 있는 조언과 무관하게 어머니 손을 잡아드릴 때 아버지 손을 같이 잡아드리는 게 나쁜 발상은 아닐 것이다.

실시간 댓글

@유정환 : 아버지는 술을 드시고 올 때마다 우리 3남매를 부르신다. 그날 있었던 하루 일과와 술을 먹었던 이유에 대해서 연거푸 이야기 하시는 게 우리 아버지의 주사인데 우리 남매는 그런 아버지를 너무 싫어했다. 한번은 막내가 계속 말씀하시는 아버지를 가만히 안아드렸더니 만족스러운 표정을 하시고는 잠자리에 들어가셨다. 그 일 이후로 우리는 아버지가 술을 드시고 오시면 포옹으로 답한다. 아버지의 주사를 안 받아줘도 된다는 사실이 좋기도 하지만 한편으로, 아버지가 긴긴밤 우리를 붙잡고 이야기를 늘어놓았던 까닭이 우리의 애정과 관심이 그리워서가 아니었나 하면 가슴이 뻐근하고 눈언저리가 달아오른다. 오래오래 더 잘해드려야겠다.

@민혜원 : 고등학교 2학년, 무슨 수업이었는지는 기억이 나지 않지만 수업 시간에 선생님께서 싸이의 〈아버지〉라는 뮤직비디오를 틀어주었다. 비디오가 시작될 때부터 울음을 터뜨릴 준비가 되어 있던 나는 수업시간에 거의 통곡을 했다. 그 무렵 아버지는 직장에서 퇴직하셨다. 새벽같이 나가고 저녁 늦게 들어오던 아빠가 이제는 집에서 하루 종일 한동안 끊었던 게임을 하는 모습이 머리에 그려졌다. 나는 더 이상 뮤직비디오를 보고 있지 않았다. 우리 아빠를 보고 있었다. 그 당시 워낙 울기를 잘했던 나지만 그날은 아빠에 대한 감정이입이 과도하게 이뤄져 감정을 주체할 수 없었다. 아빠 얘기를 하면 한도 끝도 없을 것 같다. 가족을 위해 미친 듯이 일을 하지만 그만큼 가족과 멀어지는 우리의 아버지들. 계속 바라보던 목표도 사라지고 가족마저 멀어졌을 때의 감정. 세상에서 가장 무서운 사람은 우리 아빠지만 그런 아빠가 약해지는 모습을 보는 것은

두렵다. 이것저것 부딪히고 혼날 때마다 다 버리고 도망가고 싶다가도 다시 생각하면 날 그만큼 사랑해주는 사람이 또 있을까. 아침에 전철역까지 버스 타고 가는 게 힘들까 봐 피곤한 눈을 비비며 까치머리를 하고 날 역까지 차로 태워주는 우리 아빠. 사랑해요. 잘할게요.

@김민지 : '부둥켜안음'이나 '손 내밈'은 환경이 부추기는 행위일까. 유전이 부추기는 행위일까? 아무리 많이 부둥켜안아도, 아무리 많이 손잡아도 혼자더라. 상처를 온 사방에 토해내고 걸레를 가져와 손수 치우기 전까지는.

@이상은 : 엄마가 달라졌다. 나이를 많이 먹었다. 나도 많이 컸다. 내 맘대로 되는 것이 점점 없어지기 시작하는 게 나이를 먹는다는 표시라 했다. 그래도 난 아직 젊어서 내 맘대로 할 수 있는 것이 엄마보다는 많으니까 엄마랑 좀 달라도 엄마 맘대로 해주는 편이 좋겠다고 생각한다. 내 맘대로 되는 것 하나 없는 답답한 세상에 자식마저 뜻대로 안 되면 울화통이 터지지 않을까. 하지만 계속 맞장구치다 보면 어느새 엄마를 닮아 늙어갈까 조금 무섭기는 하다.

@유정미 : 부모님께 따뜻한 말 한마디 건네기가 왜 그리 쉽지 않은 것일까.

@권효정 : 아버지는 나이가 들수록 초라해져 가는. 그래서 서울 지하철에 앉아 계시는 아버지들을 보면 마음이 짠해온다

@황혜현 : 이 세상에서 가장 슬픈 소리는 일 끝나고 집에 돌아오신 아버지가 혼자 밥 드시는 소리다. 오늘은 꼭 아버지와 함께 밥을 먹어야겠다.

더보기 ▼

@윤송이 : "사원 김아영은 상냥하지만 딸 김아영은… 아, 몰라도 돼" 공익광고 장면이 떠오른다. 딱 나다.

@전지영 : 서울에 자취하면서 점점 집에 내려가는 것과 연락에 소홀해져만 가는 내 자신을 알면서도 왜 행동을 바꾸지 못했을까. 글을 읽으면서도 죄송스러움에 눈물이 나려고 한다.ㅜㅜ

@김다슬 : '간접 스킨십'을 주문 받는 입장에서 그런 주문은 정말정말정말 싫었어요. 엄마, 아빠에겐 할아버지, 할머니가 부모님이지만 명절 때나 한 번씩 보는 손자의 입장에서 할아버지, 할머니는 사실상 엄청나게 낯선 사람이나 마찬가지잖아요. 차라리 이웃집 할머니, 할아버지가 더 친근한데… 나의 할아버지, 할머니라고는 하는데 그게 뭐 어쨌단 건지도 모르겠고 부모님이 데려와서 오긴 했는데 이건 뭐지…. 이런 느낌? 왜 나한테ㅠㅠ 그렇다고 시키는 대로 안하면 '버릇없는' 아이가 되어버리고…

@윤지연 : 이건 뭔가. 너무 식상한 표현 같아서요. 다른 표현 없을까요…

@한민정 : 사실 오늘도 술을 마신 아버지는 집에 들어오자마자 숙취 해소를 돕는 음료를 한 번에 원샷하신다. 어제도, 엊그제도, 요즘 아버지는 알딸딸하게 취한 모습으로 집에 들어오신다. 부쩍 아버지의 문자도 늘었다. "사랑하는 딸, 어디야?", "사랑하는 딸, 뭐해?" 아버지의 문자에 집에 간다고 답장을 하니, "우리 딸 보고 싶네"라는 답장이 온다. 아버지의 나이는 올해로 58세이시다. 곧 정년퇴임할 나이가 되었다. 확실히 알 순 없지만 사회생활에서도 치이고 집에서는 딸의 무관심한 태도에 치이는 아버지의 쓸쓸함이 요즘 많은 것들에서 묻어나는 것 같다.

며칠 전 집에 가는 길에 지하철 광고판에서 나오는 공익광고 한 편을 가던 길을 멈추고 서서 보았다. 밖에서는 친구들, 선생님 등 다른 사람들과 쾌활하게 지내는 자식들이 집에서는 부모님과의 대화가 없다. 그저 질문에도 묵묵부답일 뿐. 이 광고를 통해 전하는 메시지는 가족에게 더 충실히 잘하자는 것이다. 이 광고를 보고 가슴 한편이 찡해져 아버지께 문자를 보냈다. "아빠, 오늘도 힘내세요. 파이팅!"

이런 개인적인 경험 때문인지 어깨가 움츠러든 아버지의 이야기는 공감이 많이 간다.

@소다영 : 부모님의 손을 잡아본 게 언젠지 잘 기억이 나질 않는다. 어렸을 땐 손을 꼭 잡고 잠이 들곤 했었는데… 부모님보다 훌쩍 커버린 나의 모습을 볼 때 그만큼 나이 드신 부모님이 눈에 보여 가슴 한편이 찡하다.

@강동경 : 나에게 아버지는 평생 동안 그저 아버지였다. 나도 그렇게 될까? 가끔은 친구 같은 아버지가 되고 싶다.

@정수지 : 거의 친구처럼 깔깔깔 수다 떨 수 있는 엄마와는 달리 아빠와의 사이는 점점 사무적이 되어가는 게 느껴진다. 손 한 번 스스럼없이 잡은 적이 거의 없고 사랑한다는 말은 편지에나 쓰는 말이 되어버렸다. 솔직히 아빠보다 남친이 나에 대해서 더 잘 안다. 무서운 건가 자연스러운 건가. 어휴, 입과 몸이 더 굳어지기 전에 내가 더 다가가야지. 다짐만 하지 말고 꼭 행동으로!

@차준호 : 어렸을 땐 그렇게도 커 보이셨던 아버지. 제가 커가는 게 아니라 아버지가 작아지셨군요.

더보기 ▼

@김현진 : 말은 하지 않지만, 느껴지는 아버지의 사랑. 어렸을 적 그렇게 싫어했던 아버지였지만, 지금은 아버지 생각을 하다 울컥할 때가 종종 있다. 그래서 내 아버지의 어깨는 아직도 듬직하고, 흰머리 역시 눈부시다.

@박윤아 : 아버지와의 딱딱한 관계를 경험한 세대이신데, 아들과의 개선된 관계를 위해 노력하시는지. 특별히 바라긴 하시는지. 우리 아빠는 가끔 말씀하십니다.

사회에서 물러나는, 아니 물러날 자리가 그리 굳건하지 않았던들 그 나이의 남성이 사회에 바라는 건 크지 않을 거예요. 먹고 사는 문제만 시간적으로 '조금 더'가 된다면. 아내와 아들과 딸에게 바랍니다. 전화 한 통 하라고, 집에 일찍 들어와 잠자기 전에 잠깐이지만 얼굴 보자고. 우리 아빠가 그러십니다. 또 아버지는 서운할 대상이 없네요. 미안하고, 멋쩍어야 할 대상만 있네요. 예전의, 아직도 남아 있는 그런 권위의 아버지와는 거리가 멉니다. 우리 아빤. 아빠에게서 권위를 느끼는 면에서는 달랐지만 자식으로서 절대적으로 엄마와의 교감이 더 잦고 진했다는 건 부인할 수가 없습니다. 이게 과도기 아버지의 모습이 아닐까 생각해요. 이제 이다음엔 무서운 권위도 없고 어색한 외로움도 없는 그런 아버지상이 생기겠죠? 바라봅니다.

@박찬호 : 누구보다 화목한 가정에서 살게 해준 엄마 아빠에게 새삼 고맙다. 스스로 눈높이를 맞춰주신 아빠와 항상 따뜻한 품을 내어주신 엄마. 이 핑계로 오늘도 난 부산에 간다.

@김선영 : 내 아버지는 군인 집안 출신으로 사람에게 사랑을 주는 방법에 서투르신 분입니다. 딸이 보고 싶어도 보고 싶어서 왔다는 말 한마디도 못하고 제 방 서가에 있는 책을 보는 척하며 곁눈질로 저를 훔쳐보시곤 하십니다. 제가 아버지와의 거리를 좁히기 위해 선택한 방법은 막무가내로 아버지에게 다가가 '아빠, 사랑

해'라고 말하는 것입니다. 시도 때도 없이 아빠가 생각날 때마다 전화를 통해, 뒤에서 꼭 껴안으며 하는 말에 처음에 당황하시던 아빠도 요즘은 곧잘 제게 사랑한다는 말을 해주시고는 합니다. 감정의 벽이라는 것이 부딪치기 전에는 너무도 단단해 보이지만 막상 그 실체는 너무도 얇음을 다시 한 번 느낄 수 있었습니다. 소장님의 조언에 그 누구보다 더 깊게 공감하는 바입니다.

@안혜정 : 권위 있는 아버지와 자애로운 어머니. 이것은 과거 박정희, 육영수 여사 시절에 특히 공공연하게 지향하던 전근대적인 가족 문화라고 생각한다. 특히 아버지의 권위를 정당화하는 부분은 그 시대를 살아오지 않은 내게 종종 반감을 불러일으킨다. 나의 아버지, 어머니 세대도 60~70년대에 청(소)년기를 보내셨다 보니 그 시대가 요구했던 가부장적 가족의 스테레오 타입에서 자유롭지 않아 보이신다. 근엄한 아버지 역할, 스킨십과 애정 담당 어머니 역할. 이런 역할놀이를 나는 미래에 되풀이하지 않을 것임을 다짐한다. 어떤 성별의 자녀를 갖게 되더라도 여자와 남자의 사고나 행동에 대한 선택이 자유로울 수 있다는 것을 가정에서부터 알 수 있게 해주고 싶다. 이 글은 과거 세대의 아버지, 어머니 역할을 우리 세대가 공감할 수 있도록 잘 썼으나 결말은 누구나 예상할 수 있는 감동 코드로 마무리 된 점은 아쉽다.

제발 거짓말을 해봐

아무리 이것저것 마구잡이로 도둑맞는 '도둑맞은 세대'이지만 부모님은 '도둑맞은 목록'에 포함되지 않는다. 제 아무리 걸출한 도둑이라고 해도 결코 훔쳐갈 수 없는 게 부모다. 부모는 어렵고 힘들 때는 물론 평상시에도 의지할 수 있는, 확실히 기본 재산이다. 재산이란 비유를 썼다고 해서 꼭 물질적인 것만을 포함한다고 예단할 필요는 없다. 기본 재산 중에서도 가장 기본은 정신적 재산일 테니까.

재산이 있으니 '재산세'를 내야 하지 않겠는가. 그 '재산세'는 세무서가 아니라 부모에게 직접 내면 된다. 손 한 번 잡아드리는 것, 따뜻한 말 한마디 건네는 것, 생신날에 맛없는 미역국 끓여드리는 것 등 '재산세'를 내는 방법은 무궁무진하다. 크게는 옛 문헌에 나온 대로 이름을 세상에 떨치는 것에서부터, 작게는 아무리 사소한 것이라도 부모는 자식이 주는 것이라면 흔쾌히 받는다.

비유로 선택된 단어의 어감 때문만이 아니라 부모에게 내는 '재산세'는 현실적으로 젊은 세대에게 부담으로 작용한다. 가정은 세대 간의 차이, 나아가 다툼의 대표적 현장이다. 알고 보면 가정이란 곳은 이데올로기가 격돌하는 뜨거운 전장이다. 부모가 조언자의 위치에 머물지 않고 감독자로 나서면 갈등이 본격화되고 가정은 바야흐로 전쟁터로 변한다.

YeSS 출신 K양(국문과)은 진보적인 정치성향 때문에 사사건건 부모와 대립했다. 젊은이다운 진취성이 넘쳐나던 K양에게는 이른바 '보수꼴통'에 가까운 부모, 특히 어머니의 사고 자체가 참을 수 없는 것이었다. 게다가 "넌 아직 세상을 모른다"며 자식의 생각을 아예 인정하지 않고 사상 자체를 뜯어고치려

드는 어머니의 행태에 K양은 넌더리를 쳤다.

이때는 '재산세'를 어떻게 내야 할까. 쉽지는 않겠지만 크게 보면 사회생활 요령과 동일하다. 만일 대화가 가능하고, 부딪히는 과정에서 자식의 생각을 마지못해서라도 조금씩 받아들여줄 수 있는 약간이나마 열린 부모라면, 적극적으로 대화하고 다양한 방식으로 친밀감을 쌓는 게 좋다. 이른바 당의정 전략이다. 자신의 견해를 애교로 포장해 반복해서 부모의 목으로 넘기는 방법이다. 이 전략은 부모의 생각을 자신도 어느 정도는 수용하는 듯한 태도를 취하는 게 핵심이다.

흔히 부모의 사랑은 무조건적 사랑이라고 한다. 맞는 말이기는 하지만 틀리기도 하다. 비록 세상의 여타 관계들과는 다른 셈법이긴 하지만 부모 자식 간의 사랑에도 '기브 앤 테이크' 구조가 존재한다. 아무리 못난 부모라도 자신을 닮은 자식에게는 애정을 쏟는다. 닮음의 범주에는 외모뿐 아니라 생활습관과 사고방식 등 모든 게 포함된다. 닮음은 소통의 가능성을 상징한다. 부모 자식 사이가 아니라도 생각의 일치에서 오는 기쁨은 크다. 돈 드는 것도 아닌데 아버지, 어머니 말에 열심히 맞장구를 쳐드리자. 친구 등 가정 밖 관계에서는 매우 사교적인데, 집에 가서는 뚱하게 지낸다는 어느 녀석에게 내가 자주 하는 말은 이렇다. "너 그러다 나중에 너 같은 자식 낳는다."

만일 차이를 인정하며 평화롭게 공존할 성향의 부모가 아니라면, 대립하지 않는 게 상책이다. 되도록 민감한 주제는 피하고 즐겁게 일상적인 대화를 이어가면서, 부모가 굳이 사상검증을 시도하면 무조건 투항하라. 단 부모 앞에서 만이다. '전투력'이 압도적으로 강한 부모에게 하는 거짓말에는 전혀 죄책감을 느낄 필요 없다. 오히려 "거짓말을 해봐"라고 적극적으로 권장할 만한 거의 유일한 대상이 부모다. 서로 상처를 주고받기보다 '평화'를 위해서 누군가 거짓말을 하는 게 오히려 낫다. 물론 특정한 영역에 국한해서다. 어느 쪽인가 거짓말을 해야 한다면 응당 자식이 해야 하지 않을까. 부모가 거짓말을 할 수야 없지 않은가. 가끔 부모가 거짓말할 때가 있지만 그때의 목적은 분쟁 해결이 아니라 자식의 보위(保衛)다.

사상검증에 그치지 않고 부모가 진로와 같은 실질적 판단과 행위에까지 개입하려 든다면 그때 자식의 대응전략은 달라질 수밖에 없다. 충분한 대화와 토론, 그리고 광범위한 탐색 끝에도 자신의 생각이 분명 확고하다면 경우에 따라 전면전을 불사해야 한다. 부모와 자식 간에 다툼이 생겼을 때 자식의 뜻이 완고하다면 승자는 항상 자식이다. 국지전에서는 부모의 전투력이 발휘되지만 전면전에서는 다르다. 전면전에서는 부모가 결코 자식을 이길 수 없다는 게 만고불변의 진리다. 전면전이든 잔소리든 부모의 최종 목표는 늘 자식의 보호이기 때문이다.

하지만 전면전을 치를 요량이라 해도 그전에 부모의 충고를 최대한 듣는 척이라도 하는 게 현명한 처신이다. 아무리 지겨워도 한 번 더 들어라. 그게 '재산세'다. 재산을 받았으면 '재산세'를 내는 게 당연하다.

절대 하지 말아야 할 것도 있다. 자식이 부모를 상대로 자신의 주장을 펴는 정도는 상황에 따라 많이 달라지겠지만, 자신의 생각대로 부모를 바꾸겠다는 생각은 언감생심 꿈도 꾸지 말아야 한다. '재산세'를 내는 쪽은 재산을 받은 쪽이지, 주는 쪽이 아닌 게 합당하지 않은가. 꼭 '재산세' 때문이 아니라, 내 생각이 옳다고 상대에게 강권하는 행위는 부모가 자식에 대해서든, 그 반대 경우든 교양인이라면 피해야 한다. 너무 정색할 것 없이, 부모와 원만한 관계를 맺는 일은 팍팍한 세상살이에서 삶의 질을 그나마 쉽게 높일 수 있는 간단한 방편이란 의견을 수용해보는 건 어떤가.

쉽지 않은가. 손잡아주고, 거짓말하고, 손잡아주고, 거짓말하고.

부모에게 하는 거짓말에 미안해하지 않을 이유는 또 있다. 나중에 그들이 부모가 됐을 때 그들의 자식이 그들에게 거짓말을 할 것이기에. 부모와 자식은 서로 받은 만큼 돌려주지만 돌려줄 때의 방향은 자식에서 부모로가 아니라, 자식에서 자식의 자식으로 항상 고정되어 있다. 말하자면 일방통행로다.

손잡아주는 것 말고, 거짓말하는 것에 대해서는 나도 자신 있게 조언할 수 있겠다. 하지만 다시 생각해보니 지금의 나는 그렇지도 않다. 나의 어머니는 이제 많이 늙으셔서 굳이 거짓말까지 할 이유가 없고, 나도 그럴 필요를 전혀 못 느낀다. 거짓말이든, 그 어떤 말이든 한마디라도 더 건네어드리면 그저 좋아하실 뿐이다. 그런 때가 오기 전에 부모님께 거짓말 많이 하시라.

실시간 댓글

@서지현: '사상검증'이라는 말이 재미있다. 사람이 어떤 정치적 성향이나 사상을 가지고 있다면 나는 그 배경을 충분히 들어봐야 하고 그걸 제대로 듣지 않고 함부로 판단해서는 안 된다고 생각한다. 이를 위해서는 충분한 대화가 필요한데, 나는 거짓말도 대화도 않고 입을 다무는 쪽을 선택한 것 같다. 당신들께 맡기겠노라, 하고. 다만 다행이라고 생각하는 것은 부모님과 내 생각이 아주 크게 다른 것 같지는 않다는 것이다. 언젠가 아빠께서 《중앙 선데이》를 집에 가져다 놓으시며 한 번 읽어보렴, 하고 지나가듯 말씀하신 적이 있다. 어떤 기사라고 콕 집어 말씀하시진 않았지만 아마 아빠가 읽어보라고 하셨던 건 진중권 씨가 보수, 진보를 떠나 잘못한 것에 대한 비판을 하는 인터뷰였던 것 같다. 그 기사를 읽으면서 나는 '아빠가 내가 한쪽으로 편향되는 걸 경계하시고, 좀 더 건강하게 사고하기를 바라시는구나'라고 느꼈다. 나를 '보호'하기 위한 행동이었다고 생각한다. 진로에 관해서는, 글쎄 내가 사회학과에 간다고 했을 때 엄마와의 논쟁을 기억한다. 엄마께서 내 미래에 대한 걱정으로 반대하셨다는 걸 물론 알고 있다. 하지만 결국 내가 이겼고 나는 사회학과에 다니고 있는 내가 자랑스럽고 정말 행복하고 재미있다. 나를 '보호'하기 위해 반대도 하셨고 투항도 해주신 부모님께 감사할 뿐이다.

@소다영: 다행히도 부모님은 내 의견을 많이 존중해주시는 편이다. 장녀라서인지 오히려 내가 하는 일을 믿고 지켜보시는 편이다. 정말 친구처럼 이야기를 하기도 한다. 그런 점이 부모님에게 특히 감사하다.

@김민지: 나는 목소리도 크고 고집도 세다. 땅바닥에 드러누워 '내게 이렇게 많은 고통

과 상처를 주었으니 내 이야기에 귀 기울이지 않으면 죽어버리겠다'라며 저항한 적도 있다(많다). 결국 나 대신 부모님이 투항하는 법을 배우셨다. 지옥 갈 일인가? 억울하다.

@박찬호 : 다시 한 번 놀라지만 우리 아빠는 대단하다. 어떻게 아들과의 관계를 위해 먼저 스스로 그 성벽을 허무셨을까.

@김지연 : 우리가 '가정' 하면 으레 평화나, 부모와의 원만한 관계로 이루어지는 긍정적인 이미지로만 생각하고 있는 것은 아닐까. 글 전반부에 '가정이란 곳은 이데올로기가 격돌하는 뜨거운 전장이다'라고 한 것처럼 평화롭게 또는 평화를 가장하면서 살기보다는 서로 치열하게 싸워가면서 끝이 없는 갈등의 전선을 건드려가면서 사는 것도 괜찮다고 생각한다. 가정의 평화란 처음부터 당연히 존재해야 하는 것이 아니라 격렬한 싸움 후에 오는 결과적 산물일지도.

@민혜원 : '이정도면 그래도 착한 딸 아니야?'라는 생각을 갖고 있는 나지만, 나쁜 딸이 되는 순간이 있다. 정치 얘기 그리고 진로 얘기, 이 주제가 나오는 순간 최근에는 억지웃음조차 짓기가 힘들어졌다. 재산세는 충분히 다른 방법으로 낼 테니까 나는 조금 더 거짓말을 해야겠다. 한없이 사랑하는 사람들이지만 어떠한 주제에 대해서는 남에게보다도 이야기를 할 수가 없다.

@이상은 : 우리 엄마는 나중에 절대로 내 아이를 갖지 말라고 했다. 도둑이 아니면 '수상한' 삶을 살고, '수상한' 삶을 살지 않으면 도둑이 되는 이분법의 사회에서 딸 둘을 홀로 키워내며 자신이 겪은 노고를 너희는 겪지 말라는 소리일 것이다. '도둑질하고 약탈당하는 삶'을 살아 나가는 현명한 처신을 조언하려는 의도는

더보기 ▼

아니었겠지만 엄마의 충고는 나름 지혜롭다는 생각이 든다. 자식이 '수상한' 부모에게 해줄 수 있는 것은 내 자식 때문에 수상한 삶에 '더' 옭매이거나 '더한' 도둑질을 할 수밖에 없는 상황을 그나마 모면하는 것뿐이 아닐까. 등록금을 못 대주는 아빠가 되지 않으려 아등바등하지 않기 위해 애초에 아빠이길 포기하는 그런 상황 말이다.

@유정미 : 싫다. 여태껏 수없이 눈치챌 수도 없는 그 순간에도 거짓말을 했겠지만, 거짓말하기 싫다. 그런데 나는 안다. 또 거짓말을 하게 되리라는 것을. 헛헛하다.

@윤송이 : 나름 부모님이 원하는 착한 딸로 자라왔다고 생각한다. 엄마 아빠는 어찌 생각하실지 모르겠지만. 그런데 나이가 들수록 나쁜 딸이 되어가는 것 같다.

@황혜현 : 우리에겐 아니 나에겐 쉽지 않을 일이다. 사춘기 시절 이후부터 잡지 않았던 부모님의 손을 잡아드리는 것과 서로 말이 없던 부모 자식 간에 거짓말은 사치인 듯하다.

@전지영 : 부모 자식 간의 기브 앤 테이크 관계… 고개를 끄덕이면서도 씁쓸하다. 집에서까지 거짓말을 해야 하다니.

@김다슬 : ㅋㅋㅋ반성합니다ㅋㅋㅋ

@한민정 : 친구에게 내는 매몰비용은 아끼지 않고 과감히 투자하면서, 부모에게 내는 재산세엔 인색한 젊은 사람들에게 전하는 메시지. 선의의 거짓말의 연속은 진실과 사랑을 잉태하고 낳는다.

@강동경 : 부모님이나 주변 사람들에게 정치적 올바름을 강요하는 건 정치적으로 올바르지 않다고 생각한다. 토론과 설득은 광장에서 하는 것으로 충분하지 않을까.

@차준호 : 왜 우리는 인간관계를 그토록 고민하면서, 부모님과의 관계는 개선하려는 노력을 못 하는 걸까요? 일종의 포기인가? ㅋㅋ

@김용재 : 아버지랑 '민감한' 주제에 대해 이야기를 자주 합니다('가카'라든가…). 저도 늘 생각이 다른 아버지와 이야기를 나눌 때 답답함을 느끼기도 하고, '다음부터는 이런 주제에 대해선 이야기를 안 해야지' 싶기도 하며, '투항'이란 것도 그다지 어려울 것도 없지만, 이렇게 하는 것 자체가 아버지를 더 이상 토론의 상대로 인정하지 않는 것으로 결론 내리는 것 같아서 마음이 아프고 또 (제한적인 의미로나마) '아버지랑은 이야기가 통하지 않아'라고 스스로 단정 짓는 것 같아서 역시 불편했습니다. 한편으로, 혼자서 이렇게 감히 망령되이 아버지를 재고 어쩌고 하는 것 같아서 스스로 조심해야 하는 건 아닌가, 하기도 했고요.

@박윤아 : 저는 친구들이 '엄마랑 싸웠다'고 하는 말을 이해를 못 합니다. 어찌 엄마랑 싸울 수가 있지? 그런 주제로 얘기해본 기억도 없고, 뜻이 맞지 않는다 해도 일방이 굽히거나 합의점을 찾으면 그뿐, 싸울 일이 뭐 그리 있다고. 이건 비단 부모님과의 관계에서뿐만 아니라 나의 대인 관계가 그러하니 그냥 내가 이런 사람이라 알고 있습니다.

떠오른 건, 외가에 가서는 절대로 정치 이야기를 하지 않는 우리 착한 이모들이네요. 외할머니, 외할아버지께서 그리 진보적이지 않게 정치색이 분명하신 터라 얘길 꺼내질 않습니다. 다른 이야깃거리는 충분히 많으니까요. 현명한 듯합니다.

더보기 ▼

하지만 거짓말이, 후에 실망감을 안겨줄 거짓은 아니어야겠죠. 바르게, 마음을 다해서 하는 무언가가 부모님과 맞지 않아 마찰이 우려된다면 그래요, 거짓말이 필요한지도 모르겠어요. 근데 그 거짓이 합당한지 자식이 판단하기엔 부모님껜 뜻하지 않은 모험이 될 수 있겠네요. 올바른 사람으로서 행하는 선의의 거짓말을 찬성합니다.

@이자경 : 예. 거짓말 못하면 힘들어요.

@김선영 : 몇 년 전 아버지와 심하게 논쟁했던 사건이 기억나네요. 아버지 회사 공장에서 일하는 중국인 노동자들의 임금이 그 소재였습니다. 최저임금도 제대로 받지 못하는 그 사람들의 현실을 아버지께서는 그저 '그게 우리가 사는 법'이라며 묵인하려 하셨습니다. 아버지의 딸로 그 혜택을 받고 사는 자신이 괴물처럼 느껴져 한동안 괴로워하다가 이내 잊고 살아왔습니다. 오늘날까지도 제 삶의 딜레마 중 한 부분입니다. 재산세의 기준이 어느 정도인지 소장님이 애정남이 되어 정해주실 수는 없으신가요? 〉_〈

@최잉여 : '그 당'을 싫어하시는 아버지. '그분'에 분노하시는 아버지. 사랑합니다. 거짓말 안 해도 되게 해주셔서.

@안혜정 : 나 또한 수구적인 출세욕이 유일한 선택지인 것처럼 말씀하시는 부모님과 대립하곤 한다. 특히 대학 졸업 후에는 안정적 급여의 정규직을 그만두고 1년 넘게 언론사 시험을 보다가 지금은 언론 분야 비정규직 노동자가 되면서 부모님은 더욱 나의 선택을 이해하지 못하신다. 친구들 만나시면 자식 자랑하면서 내세울 만한 직장에 다니는 것이 효도라고 생각하시는 듯하지만 나의 현실은 그것을 충족시킬 수 없다. 부모님 세대가 '효도를 한 마지막 세대, 그러나 효도를

받지 못할 최초의 세대'라는 것을 아셨으면 좋겠다. 부모님의 일방적인 당신 세대 이데올로기 주입에 '적당한 거짓말+스킨십'으로 넘어가는 것이 좋다는 이 글의 메시지에 공감하나 삶의 중요한 선택의 순간들(취업, 진학 등)에는 그것이 통하지 않을 때도 있다. 나는 되도록 정공법으로 돌파하는 게 진리라고 생각한다.

살모사와
《수상한 고객들》

옆에서 지켜본 바로 요즘 대학생들의 고민은 부모에 대해서도 현실적일 때가 많다. 또한 무게 중심이 '부모님과의 관계'보다 '부모님에 대해서'에 쏠려 있다. 현재 사회구조상 부모로부터 과다하다 싶을 정도로 많은 지원을 받을 수밖에 없는데다, 예상되는 장래의 사회구조가 부모 세대에게 받은 것 이상을 역으로 내어놓아야 할 것 같기 때문이다. 받아야 할 것도, 주어야 할 것도 많다.

당장 연 1,000만 원에 달하는 대학 등록금을 내달라는 게 미안하다. 거기다 책값과 용돈까지 받아 쓰려면, 받는 입장에서는 어지간한 부잣집이 아니라면 부모가 싫은 기색하지 않아도 저절로 위축된다. 심하게 비유하자면 살모사(殺母蛇)라도 된 기분이다. (살모사의 뜻을 풀이하면 '부모를 잡아먹는 뱀'이다) 부모의 부담을 덜어드리고 싶지만 쉽지 않다. 부담을 덜어드리는 방법 중에 부모가 가장 좋아할 방법은 두말할 필요 없이 장학금을 받는 것이다. 학생인 만큼 공부 잘해서 장학금 받는 건 스스로도 자랑스럽다.

우리나라 대학의 장학금은 배제의 원칙에 의해 지급된다. 장학금은 그 단어의 원래 뜻과 달리 면학을 권장하기 위한 격려 장치가 아니라 등록금을 받아내기 위한 최소한의 체면치레다. 말하자면 소비자 경품 추첨과 흡사하다. 경품은 본래 판매 촉진을 목표로 한다. 이때 기업들이 소비자 편익이란 말을 습관적으로 내세우긴 하지만 그 소비자 편익은 기업의 편익에 봉사하기 위한 편익이다. 우리나라 대학의 본령이 비즈니스로 바뀐 지는 생각보다 오래되지 않았지만 비즈니스 마인드는 철두철미하다. 교육을 통해 인재를 육성해 사회

발전에 공헌한다는 당초의 이념이 아직 유효한지 의심스럽다. 대학 간 과당경쟁과 등록금 장사에 몰두하는 모습은 교육시장에서 교육소비자를 대상으로 최대 이윤을 뽑아내려고 애쓰는, 교육기업을 연상시킨다. 교육기관의 사회책임 인식 수준은 오히려 기업에 못 미친다.

어쨌든 장학금 받기는 어렵다. 등록금은 잔뜩 올려놓고 장학금은 생색내는 수준에 머문다. 물론 대학 당국은 소위 '비율'을 앞세우며 변명을 늘어놓지만 등록금의 절대금액이 커졌으면 장학금 수령자가 내게 되는 등록금의 잔여금액 크기에도 주목해야 한다. 그들의 논리대로라면 양심적으로 박리다매라도 해야 할 것이 아닌가.

누구나 문제점을 알고 있지만 여전히 고쳐지지 않는 등록금 얘기는 그만하자. 등록금이 대학생뿐 아니라 대학생 부모까지 골머리를 앓게 하는 전 국민적 고통으로 자리매김했다는 사실을 누가 모르겠는가. 분명한 사실은 웬만큼 사는 집 자제에게도 부모에게 등록금 고지서 내밀기가 결코 녹록치 않다는 점이다.

YeSS에 소속된 한 학생이 어렵사리 말을 꺼냈다. 규정된 활동기간 가운데 반년쯤을 마친 그는 "앞으로 활동하기 어렵겠다"고 말했다. 사정인즉슨 이랬다. 집안에서 주는 대로 등록금 내고 용돈 쓰면서 아무 생각 없이 대학을 다녔는데, 갑자기 아버지가 실직하게 됐다. 자신은 몇 개월이 지나고서야 뒤늦게 알게 됐다는 것. 당장 학교를 그만두어야 할 정도는 아니었지만, 집안 살림에 변화가 감지됐고 장남으로서 무엇이라도 해야 할 것 같은 책임감을 느꼈다는 설명이다.

그렇게 그는 아르바이트 전선에 뛰어들었다. 소기의 성과를 거두었는지

후일담을 듣지 못했지만 아르바이트만으로 대학생활 전체를 감당할 돈을 벌기는 공부 열심히 해서 장학금을 받는 것보다 훨씬 더 어렵다.

자본주의 사회에서는 봉급쟁이로 살아간다는 것 자체가 위험한 일이다. 입사 때는 그렇지 않았지만 세월이 흘러 현재 업종이 사양 산업에 속해 있을 수 있고, 다니는 직장이 한계기업일 수 있으며, 그렇지 않고 지금 일자리가 괜찮다고 하더라도 직장의 사장이나 경영진이 변덕스럽거나, 직접 관계를 맺는 관리자와 갈등에 빠질 수 있다. 어떤 이유에서든 직장을 잃는 순간 노동자는 심각한 위험에 처하게 된다. 단지 3개월 월급을 못 받는 것만으로 풍비박산 날 가정이 부지기수다. 노동을 팔아 임금을 받는 게 적잖게 굴욕스럽겠지만 제 몸 팔기를 멈추는 그때부터는 생존을 위협받는다. 거의 대부분의 노동자에게 굴욕스럽지 않은 생존은 허용되지 않는다. 자영업자도 노동자와 형편이 크게 다르지 않다. 반면 기업가들은 기업 문을 닫는다고 노동자들처럼 생계를 위협받을 처지로 급전직하하지 않는다.

자신이 발 디딘 지반이 그렇게 취약한지 모른 채 자본주의 사회의 노동자들은 살아간다. 그들이 실족하는 순간 그들뿐 아니라 그들의 자녀들까지 함께 실족한다. 만일 실업자가 된 상태에서 자녀 둘을 대학에 보낸다고 치자. 연간 등록금 각 1,000만 원 해서 2,000만 원에, 용돈과 학비를 1인당 한 달에 40만 원씩 최저 수준으로 준다고 해도 1,000만 원이 더 들어 총 3,000만 원이 소요된다. 도시가계의 평균 수입, 부채 수준 등의 숫자를 꺼내지 않아도 맞출 수 없는 계산이라는 걸 알 수 있다. 아마 당장 한 명이 휴학하고 아르바이트를 잡거나, 남자라면 밥 먹여주고 '월급' 주는데다 돈 쓸 일 없는 군대로 적을 옮기게 될 것이다. 아르바이트 도중에 짧은 인생을 비극적으로 마감한 서울시립대 황승원 씨의 사례가 대학생 가운데 아주 특이한 사례라고 생각한다면 큰 오해다. 많은 대학생들이 황승원 씨에서 몇 걸음 떨어지지 않은 자리에 서 있다.

많은 대학생들이 나에게 이런 말을 한다. 부모가 힘들어하는 걸 알기 때문에 그 부담을 덜어드리려고 자발적으로 아르바이트에 뛰어들지만 막상 아르바이트 같은 걸 하고 있을 때는 '이러다 도태되는 게 아닌가' 하는 걱정에 사로잡힌다고. 내가 대학에 다닐 때 아르바이트는, 돈도 돈이지만 삶의 폭을 넓히는 경험의 확장을 의미했다. 하지만 대학생활마저 지독한 경쟁의 한 구간으로 규정된 요즘 '딴짓'은 경쟁에서 낙오할 가능성을 높인다. 역전이나 패자부활전 같은, 잠깐 쉬어가는 젊은이들을 위한 회생장치가 사라졌기 때문에 한 번 차를 놓치면 평생 걸어야 할지 모른다는 위기감에 사로잡힌다. 요는 '울지 말고 일어나, 쉬지 말고 뛰어라'다.

낙오는 여러 가지 의미로 번역될 수 있는데 그중 하나가 부모 부담을 덜어드리려다 평생 부모에게 얹혀사는 것이다. 맥도날드 계산대 뒤편에 서 있는 대학생들 중 누군가 그런 생각에 휩싸이게 된다면 과연 기우라고 단언할 수 있을까. 결국 지금으로선 부모 골수를 빨아먹으며 경쟁에서 버티는 게 부모나 자식 모두를 위해 훨씬 합리적인 선택이다. 개인의 관점에서 그렇다는 말이다. 우리 시대에 부과된 이 거대한 통제 시스템은 《1984》의 빅브라더처럼 어떠한 사각을 만들지 않고 통제와 복종을 관철한다.

개인의 관점을 탈피해 전체로 보면, 두 세대를 통째로 경쟁에 밀어 넣고 경쟁 과정에서 뒤처지면 패키지로 한꺼번에 탈락시키는 구조이니 확고한 경쟁 우위가 없는 한 경쟁에 가세하지 않는 게 현명한 선택이다. 하지만 개들이 양 떼를 몰 듯 도둑들은 우리 시대를 이런 쪽으로 몰아서 돌아갈 길을 아예 막아버렸다. 어떻게든 발버둥을 쳐보겠지만 우리 시대의 다수는 체계적이고 지속적으로 고기와 털을 갖다 바치는 양의 운명에서 벗어날 수 없어 보인다.

코믹 연기를 잘 한다고 알려진 배우 류승범 씨가 주연한 영화《수상한 고객들》을 우연찮게 본 일이 있다. 사망보험금을 타내려고 자살을 계획하는 절망한 보험 가입자들과 그들의 자살을 막아내 보험회사의 손실을 줄이려는 보험설계사 사이의 여러 가지 코믹한 일화를 엮어 영화로 만들었다. 영화는 소재 선택에서 감각적이지만 영화의 등급을 의미하는 형상화 수준은 저열하다.

보험 상품, 특히 생명보험 상품은 세상과 인간의 대립이란 본원적 비극을 자본주의의 상품화 장치를 통해 일상 속에서 형태를 얻게 했다는 점에서 흥미롭다. 생명보험은 보험 가입자와 보험사, 보험료와 보험금 등 이항대립으로 구성된다. 생명보험은 외형상 보험 가입자와 보험사의 이해를 일치시킨다. 보험은 일어나지 않았지만 일어날 가능성이 있는 미래의 실제 위험에 대한 선제적 대처이기도 하지만 대체로 실제 위험과 무관한 삶 전반의 현재적 위로다. '위로'에 머무는 선까지가 보험 가입자와 보험회사가 같은 편에 설 때다. 대체로 위로에 머물기 때문에 보험 가입자와 보험사의 이해는 일치한다. 경제적으로는 보험료만 들어오고 보험금이 나가지 않아서 보험회사에게 일방적으로 유리해 보이지만, 가입자 입장에서도 삶의 향유 수준을 높이고 있으니 비경제적 관점에서(또는 비경제적 가치를 경제적으로 계량화했다고 해도) 크게 손해는 아니다.

도둑들의 역할은 어떤 식으로든 삶을 조각내 개별 조각에다 각각 값을 매기 다음 모든 조각들의 값을 합산하는 방식으로 삶의 전체 값을 계산해낼 수 있다고 사기 치는 것이다. 이런 말이 안 되는 방정식이 가능한지 여부를 떠나, 여기에 이른바 방정식을 완성하기 위한 무자비하고 무차별적인 폭력이 거리낌 없이 개입하고 있음을 인식하는 게 중요하다. 폭력은 '등호'를 등극시키기 위한 일종의 쿠데타로, 등호 왼편과 오른편에 무엇이 존재하든 등호에 맞춰 등호 왼편의 변수들이든 등호 오른편의 값이든 어느 쪽인가를 조정한다. 시쳇말로 기름을 쪽 빼버린다. 이때 비경제적 가치는 불필요한 기름으로 분류되어 방정식의 무대에서 실종된다. 반대로 해석하면 짜내서 버려지는 기름에 불필요한 기름이란 낙인을 찍는 것일 수 있다. 원래 인간의 몸에 속한 권한이어야 하는 필요와 불필요의 판정은 몸 밖의 존재에게로 넘어간다.

다시 원래 얘기로 돌아오면 생명보험 상품은 용어 그대로 삶을 위한 상품이지 죽음을 위한 상품이 아니다. 죽을 가능성이 낮을수록 보험회사가 더 선호하는 가입자가 된다. 영화의 예처럼 죽을 가능성이 높은 사람들은 보험에서 배제되어야 한다. '사후에 대한 보장'이란 관념은 일반인의 착각이다. 마찬가지로 사후 혜택을 모색하는 사람에게는 생명보험을 팔지 말아야 하는 게 영화에서 설명하듯 보험회사의 문법이다. 이 대목에서 돈이 필요한 사람에겐 돈을 빌려주지 말라는 은행산업의 문법과 일맥상통하게 된다.

은행과 보험회사는 크게 보아 우리 시대를 약탈하는 도둑 무리의 일원이지만, 좀도둑에 불과하다. 일반인의 통념과 달리 둘 가운데 죄질은 은행 쪽이 더 나쁘다는 게 내 판단이다. 은행은 다른 거대 도둑들의 비호를 받으며 마르고 닳도록 고혈을 짜내는 흰 와이셔츠 입은 약삭빠른 사채업자다. 은행에 비하면 보험회사는 우직한 소도둑 같다.

요즘 대학생들의 입사선호도가 높은 만큼 은행을 굳이 금융산업이라고 완화해서 표현한다면 보험회사는 본질상 위락산업에 더 가깝다. 보험 가입자가 돈을 내고 기쁨이나 위안을 받아가기 때문이다.

이러한 위락적 특성은 생명보험에서 돈을 내는 사람과 받는 사람이 갈리면서 치열한 삶의 각축으로 돌변한다. 보험 가입자가 낸 적은 돈이 그가 사랑하는 사람들에게 많은 돈으로 돌아갈 수 있다는 계량화의 관점으로 《수상한 고객들》을 파악하면 핵심을 놓친 것이다. 돈이라는 가장 저급하지만 가장 절실한 수단을 동원해 사랑하는 이들의 삶을 동의 없이 구입했다는 비계량적 행위 자체가 핵심이다. 남들을 구입하기 위해 판 것은 (보험회사까지 포함해) 아무도 사지 않으려고 하는 '수상한 고객'인 자기 자신이다. 이때 자기 자신은 허용된 등호가 아닌 금지된 부등호를 지향한다는 측면에서 '자신 이상'이 된다. 자살만이 자신을 넘어설 수 있는, 생애에서 유일하게 허용된 단 한 번의 비상이다. 그 비상을 가능케 한 게 정교한 자본주의 장치의 맹점이란 사실은 무엇을 시사할까. 냉정한 분석에서 한 발짝 물러서면, 결코 '자신 이상'이 될 수 없는 사람들이 자신이 아니라 남을 위해서 기를 쓰고 '자신 이상'이 되려고 했다는 점에 감동이 있다. 남루한 자기 삶을 끄집어내 주제넘게 타인의 삶에 개입하는 오지랖의 너울거림에서 진짜 울림을 발견할 수 있다.

영화 《수상한 고객들》의 소재가 감각적이라고 한 이유다. 하지만 감각적 형상화에는 완벽하게 실패하고 만다. 영화를 끝까지 보면, 아니 보지 않고 결말을 예상하기만 해도 저열하다는 평가에 쉽게 동의할 것이다.

동화의 해피엔딩은 도덕적 의무에 가깝지만, 영화의 해피엔딩은 치열한 고민 끝에 나온 설득력 있는 제안이어야 한다. 《수상한 고객들》에 나오는 '수상한 고객'의 삶의 고난은 동화에서 요술봉을 휘두른 것처럼 휙 사라지고, 자살로 사망보험금을 타내려 했던, 말하자면 '보험 사기꾼'들은 느닷없이 행복하고 건실한 생활인으로 바뀐다.

그들이 건실하고 행복한 생활인일 수 없었던 이유는 그들이 결단하지 않아서가 아니라, 그들이 삶을 도둑맞았기 때문이었다. '수상한 고객'은 항상 건실하고 행복해지고 싶은 생활인이었지만 거대한 도둑집단의 공공연하고 동시에 은밀한 약탈로 건실한 삶과 행복의 길에서 벗어나 있었다.

'유사 리얼리즘'은 코미디에서 흔히 채택할 만한 기법이다. 그렇다 하더라도 메시지는 리얼리즘이어야 한다. 헛웃음이 아니라 쓴웃음이 나오도록 만들어야 한다. 심각한 상황을 한마디로 희화화하는 미국식 유머는 그 천박함에도 불구하고 쓴웃음을 유발하는 데에서 그나마 가치를 찾을 수 있다. 쓴웃음은 몰입이 아니라 각성을 통해, 그 거리를 통해 다시 한 번 현실을 진지하게 통찰할 기회를 부여한다.

사회적 지평으로 속도를 구현하다가 사회적 지평을 잃어버리면, 활주로에서 가속해 날아오른 비행기가 갑자기 자동차로 변신한 꼴이 된다. 아니면 예술론 자체의 희화화를 통해 더 큰 시각의 각성을 촉구한 것일까. '영화 이상, 코미디 그 이상'을 추구하면서 말이다.

영화는 그렇다 치고 현실은 어떠한가. 만일 내가 '수상한 고객'의 일원이었다면 당연히 사망보험금을 택하겠다. 모든 삶이 가치 있는 삶은 아니다. 가치 있는 삶이래야 가치 있는 것이다. 모든 삶이 그 자체로 살 만한 이유 혹은 가치를 찾아낼 수 있다는 논리는 인류가 존재한 이래 주인이 노예에게 안겨준 세뇌의 수사다. 도둑질당하고 약탈당하는 삶을 연장하는 선택은 절망에다 수모까지 안기는 짓이다.

우리 시대의 적잖은 부모들이 《수상한 고객들》 속 '수상한 고객'과 거의 동일한 상황에 처해 있다. 더 희망적인지 더 절망적인지 모르겠지만 그들에게는 생명보험 증권마저도 없다. 최초의 고민으로 돌아가면 이제 자식이 '수상한' 부모에게 무엇을 해줄 수 있을까. '수상한' 삶을 살지 않고 도둑질에 가세하는 것? 아니면 찾기조차 힘든 도둑을 잡느라 '수상한' 삶을 흔쾌히 받아들이는 것? 현실이 영화 《수상한 고객들》과 같다면 이런 절망적인 고민에서 탈출할 수 있으련만. 그렇다면 《수상한 고객들》은 생각보다 잘 만든 영화라는 반전에 도달하게 되는 것인가.

실시간 댓글

@유정환 : 고백건대, 나는 과외 말고는 알바의 경험이 단 한 번도 없었다. 꽤 넉넉한 형편이 아닌데도 등록금과 용돈을 꼬박꼬박 주시는 부모님 덕이다. 휴학을 앞두고 알바와 개인적인 공부 사이의 고민을 친구와 함께 공유했던 경험이 있는데, 우리끼리 내린 결론은 뼈 빠지게 알바해서 푼돈을 모으는 것보다 공부해서 훌륭한 사람이 되는 것이 부모님께 효도하는 길이라는 것이었다.

이 글을 읽고 나서 다시 생각해보니 우리끼리 생각한 훌륭한 사람의 정의가 뭐였나 싶다. 무한 경쟁체제의 상위 서열에 위치한 기득권층? 부모님의 위신도 세워드리고 남들에게도 '삐까뻔쩍'한 '사'자 들어가는 직업? 어느 것인지 간에 우리 사회에서 '수상한 고객들'을 더 많이 양산하는 데 부족함이 없으리라는 생각이 든다. 저 고민에서 후자를 선택한 지금, 과연 내가 제 역할을 제대로 하는지도 의문스럽다.

@소다영 : 대한민국의 모든 부모님들 파이팅!

@도하원 : 잠시 딴소리를 하자면, 2012년 현재 가장 파격적인 '가격'으로 대학교를 다닐 수 있는 서울시립대생의 죽음이 애석하고 안타깝습니다. 아이러니하기도 합니다. 자신의 돈과 시간을 쏟아부으며 스펙 쌓기에 열중하는 요즘 세대의 입장에서, 확실히 시간도 하나의 경쟁력이 아닌가 싶습니다. 나의 커리어를 위해 시간을 얼마나 투자할 수 있는가, 생계를 위한 아르바이트를 하는 학생의 입장에선, 물질뿐만 아니라 내 시간까지도 오롯이 내놓아야 하는 처지가 더 처절하게 느껴질 현실이 안타깝고도 두렵습니다.

@김민지: 무한경쟁 자본주의는 부모 자식 관계조차 투자/보험 상품으로 바꾸어버렸다. 물론 양극화 현상은 여기서도 나타난다. 가진 부모가 더 큰 투자를 할 수 있고 활용 가능한 자본도 많기 때문이다. 결국, 부모의 사랑조차 상품화되어버렸나? 국민의 행복을 GDP 따위로 수치화하는 것만큼 무례하다.

내게 자주 붙는 '미국에서 공부한 사람' 이라는 수식어는 참 부담스럽기 그지없다. 내가 자라온 사회경제적 환경에 어울리지 않기 때문이다. 나는 최대한 경제적 부담을 줄이기 위해 별짓 다 해봤다. 하지만 내 생각과 달리, 넉넉하지 않은 부모님께서 당신이 한 투자에 대해 가장 만족스러워하셨을 때는 무리해서 돈을 아끼다 병이 난 나를 볼 때가 아니었다. '그럼에도 불구하고' 건강한 나를 발견하셨을 때였다. 게다가 나는 그 '별짓' 없이는 건강하지도, 강하지도 않았을 거다.

@유정미: 군말 없이 등록금을 내주시는 부모님께 죄송하고도 감사하다. 이 마음가짐은 어떻게든 스스로 무언가를 해결해보겠다는, 그러니까 스스로 돈을 벌어보겠다는 어떤 결단으로 이어졌다. 그리고 실제로 나는 대학에 들어온 이후로 얼마 되지는 않지만 돈을 좀 모았다. 내 주위 친구들 역시 다양한 방법으로 돈을 모은다. 청약저축을 들고 주식과 펀드에 투자하기도 하며 돼지저금통에 돈을 모으는 친구도 있다. 우리에게 '아르바이트'란 생계의 목적이기도 하지만 부모님에 대한 죄송함, 그리고 '등록금을 대신 내주시는' 부모님에 대한 부담감으로 작용하는 것 같다.

어떤 모임에 갔었다. 대학생부터 사회인까지 아주 다양한 사람들이 모인 자리였다. 우리네 첫 만남이 그렇듯 서로의 나이와 학교와 전공을 묻고 가족관계를 묻고 사는 곳을 공유했다. 그리고는 서둘러 여러 화제를 찾다가 아르바이트 이야기가 나왔다. 사람들은 서로의 아르바이트 경험을 공유하기 시작했다. 주로 학자금 대출을 받았거나 혹은 자신이 스스로 생활비를 벌어서 쓰기 위한 것들이었다. 편의점, 카페, 패밀리 레스토랑, 서점, 콜센터, 병원 등 다양한 아르바이트 경험들을 들으며 공감대를 형성했고 웃고 떠들었다. 한마디도 하지 않던 내게 어떤 언니가 물었다. "넌 무슨 아르바이트 해봤어?" 스스로 돈을 벌어 본 경험, 나는 그 글이 좋든 필요하든 아니든 글을 쓰는 행위를 통해 돈을 벌었다. 말을 꺼낸 순간 갑자기 분위기가 싸해졌다. 얘기를 듣고 있던 한 언니가 답했다. "어머. 너 참 귀하게 자랐구나. 아무것도 모르겠네, 그럼"이라고.

충격이었다. 그 후로는 아르바이트 경험에 대한 이야기가 나오면 도망치거나 묵묵히 고개를 끄덕일 뿐이다. 힘든 육체노동을 통해 돈을 벌지 않은 나는 경험자들 사이에서 마치 '귀하게 자란' 상류계급 혹은 철딱서니 없는 어린애로 취급당했다. 언론에서 그리고 사회 전반적으로 육체노동 혹은 감정노동이라 불리는 것들을 통해 돈을 버는 20대에게만 초점을 맞춘다. 그들의 고단하고 힘겨운 삶은 20대의 삶을 극단적으로 보여주는 모범사례가 되었다.

@윤지애 : 내 삶이 도둑맞은 걸 인식조차 못하는 사람은 이게 다 내 탓이라는 절망감에 빠지기 쉽다. 도둑맞은 걸 인식하는 것은 차라리 행운이다!

@윤송이 : 수상한 삶을 살지 않고 도둑질에 가세하는 것, 아니면 수상한 삶을 흔쾌히 받아들이는 것? 어떤 게 정답인지 모르겠다. 부모님이 뭘 원하실지는 더더욱 모르겠지만… 늘 '니 앞가림만' 잘하고 살라는 엄마의 말이 생각난다. 내가 내 앞가림도 못하고 살까 봐 걱정이신 건가. 아니면 이미 수상해져버린 당신들의 삶은 신경 쓰지 말라는 건가.

@김다슬 : 어려워요. 글도 어렵고 판단하기도 어렵고 결정하기도 어렵고 결정을 지켜나가기도 어렵고.

더보기 ▼

@한민정 : 나 또한 '부모님에 대해서' 고민한다. 부모님으로 받은 내리사랑이 너무 커서 어떻게 돌려드려야 하는지 잘 모르겠기 때문. 그렇기에 나는 한없이 이기적인 사람이 될 수가 없다. 공부를 더 하고 싶어도 가계에 부담이 될 학비 때문에라도 대학원 진학이 아닌 취직을 선택한다. 그러나 동시에 그런 생각이 든다. 학구열이 별로 없는 친구들 중 할 게 없어서 대학원 진학을 하기도 한다. 부모님이 돈을 대주신단다. 10년 뒤 우리의 삶이 상상된다. 그 친구는 집안의 서포트에 공부를 더 해서 학위를 따고 어딘가에서 어느 정도 그 능력을 인정받고 조금은 안정되고 편안한 삶을 살아가는 모습, 나는 주말을 기다리며 과중한 업무에 시달리는 모습이 오버랩되는 것이다. 우리도 모르는 사이에 우리의 삶이 양분되는 것 같다는 소름 끼치는 생각이 들었다.

아르바이트에 대해서도 '이러다 도태되는 게 아닌가'라고 생각하는 대학생들과 '삶의 폭을 넓히는 경험의 확장'이라고 생각하는 대학생들로 양분할 수 있을 것이다. 아르바이트를 어쩔 수 없이 해야만 하는 학생일 때는, 아르바이트가 자신의 삶에서 낭비의 시간으로 비추어질 것이다. 한편 새로운 경험을 해보고 싶은 학생들에게는 아르바이트가 삶의 폭을 넓히는 장이 될 것이다. 과거에 비해 '아르바이트=도태'라고 느끼는 학생들이 많다고 느끼는 것은 그만큼 사회가 가진 자와 가지지 못한 자의 상대적 박탈감이 커져가서 그런 것이 아닐까.

씀씀이가 한 달에 20만 원인 학생과 100만 원도 모자르다는 학생을 알고 있다. 100만 원도 모자르다는 학생은 50만 원은 집에서 용돈으로 받고 나머지는 아르바이트로 벌어 생활한다고 했다. 그는 여자 친구에게는 한 푼도 쓰지 않게 하고, 오로지 자기의 용돈으로 여자 친구를 먹여 살리는 것이다. 괜한 허세에서 나오는 돈 자랑인지는 모르겠지만, 이런 학생들에게 아르바이트는 삶의 폭을 넓히는 경험의 확장의 장이 될 수도 있을 것이다. 하지만 한 달에 씀씀이가 20만원인 학생은 집안 사정으로 자신이 아르바이트로 용돈을 벌어 생활한다.

그는 공부에 대한 욕심이 있어도 아르바이트 때문에 상대적으로 공부할 시간이 줄어들 게 되는 것 같다. 가치를 어디에 두느냐가 아니라 아르바이트를 시작한 목적에서 이런 차이가 발생하는 게 아닐는지.

'삶을 도둑맞는다'는 건 과거형이기도 진행형이기도 미래형이기도 하다. 끊어질 수 없는 악순환의 뫼비우스의 띠다. 친구의 아버지는 고액의 빌딩을 소유한 부자다. 친구의 아버지가 고등학생의 자살 이야기를 듣고 이런 소리를 했다고 했다. "이 좋은 세상에 왜 자살을 하는 거야?" 왠지 모를 씁쓸함이 감돌았다. 그들이 누군가의 삶을 도둑질했다고는 생각하지 않는다. 하지만 왜곡된 사회 구조 속에 누군가 자꾸만 삶을 도둑질하고 있고 그 도둑질한 삶이 사람들에게 불균형하게 나누어지고 있다.

@강동경: 도둑맞은 내 삶이 온전히 내 것이었다면 부모님을 볼 때 미안한 마음이 좀 덜 했을까. 살모사를 잡기보단 기생충 신세를 면하고 싶은 게 솔직한 심정이다.

@차준호: 2020년까지 매달 17일마다 빠져 나가는 학자금 이자를 볼 때마다 착잡한 기분이 들곤 했어요. 어찌 시간 맞추어 그렇게 쏙쏙 채 가는지. 가만히 앉아 있어도 통장에서 이자 빠져 나가는 소리가 들린다니까요?

@김현진: "결국 지금으로선 부모 골수를 빨아먹으며 경쟁에서 버티는 게 부모나 자식 모두를 위해 훨씬 합리적인 선택이다." 빨릴 골수조차 없는 수많은 부모들이 있다. 요는 "빨지 않는 게 훨씬 합리적인 선택인 수많은 경우도 있다"이다.

@박윤아: 시립대생입니다. 가만히 있었는데 효녀가 되더라고요. 물론 입학 때부터 상대적으로 싼 등록금 덕에 효녀 소린 들었습니다만. 제가 다른 학교로 갈 가능성

더보기 ▼

이 남아 있던 이전에 엄마가 분명 그러셨어요. 당시 제가 목표로 잡았달까 우선순위로 희망했달까 하는 그 학교, '우리 윤아가 거기 붙으면 엄마가 플래카드 걸고 동네에서 춤을 추겠다'고 '등록금이 얼마건 가면 좋지'라고. 그래서 전 지금 효녀 소리가 좀 불편합니다. 사회가 매긴 순위로 더 높은 서열에 있는 학교를 갔어야 하나요, 현실적으로 경제적 부담을 덜어드려 조금이라도 더 수상해지지 않게 해드린 게 잘한 건가요. 모르겠습니다. 적어도 남들보다 용돈은 덜 쓰니 효녀라고 해야 할까요, 공부한다고 돈 안 벌고 있는 철없는 딸이라고 해야 할까요. 돈 앞에서, 또 자식 된 젊은이로서, 상대적인 의문점이 참 많습니다.

@박찬호: 부모님 등을 타고 살아가는 내가 부끄럽다. 하지만 내가 몇 년 뒤 부모님을 못 업어드릴까 봐 더 부끄럽다. 하지만 어쩔 수 없이 업고 업히는 관계라면 서로의 체온을 느끼는 상태이고 싶다. 이 부끄러움이 언젠가 부모님과 웃고 즐기면서 할 수 있는 무용담이 될 수 있기를 간절히 바란다.

@김선영: 수상해지고 싶지만 용기가 나지 않네요. 단지 제가 바라는 건 내가 장래 행복해지는 것일 뿐인데. 온전한 행복을 위해서 걸어갈 길이 마냥 아득해 보이는 것은 왜일까요? 문득 이 이유 없는 두려움 또한 도둑맞은 행복의 잔여물이 아닐까 하는 생각이 듭니다.

@김명진: 저는 지금 대학교 3학년입니다. 제 동생도 대학생이에요. 저희 집 경제사정은, 요즘 같은 시대에 어느 집이 안 그렇겠냐마는 제가 태어난 이래 최악이라고 합니다. 등록금이요? 다행히도 아버지가 공무원이시라 일단 연금재단에서 무이자로 대출받아 내고 있어요. 고시원비에 용돈까지 합치면 한 달에 70만~80만 원에 가까운 돈을 순전히 부모님께 받아 쓰고 있습니다. 어쩔 땐 더 쓰기

도 해요. 이번 학기에는 급기야 교통사고까지 나서 합의금에 치료비에 하니까 200만 원 가까이 나왔어요. 이것까지 부모님께 손 벌릴 수 없어서 급한 김에 대출까지 받았습니다. 부모님께 죄송하지 않느냐고요. 물론 죄송하죠. 그런데도 저는 효자는 못 되는 것 같습니다. 집안이 이렇게 힘든 상황에서 '부모님 골수를 빨아먹어 가며' 분에 넘치는 '대학 생활'을 하게 됐으면, '경쟁'에서 '도태' 되지 않기 위한 노력이라도 충분히 해야 하는데… 그러고 있지 않거든요. 그나마 군대에 있을 때 봤었던 토익 점수는 지난 달 만료돼 이번 학기 내 응시하지 않으면 다음 학기 장학금 신청 자격조차 없어집니다. 그래도 지난 학기에는 어찌어찌 요행으로 장학금이라도 받았지만, 이번 학기는 벌써부터 영 꽝입니다. 공부가 전혀 손에 잡히질 않아요. 시험기간인데도 형법 교과서는 사물함 한편에 처박아두고 학회 세미나 준비나 하고 있고 내년 학생회 준비 모임 같은 것이나 하면서 '낙오'와 '도태'로 가는 직행버스를 타고 달려가고 있어요. 그렇다고 부모님이 주신 돈을 절약해서 검소하게 잘 쓰냐 하면 솔직히 그것도 아닙니다. 그래도 나름 학생운동 해보겠다고 결심했는지라 1학년들 만나 술도 사먹여야죠, 학회 세미나 준비하면서 매주 프린트비, 회식비 등등만 1만~2만원씩 깨지죠, 가끔씩 친구들이랑 당구도 치고 PC방에서 게임도 해야죠. 처음엔 내가 먹고 이게 뭐하는 짓인지 하며 부모님께 죄송한 맘, 자책감이라도 들었는데 지금은 솔직히 적응이 됐다랄까요. 부모님께 죄송한 건 잠깐이지만 용돈 받아서 쓰면 부족하긴 해도 편하니까… 어차피 방학 말고는 아르바이트할 시간도 없으니까… 이런 생각으로 합리화하며 살고 있습니다. 학점, 토익, 스펙… 저도 압니다. 열심히 해야죠. 그런데 전 지금 저것들 말고도 하고 싶은 일이 너무 많습니다. 부모님 골수에서 나온 돈으로 호강해가며 제가 이렇게 살아도 되는 걸까요.

《수상한 고객들》이라는 영화 저도 봤습니다. 소장님이 제기한 문제의식, 저는

더보기 ▼

전혀 눈곱만큼도 가지지 못했었어요. 그래서 소장님 글을 보고 아차 싶었습니다. (감독이 이런 걸 의도한 것은 아니겠지만) 깜빡 속을 뻔했잖아요. 마치 비정규직 문제나 빈곤한 삶의 이유는 그 사람들이 마음을 삐뚤게 먹고 있어서, 노력을 열심히 안 해서인 걸로 착각할 뻔했어요. 희망은 분명 좋은 것이지만 거짓 희망은 오히려 좌절보다 나쁘다고 생각합니다.

@최잉여 : 뭐야…. 이 글 어려워….

잉여에게 여유를

대학생들과 교류하면서 겪는 고초 중 하나는, 거창하게 얘기하면 커뮤니케이션이고 간단하게 말해 어휘다. 내가 알고 있는 단어인데 약간 용법이 다른 듯한 느낌을 받는 것들은 그냥 나의 느낌으로 대충 우기지만, 새로운 단어는 외국어 배울 때처럼 하나하나 익히는 수밖에 다른 방법이 없다. (어휘는 그나마 나은 편이다. 핸드폰 문자로 전해지는 이모티콘은 해독 불능이다. 감출 만한 특별한 내용이 아니라 해도 핸드폰 문자 특유의 프라이버시 때문에 다른 사람에게 물어보게 되지를 않는다. 그렇다고 매번 '지식in'에 물어볼 수도 없는 노릇이고, 또 막상 물어보려고 해도 입력이 고통스럽기에, 이모티콘에 관한 한 약간의 오해를 감수하는 쪽을 택한다.)

'대박' 같은 정도는 난이도 '하'에 속한다. 보통 많이 접하는 용법은 거두절미하고 '대박' 하고 두 글자만 내뱉는 것인데, 이때 문자 언어로 설명하기 힘든 특정한 어조가 들어간다. 이 때문에 알아들은 것만으로 스스로 대견해하고 말아야지 호기롭게 직접 사용에 도전하는 건 위험하다. 어조뿐 아니라 적정한 문맥들이 '젊은 단어'의 활용에 개입하는 까닭에 '비문(非文)'으로 망신당하기 십상이다.

'대박'과 비슷한 정도의 난이도인 '쩐다'는 문맥에 따라 때로 상이한 의미로 쓰여 용례보다는 상황의 적합성에 신경을 써야 하는 단어다. "대단하세요!" 이런 입에 발린 소리에 현혹돼 '짱 쩐다' 같은 말을 날렸다간 갑자기 주변이 숙연해지고 조금 있다가 헛기침이 나오는 싸늘한 상황을 맞이하게 된다.

'잉여'라는 단어도 쉽지 않다. "요즘 잉여예요"라고 말할 때는, 내가 이해하기로는 일을 시켜도 된다거나 모임에 불러달라는 뜻이다. '쩐다'처럼 두부 자르듯 설명되지 않는 단어가 '잉여'다. 내 이해 범위 내에서는 대체로 부정적인 느낌이 강했다.

예컨대 '잉여인간' 같은 게 대표적으로 부정적인 용법에 속한다. '잉여인간' 같은 말에서는 부정적인 느낌을 넘어 공포까지 느껴졌다. 긍정과 부정 사이를 표류하는 잉여가치와 달리 잉여인간은 절대 부정이었다.

젊은 세대가 '잉여'에 신경과민인 까닭은 일찍부터 '잉여'의 실체에 직간접적으로 노출되어서다. 대학입시부터(사실은 이미 그 이전부터) 취업, 결혼, 출산, 집 장만, 자녀교육, 노후 등 우리 사회 구성원의 삶의 묶음이 '잉여'와 '비잉여'로 구분된 현상을 목격한 세대다. 철저한 상대평가를 특징으로 하는 혹독한 경쟁구도에서 단련됐기에 뒤처짐의 귀결을 생생하게 인식한다. 잉여는 버려짐인데, 우리 사회는 선택된 자와 버려진 자로 양분되는 곳이다.

이러한 양분은 물리적, 비물리적인 사회적 자산이 획일화된 기준에 따라 한곳에 몰려 있기 때문에 이 사회적 자산을 획득하려는 개인의 태도가 더불어 획일화된 결과다. 입국심사대에 비유하면, 늦은 저녁 시간대 단 하나의 심사대만 열어놓고 기나긴 한 줄을 세워놓은 형국이다. 이때 줄의 앞쪽에서 심사대를 통과하면 공항터미널에서 버스, 택시, 지하철 등 다양한 교통편 가운데 형편에 맞게 선택해 원하는 목적지인 집으로 무사히 돌아갈 수 있다. 반면 줄의 뒤쪽에서 심사대를 통과하게 되면 대중교통은 끊겼고, 만일 주머니 사정이 넉넉하지 않다면 그날 밤 귀가하지 못하게 된다. 공항 대합실에서 '잉여'가 되어 쪽잠을 자는 수밖에 없다.

비유지만 현실이라고 크게 다르지 않다는 사실을 우리는 알고 있다. 공항

입국심사대 비유가 나름대로 적절해 보이는 측면은 비행운송 시스템이 계급적이라는 데에서 찾을 수 있다. 공항에서는 지위나 학식 같은 건 상관없고 돈이 절대 계급이다. 대중교통만 해도 경로 우대 같은 사회적 약자를 위한 배려가 존재하지만 공항에서는 돈의 위력만이 발휘된다. 1등석이나 비즈니스석을 끊은 승객은 탑승 전 라운지부터 이코노미석 승객과 달라진다. 비행기에 먼저 타고, 내릴 때 먼저 내리고, 짐도 먼저 나온다. 당연히 비유로 든 한 줄로 서는 입국심사대라면 1등석이나 비즈니스석 승객이 심사대를 빨리 통과해 비교적 이른 시각에 집에 도착하게 된다.

   1등석이나 비즈니스석을 이용한 승객이 포근한 잠자리에 몸을 누인 그 순간 이코노미석에서 내린 승객들 중 일부는 공항의 '잉여' 신세가 될 터이다. 현실에선 입국심사대가 여러 곳 열린다는 항변에도 불구하고 우리 사회에서 매 단계마다 구조적으로 '잉여'를 배출하고 있다는 의심을 거두어들이기는 힘들다.

   획일화되고 단순화한 구조에서 이득을 취하는 세력은 도둑 집단이다. '잉여인간'을 배출해놓고 '잉여가치'를 챙겨간다. 비정규직과 관련해 여러 가지 쟁점이 있지만 제일 이해하기 힘든 점은, 어떤 사업장들에선 비정규직이 정규직과 동일 숙련도로 동일 노동을 하는데 정규직보다 낮은 임금을 받는 모습이다. 이때 비정규직 노동자가 받아가지 못한 가치는 본질상 '비잉여'인 비정규직 노동자에게 자본가가 '잉여'라는 지위를 강제로 부여하면서 약탈한 것이다. 노동시장 유연화를 명분으로 '비잉여의 잉여화'가 급속하게 진행되면서 많이 둔감해졌지만 최소한 '동일 노동'에 대해서만은 어떤 논리로도 이 약탈을 정당화할 수 없다. 이 '잉여가치'가 마르크스가 말한 고전적 잉여가치와 개념상 상이한 것이긴 하지만 노동의 산출물에서 노동자를 소외시킨다는 소외의 관점만은 동일하다. '잉여'는 적극적으로 대항하든 수동적으로 받아들이든, 젊은 세대가 소외를 인식하는 방식이다.

'아싸'는 조흥구를 연상시키는 발음과 단어 의미의 상반이 극적인 소외를 빚어내고 있어 '잉여스런' 단어의 전형이라 할 만하다. '아싸'는 '아웃사이더'를 줄인 말이다. 젊은 세대는 '아싸'에 문제의식을 갖고 있지 않아 보인다. 아르바이트 중에 유명을 달리한 시립대생 황승원 씨도 '아싸'였다. 황씨 같은 '아싸'는 자발적 '아싸'다. 타율적 '아싸'가 있다 해도 그 '아싸'는 '아싸'인 상태를 괴로워하지 않는다. 준거가 집단에 있는 왕따와 달리 '아싸'는 준거가 개인에게 있기 때문이다. 같은 맥락에서 고독은 준거가 집단에 있는 자발적 '아싸'라고 할 만하다. 타인을 의식하는 '아싸'와 철저하게 자신에게 침잠하는 '아싸'는 다르다. '아싸'는 낭만적이지 않다. '아싸'는 절대 고립이다. 386세대에서 집단주의에 대해 미묘한 긴장 속에 균형을 추구한 개인주의와는 전혀 다르다.

'여유'는 '잉여'와 얼핏 크게 다르지 않은 말처럼 비춰지지만 과거 세대의 단어다. 이미 화석화한 단어다. '잉여'에겐 '여유'가 없다. 또한 '여유'는 '비잉여'의 미덕이다. 젊은 세대의 상당수를 '잉여'로 '쩔다'가 '쩌리'로 마감하도록 사회를 설계한 이들을 찾아내 잘못을 바로잡지 않는다면, 우리 미래는 어둡다. 혹시라도 '쩌리'의 자식들이 향후 마찬가지로 '잉여'로 '쩔다'가 '쩌리 주니어'의 길을 걷게 되는 상황만을 예상한다면 오산이다. 누군가는 "'쩌리'에는 '쩌리'의 길이 있다"며 '쩌리'와 구별되는 '비잉여'의 여유로움을 만끽하느라 여념이 없을지 모르겠지만 방심은 금물이다. '잉여'를 양산하다 보면 '비잉여'가 '잉여'에 포위될 가능성은 늘 존재한다. 극복할 수 없는 구별을 철폐하지 않는 한 그런 사회는 언젠가는 사회 자체가 몰락하고 만다. 역사에 수많은 교훈이 있지 않은가.

진짜 '쩌리'는 '잉여'가 아니라, '잉여'를 양산하는 사회다.

실시간 댓글

@유정환 : 요즘 젊은이들의 어휘 사용 방식에서 사회의 문제적인 구조를 착안한 글의 전개 방식이 굉장히 흥미롭다. '잉여'라는 표현을 즐겨 쓰면서 내가 잉여인간이라고 느끼는 것에 대해 자책을 했으면 했지 사회의 탓이라고는 생각해보지 않았다. 오늘도 난 잉여인간을 벗어나려고 애쓰고 있지만 예전처럼 그 노력이 마냥 힘들지만은 않다. 내가 가끔 '잉여' 같다고 느끼는 이유가 꼭 나 때문만은 아님을 이 글을 읽고 깨달았기 때문이다.

@이상은 : 우리는 '짱 쩐다'보다는 보통 '개 쩐다'라고 쓴다. '잉여'는 일상을 나름 채워 고만고만 열심히 살아가고는 있지만 누군가 나보다 더 열심인 사람이 있어 난 비교적 안일하다는 뜻 정도로 풀이된다.

@소다영 : 정말 잉여처럼 살고 싶지만 이 사회의 잉여가 되고 싶진 않다.

@김민지 : 내겐 공허한 시간이 참 어렵다. 일, 공부와 인맥 관리 등으로 바쁜 나날을 보내는 것에 익숙해져 있기 때문에 게으르게 텔레비전을 보는 방법을 모른다. 무한 경쟁 사회는 그것을 '바람직한 것'이라고 인식하지만, 난 그것이 인간을 나약한 존재로 만든다고 생각한다. 수많은 사회적 기대치에 부응하기 위해 삶의 시간을 나를 정형화시키는 데에만 쏟아붓다가는 자신을 잃어버리기 쉽기 때문이다. 자신을 잃어버렸다는 것은 '나'에 대해 알지 못한다는 뜻이고, 그것은 곧 자기애의 결여를 의미한다. 홀로 태어났는데 자신을 사랑할 수 없으면 타인에게서 인정받거나 사랑받는 것으로 자신의 가치를 평가하게 된다. 이 경우, 돈과

스펙, 좋은 학점 등이 더더욱 절실해지는데, 인간의 욕심은 끝없는 것이어서 절대로 사회의 기대(social expectation)와 자신이 만들어낸 평가의 잣대를 만족시킬 수 없다. 결국, 일과 공부, 혹은 '나는 왜 이렇게 못났을까'라는 생각으로 자신을 채찍질하고, 더더욱 일과 스트레스로 자신을 괴롭힌다. '자기를 잃음'과 '자기를 지치게 함'의 악순환이다. 난 오늘도 '가만히 앉아 있기'를 연습한다. 나의 가치가 타인의 가치가 되기보다는 내 안에서 우러나오는 것이기를 원하기 때문이다. 하지만 5분도 채 안 되어 못 다 마친 과제 생각에 불안해지는 것은 내가 통제할 수 없는 사회화의 부산물일까?

@유정미 : 잉여가 되고 싶지만 잉여가 되기는 싫다. 이것은 경쟁 없는 삶에 대한 소망이자, 사회로부터의 소외에 대한 일종의 공포감일지도 모른다.

@황혜현 : 잉여는 여유롭고 싶다! 다만 자신이 상황을 방관할 뿐. ㅠ.ㅠ

@윤송이 : 지금 내가 '잉여'다. 하루라도 게을러지면 불안하다. 그렇다고 내가 부지런하게 살고 있는 건 더더욱 아니다. '취준생'에 '반백수' 휴학생이니 그래야 되는 게 당연하겠지만… 언제쯤 잉여 탈출이 가능할까.

@윤지애 : 여유를 갖고 싶어서 '자발적 잉여'인 휴학을 택했는데, 막상 휴학을 하니 바쁘게 사는 다른 친구들과 비교를 하며 끊임없이 불안감을 느꼈다. 그래서 결국 알바와 영어 스터디를 시작, 잉여인간을 원했건만 결국 비잉여적 일상을 살고 있다. 휴학 전에 꿈꿨던 나의 '잉여로운' 삶은 어디에!

@전지영 : 우리에겐 여유가 없다. 아니 여유를 가지면 안 된다. 항상 스케줄은 빡빡하게

더보기 ▼

다이어리는 꽉꽉 채워놓아야 내가 제대로 살고 있다는 생각이 든달까.

@김다슬 : 왜 그런지 모르지만 다른 사람에 비해서 잉여라는 말에 거부감을 많이 느끼는 것 같다. 나뿐만 아니라 다른 사람에게도 잉여라는 표현이 사용될 때, 특히 누군가 스스로 자신을 잉여라고 하면 왠지 화가 나고 씁쓸해지는 건 잉여에 대한 무의식적인 두려움 때문인가?

@한민정 : 현재 사회 구조는 '비잉여'의 사람들을 '잉여'로 만들어가고 있다. '잉여'의 목소리이기에 크게 귀 기울이지 않는다. 그들의 이야기는 담론이 되지 않고, 그저 시끄러운 소음으로 간주될 뿐이다. '비잉여'의 사람들이 '잉여'인 사람들의 생활을 공감하지 못하는 것은 그들이 진정한 '잉여'가 되어 보지 못했기 때문. '자발적 잉여'가 '여유'가 되고, '강제당한 잉여'는 도태가 된다. 현재 20대의 눈에 '자발적 잉여'가 사치처럼 들리는 까닭은 우리 대부분은 사회에 존재해선 안 되는 사회의 비생산적 잉여로 남아 있는 까닭이다. 도둑질당한 삶은 그렇게 우리의 자존감마저 무너뜨린다.

@강동경 : 우리가 원하는 '잉여로움'은 자기가 하고 싶은 일을 할 수 있는 여유이지 시장에서 배제된 '잉여'는 아닐 것이다. 20대에게 여유를! 잉여에게 기본소득을!

@이현목 : 새롭게 의미가 부각된 '잉여인간'이라는 표현들을 통해 어떠한 과정을 통해 의미가 부각되었는지 설명해주는 것 같다. 이 역시 사회가 낳는 부조리한 현상들로 인해 생기는 하나의 폐해라고 생각된다.

@차준호 : 기업들은 '잉여 마케팅'으로 '잉여'를 통해 끊임없이 '잉여이윤'을 얻는다. '잉여'는 소비를 통해 잠시 '잉여'에서 벗어난 기분이 들어 만족하지만, 정신을 차리

면 다시 '잉여'로 돌아와 '잉여잉여'하고 우는 세상.

@박윤아 : 잉여는 정말 '무엇도' 하지 않는 상태의 절대적 잉여와 뭔가를 하는데 그게 사회적 기준에 따라 잉여질로 분류되고 마는 상대적 잉여가 있지 않을까 싶네요. 내가 하고픈 일, 보내고 싶은 시간이 난 여유라고, 생산적이라고, 꼭 그렇진 않더라도 나름의 의미를 부여한 것인데 누군가 '너 뻘짓 하네. 잉여냐', '쓸모 있는 일을 경제적으로 하란 말이야'라고 면박을 준다면 순간 '나는 누구, 여긴 어디'라는 '멘붕'이 오고 만다. 결과적으로 어떤 위치에서고, 무엇을 맡고 그런 상대적 해석뿐만 아니라 그냥 삶 속에서 내 시간까지도 사회의 기준에 맞춰 채워져야 '잘 살았다'가 되는 것 같아 갑갑합니다.

@박찬호 : 잉여에게 왜 여유가 없나. 그러한 잉여의 용법은 우리를 옭아맬 뿐이다. 스스로 외치자. 나는 잉여. 나는 내가 잉여여도 행복한 삶을 살고 싶다.

@김선영 : 경쟁사회. 우리 사는 사회를 나타내는 키워드 중 하나다. 나는 그 속에서 승리자로 기억되고자 고군분투하는 이 시대의 용감무쌍한 젊은이. 내가 특별하고 우월하다는 것을 인정받기 위해서 나는 끊임없이 삶의 미로 속을 헤맨다. 좋은 경험이라는 포장의 한편에서 슬그머니 스펙의 잣대를 들고 나와 이리저리 재보는 내 모습을 부끄러운 척하고 싶은 마음은 없다. 나에게 가장 중요한 요소는 자신을 어떻게 채워 나가느냐 하는 것이었다. 오직 스펙만을 위한 삶을 산 것은 아니지만 내가 바라는 이상적인 자신의 모습을 설정해놓고선 그 틀에 충족되는 모든 것을 갖추고자 했다. 그게 잘되고 이기는 삶이라고 생각했다. 실제 무엇에 이기고자 하는지는 아직까지도 잘 모르겠다. 그러나 그 치열함 속에 나는 안정감을 느꼈다. 어쩌면 내가 살아 있는 의미를 그 속에서 찾고자 했

더보기 ▼

는지도 모른다. '나는 무엇을 했고 어디를 다녔고 어떤 사람들을 만났었다'와 같은 요소들이 내가 얼마나 괜찮은 인간인가에 대한 증명이라고 생각하고 있었다. 잉여인간이라는 소리를 듣는 것 자체가 내게 얼마나 무섭고 두려운 일인지 모른다. 이 레이스의 끝에는 무엇이 나를 기다리고 있을까?

@최잉여 : 이건 저를 부르는 글인가요? 안녕하세요, 《월간 잉여》 발행인입니다. 본래 '잉여'의 사전적 의미는 '나머지'였습니다. 요즈음에는 본래의 뜻대로 쓰이기보다 거의 '잉여인간'의 줄임말로 쓰이고 있습니다.

잉여인간이란 각종 조직에서 쓸모 있는 산업역군들을 데리고 간 후, 어느 조직에 소속되지 않은 채 우두커니 남아 있는 존재들이라 할 수 있겠습니다. 사회의 기준에서 보면 '쓸모없는 인간'이죠. 여기서 파생된 단어로 '잉여질'이란 것이 있는데, 이는 '쓸모없이' 시간을 쓴다는 것입니다.

사회에서 쓸모없다고 판별받는 사람들, 쓸모없이 시간을 쓰는 사람들. 《월간 잉여》는 이들을 대상으로 합니다. 그들에게 말합니다. "너는 혼자가 아니야." 《월간 잉여》는 다양한 잉여인간(이하 '잉여)들의 삶, 패션, 가치관, 취향을 진열할 것입니다. 이를 통해 잉여 독자들은 킬킬대기도 하고, 위로받기도 할 것입니다. 사회가 잉여를 소외했다면, 잉여들끼리 서로를 보듬어주는 것은 어떻습니까? 잉여라고 해서 사랑을 모르겠는가. 내 가슴에 와닿던 네 진심의 뜨거움. 잉여라고 해서 왜 모르겠는가. 《월간 잉여》에 사랑과 관심 부탁드립니다.

'뒤통수 미인'은
어떤 얼굴 표정을 지을까

YeSS 출신으로 현재 인터넷기업에서 일하는 B군(사회학)은 활동 당시 달변으로 유명했다. 나에게는 술자리에서 학생들에게 짧은 연설을 시키는 악취미가 있는데, 총명한데다 지적인 호기심이 넘치는 B군은 나의 악취미를 선용한 사례에 속한다.

B군은 자기 차례가 되면 잠시 당황한 모양새를 취하다가 곧 바로 연설 모드로 변신해 반드시 명언이나 고사를 인용하며 담화를 멋지게 마무리 짓곤 했다. 짐작컨대 고사나 명언은 모임에 참석하기 전에 미리 준비한 게 분명했지만, 본인은 그 자리에서 생각났다고 우겼다. 내 입장에서는 준비한 것이나 우기는 것이나 모두 귀엽기는 마찬가지였다.

B군이 들려준 바로는 나에게 나만의 인재 분류법이 있다고 한다. 기억하지 못하다가 B군 얘기를 듣고 나서야 "내가 한 얘기야?"라고 물었으니 대충 지나가는 말로 던졌음 직하다. 총명한 B군이 허투루 흘려버리지 않고 새겨들었던 모양이다.

어쨌든 인재의 첫 번째 유형은 앞모습이 예쁜 사람으로 B군 같은 타입이라고 한다. 그처럼 총명하고 일 잘하고 말귀가 통하는 인재로 윗사람이 좋아한단다. 두 번째 유형은 뒤통수가 예쁜 사람이다. 앞모습에서 별 감흥을 못 받았지만 돌아서서 멀어지는 뒤통수가 어쩐지 예쁘게 보이는 유형이다. 사회나 조직에서 성공할 가능성이 높은 인재형이다. (상대에게 화를 유발하는 앞모습이라면 어차피 뒤통수가 예쁘기는 힘들겠다) 세 번째 유형은 앞모습이 예쁜데다 뒤통수까지 예쁜 사람이다. 세 번째 유형에 해당하는 친구가 한두 명 있었다고 한다.

　물론 앞모습과 뒷모습이 모두 별로이거나 특별한 인상을 남기지 못하는 사람도 있다. 앞모습과 뒷모습을 기준으로 분류하자면 세 가지 유형 외에 더 분류할 수 있겠지만 나쁜 구간에서 굳이 단계를 나눌 필요까지 있을까. 하여간 인재는 B군이 설명한 세 유형 중 하나라고 보면 된다. 여기서 인재는 어떠한 의미에서든 사회적 인재라고 할 수 있으며, 그렇다면 쓰임을 전제로 하기에 인재라는 규정에는 관계가 이미 내포되어 있다. 무인도에 고립된 사람은 천재이든 바보이든, 그는 그저 로빈슨 크루소로 통칭될 뿐이다. 사회적 인재가 아닌 인재는 드문 예외를 제외하곤 인재가 아니다.

　'예쁜 앞모습'과 '예쁜 뒷모습'을 처세술로 이해하면 곤란하다. 오히려 상호 이해를 바탕으로 한 서로에게 유용한 관계의 기술로 봐야 한다. 관계 몰입이 타인과 소통을 모색한다면, 처세는 타인의 착시를 기도한다. 또한 처세는 자신만의 유용을 추구한다는 점에서 분명한 차이점을 드러낸다. 하지만 회사생활에서는 이 차이를 식별하기가 간단치 않다. 어느 정도 내공이 쌓여야 식별이 가능하다.

　깊은 무공을 쌓을 만큼 구성원들의 나이가 많지 않아서이겠지만 YeSS에서는 소통 모색인지 착시 기도인지 금세 구분해 낼 수 있다. 처음부터 찍혀 활동기간 내내 내게 미움을 산 M군(경제학, 여)은 뒤통수에 문제가 있었다. 천진난만한 성격 탓이라고 할 수도 있고, 관계의 문맥에 어둡다고 할 수도 있다. 나도 겪은 바이지만 남의 눈 밖에 나는 건 순식간이고 대개 사소한 이유에서다. 너무 사소해서 눈 밖에 나는 당시에는 이유를 짐작조차 하기 힘들 정도다.

M군은 활동을 시작하고 곧바로 간 전체 MT에 불참했다. 물론 M군 말고 몇 명이 더 MT에 오지 않았지만 (거짓말일 수도 있겠지만) 다 납득할 수 있는 이유를 댔다. 예컨대 M군과 같은 학교에 다니는 J군(국문과, 여)은 봉사활동하는 곳에서 만난 외국인 노동자와 소풍 약속이 있다고 했다. 미리 잡힌 약속인 데다 외국인 노동자와 약속을 깨고 싶지 않다는 해명이 가상했다.

M군의 약속도 미리 잡힌 것이기는 했다. 우리 MT 다음날 학과 MT가 예정되어 있었다. 장소가 비슷해서 우리 MT를 마친 다음에 학과 MT를 가면 되겠다고 생각했지만, M군은 부득부득 우리 MT를 빠지고 학과 MT를 가겠다고 했고 실제로 그렇게 했다.

이때까지는 약간 못마땅한 정도였지만 이후 진짜 불참 동기가 밝혀지면서 M군에게는 미운털이 박히게 된다. 여대인 M군의 학과 MT가 다른 대학 남학생들과 함께하는 조인트 MT였던 것. 미루어 짐작컨대 최상의 외모 상태로 어장(漁場)에 다가가기 위해 M군이 전날 우리 MT를 포기하지 않았을까. 짐작이 사실인지 본인에게 확인하지 않았지만, 많은 사람들이 이 이유를 진짜 불참 동기로 받아들였고 나도 동의했다.

사실 한 번 웃고 넘길 수 있는 사안이었다. B군에게 그랬던 것처럼 M군을 귀엽게 볼 수 있었다. 차이를 논리적으로 설명하기는 힘들지만 하여간 현실에서는 그렇게 되지 않았다. 이유를 대자면 M군이 내 눈 밖에 난 데에는 그 밖에도 사소한 여러 가지 사건이 중첩됐기 때문이었다. 그러나 이렇게 생각할 수도 있다. M군에 대한 최초의 주목이 없었다면 이후 못마땅한 여러 사건들이 연달아 나의 눈에 띌 수 있었을까. 관계에서도 나비효과가 존재하기에 최초에 어떤 일격이 있었느냐에 따라 이후 전개 상황이 달라지고 그 가짓수는 우리의 인지한계를 벗어난다.

　관계의 첫 단추가 잘못 꿰어진데다 M군과 나 사이에는 잘못 꿴 단추를 풀고 다시 꿸 시간이 없었다. 활동을 마칠 때까지 M군은 미운털이 박힌 채였고, 미운털을 달고 YeSS를 떠났다. 그렇다고 M군에게 박아놓은 미운털이 지금까지 나의 마음속에서 자라고 있는 것은 아니다. YeSS 활동과 관련되어 생긴 미운털이기에 YeSS 활동이 끝나면 자연스럽게 미운털이 소멸된다.

　Y군(사회학, 여)은 뒤통수가 예쁜 사례에 해당한다. 모두 같은 학교에 다니는 M군, J군, Y군 가운데 Y군은 가장 눈길이 가지 않은 학생이었다. 뽑을 때 Y군에 대해서는 특별한 의견을 피력하지 않았다. 지원서와 면접에서 별로 기억에 남는 게 없었기 때문이다. 다소 소극적인 성격 탓에, 즉 앞모습이 예쁘지 않아 선발에서 탈락할 뻔했지만 한 친구의 반론으로 탈락을 모면했다. 입사면접에서도 동일하겠지만, 앞모습이 예뻐서 뽑히는 사람이 있다면 뒤통수가 예뻐서 뽑히는 사람도 있다. 불행히도 Y군은 둘 다 아니었다.

　하지만 지금 Y군은 누구보다도 예쁜 뒤통수를 자랑하는 YeSS의 인재가 됐다. 활동하면서 나에게 자주 뒤통수를 보여주었고, 결국 예쁜 뒤통수라는 사실을 인식시켰다. 예쁜 앞모습에 기대했다가 실망하는 것에 비해 Y군은 앞모습은 물론 뒤통수도 주목받지 못한 가운데 반전을 만들어냈기에 더 기대를 모으게 된다.

　어느 정도 나이를 먹으면 자기 얼굴에 책임을 져야 한다고들 말한다. 젊은 날에는 이 격언을 100% 수긍하며 장차 '충분히 책임진' 자신의 얼굴을 상상할 터이다. 하지만 어느 정도 나이를 먹은 사람들 사이에서 '충분히 책임진' 얼굴을 찾기는 쉽지 않다. 마주 보기에 불편한 얼굴이 훨씬 더 많다. 그러니 아직 젊은 대학생들에게서 책임진 얼굴 표정을 찾는 건 과도한 희망사항이겠다. 다행인 것은 마주 보기에 불편한 얼굴은 적다는 점이다.

개인적으로 20대의 얼굴에서는 '충분히 책임진' 모습보다는 분노, 열정, 패기 등 다양한 향로(向路)를 보고 싶다. 젊은이들에게 틀이 잡힌 표정은 아직 이르다.

하지만 뒤통수는 좀 다른 얘기다. 뒤통수에는 표정이 없고, 따라서 나이가 없다. 응당 나이를 불문하고 뒤통수는 뒤통수일 뿐이고, 젊은이들에게도 당연히 예쁜 뒤통수와 그렇지 않은 뒤통수가 있을 법하지 않은가.

어려서 '예쁜 앞모습'이 반드시 '충분히 책임진 얼굴'로 성장하는 것은 아니다. 또한 '예쁜 앞모습'이라고 '마주 보기 불편한 얼굴'이 되지 말란 법은 없다. '예쁜 앞모습'과 '충분히 책임진 얼굴' 사이에는 깊은 상관관계가 없다는 얘기다. 상관관계는 오히려 '예쁜 뒤통수'와 '충분히 책임진 얼굴' 사이에서 찾아야 한다. '예쁜 뒤통수'는 소통을 모색하는 관계지향 인간에게서 공통적으로 나타나는 현상이다. 상호 이해와 쌍방 유용(有用)은 '뒤통수 미인'이 되는 비방이다. '일방적' 태도로는 '예쁜 앞모습'을 가장할 수 있을지언정 '뒤통수 미인'이 될 수는 없다.

도둑들이 만들어낸 세상은 관계를 처세로 대체하도록 강요한다. '관계 몰입'이 아닌 '관계 약탈'의 세계관이 지배하는 세상이다. '예쁜 앞모습'도 '예쁜 뒤통수'도 장차 '충분히 책임진 얼굴'이 되는 데 필요한 자산이다. 하지만 한쪽 면만으로는 안 된다. '예쁜 앞모습'에 전력투구하는 자세는 매우 위험하다. 우리는 항상 누군가에게 등을 보이며 살 수밖에 없는 존재다. 인간의 삶은 동전과 마찬가지로 앞면과 뒷면의 종합이다.

도둑들이 만들려고 하는 세상은 '뒷면 없는 동전'과 같은 세상이다. 얼마짜리 동전인지를 파악하는 것으로 족하다. 인간은 '얼마짜리'로 유통되는 동전과 동일한 상품일 수 있겠지만 동시에 '무엇인가'로 관계하려고 발버둥치는 동전 이상의 존재이기도 하다.

꼭 도둑들을 의식하지 않더라도 자본주의 사회에서 인간의 존엄성을 모색할 수 있는 현실적인 방법은 앞면과 뒷면의 조화다. "어정쩡한 양시론(兩是論) 말고 하나만 고르시오"라고 나를 다그친다면, 나는 (지금 골라서 되는 일인지는 모르겠으나) '뒤통수 미인'이 되는 길을 택하겠다. 성공한 인생보다 행복한 인생에 주력하고 싶은 사람이라면 나와 같은 선택이 유리하지 싶다. 더 정확히는 '뒤통수 미인'이 덜 실패하고 덜 불행한 인생을 살 확률이 높아 보인다. 가끔 보이지 않는가. 어떤 사람의 뒤통수가 나를 보며 미소 짓는 모습이.

실시간 댓글 ↻

@김지연 : 1. 뒷통수 미인 Y군의 행동이나 일화를 소개해준다면 좋겠다. 2. 앞통수 미인과 뒤통수 미인 모두 그것을 명명하는 사람과 '코드'가 통하는 사람이어야 한다고 생각한다. '코드'가 통하지 않으면 아무리 '예쁜' 사람이라도 예쁘게 보이지 않고 눈에 들어오지 않는다. 예전에는 앞통수, 뒤통수 모두 다른 사람에게 잘 보이고 싶어 했다. 지금도 그런 마음은 변함없지만 모두에게 좋은 사람으로 기억될 수 없다는 것을 이제는 어느 정도 받아들이고 그냥 편하게 '나답게' 행동하려고 한다. 나와 코드가 맞는 사람이라면 날 예쁘게 받아주겠거니 싶어서 3. 벌써 YeSS에 합격한 지 한 달이 훌쩍 지났다. 2주에 한 번 기사 쓰는 것에 정신이 없었는데 이제는 예시안(YeSSian)들과의 소통, 관계 몰입에 더 신경을 써야 겠다는 생각을 했다. 1년이라는 시간이 결코 긴 시간이 아니기에. (내 저질체력을 파워체력으로 바꿔놓는 노력도 함께 ㅠㅠ)

@서지현 : 나도 나만의 인재(?) 분류법을 가지고 있다. 인재 분류법이라기보다는 내가 좋아하는 사람. 그걸 '뒤가 구린 사람'이라고 표현한다. 언제나 진지한 이야기만 할 수는 없기에 어떤 사람이 정말 '생각'을 하며 살아가는지를 알기 쉽지 않다. 다만 순간순간 내뱉는 한마디가, 그냥 그 자리에서 즉석에서 나온 말이 아니라 '뒤'에서 수많은 사유와 고민 끝에 내린 자신의 사상이 들어간 한마디인 그런 사람들이 있다. 난 그런 사람들이 좋다. 그리고 지연 언니의 '코드' 이야기에 공감한다. 진짜로 '예쁜지 안 예쁜지'의 여부는, 결국 그들을 바라보는 시선에 의해 규정되는 게 아닌가 싶다. 다만 누군가에게 인정을 받고 안 받고를 떠나서 내가 되고 싶은 사람은 '뒤통수 미인'이다.

@소다영 : 항상 떠난 자리가 아름다운 사람이 되라. 늘 마음에 새겨왔던 말이다. YeSS 내에서도 뒤통수 미인이 되기 위해 뒤통수를 잘 다듬어야겠다.

@김민지 : 뒤통수를 위한 미의 기준은 무엇인가? 지배 권력에 복종하기 위해 자신의 욕구를 절대 배제하는 것인가? 사회의 정형화된 일부가 되기 위해 자신을 지우는 것인가? 아니면, 상대의 기대에 부응하기 위해 온몸을 쥐어짜는 것인가? 미의 기준은 매우 주관적이다. 아직 나의 자기철학이 먹음직스런 사과처럼 영글려면 한참 멀었으므로 뒤통수의 미학이 조금 어렵게 느껴진다. 또, 그 뒤통수가 그리 아름답지 않은 여학생이 어떠한 활동을 얼마나 열심히 했는지에 대한 자세한 정보가 전혀 없기 때문에 '나는 저 여학생처럼 되지 말아야지'라거나 '분명 게으른 사람일거야' 라고 섣불리 판단하는 행동은 삼가겠다.

@최잉여 : 뒤통수 안 예쁜 사람은 머리라도 바짝 자르고 다니자. 머리채 잡힐 일 없도록.

@민혜원 : 생각을 해봤다. 나는 앞통수가 예쁠까, 뒤통수가 예쁠까. 흠 앞통수는 물론이거니와 뒤통수도 예쁘지 않다. 실제로 나의 뒤통수는 달에 운석이 떨어진 듯이 푹푹 파여 있다. 나이를 한 살 두 살 먹으면서 인간관계나 일을 하는 데 있어서 기본적으로 고쳐야지 생각한 게 몇 가지 있었는데 아직도 고치지 못하고 그 문제점이 더 크게 보이는 것 같다. 아 초조하다. 못생긴 놈으로 기억되고 싶지 않은데. 오늘부터라도 뒤통수가 예뻐질 수 있게, 그런 사람으로 남을 수 있게 뒤통수 구멍을 메워가야지.

@이상은 : 나는 앞모습이 예쁜 사람일까, 뒤통수가 예쁜 사람일까, 둘 다일까, 둘 모두 아닐까. 내 눈에는 도통 보이질 않아 누가 좀 알려줬으면 좋겠다.

@유정미 : 솔직히 두렵다. 객관적으로 내 자신을 바라볼 수 없다는 것을 아주 오래전부터 알고 있기에 내가 어떤 타입에 속하는 인간인지 잘 모른다. 나는 앞모습이 예쁜 사람일까, 뒤통수 미인일까 아니면 둘 다 해당되지 않는 사람일까. 이후에 누가 나를 어떻게 이야기하든 참 어렵고 두려운 문제다.

@권효정 : 갑자기 내 앞통수와 뒤통수가 따가워지는…

@윤송이 : 순간순간 스쳐왔던 많은 사람들이 떠오른다. 그들은 내 뒤통수를 어찌 기억하고 있을지. 아름답지 못한 뒤통수로 기억될 바에야 차라리 나를 기억하지 못하는 편이 좋겠다. 세상은 좁으니 말이다.

@황혜현 : 대학생인 나는 내 뒤통수에게 미안하다. 항상 불편한 모습을 했기 때문이다. 앞으로는 내 뒤통수를 위해 관리를 해야겠다. 머리도 잘 감고, 잠자고 일어나서 빗질도 열심히 하고 말이다. 미안해 나의 뒤통수.

@윤지애 : 뒤통수 미인이 되려면 초반에 '앞통수 미인'에게만 쏠리는 관심을 참아내고, 엉덩이 붙이고 끈덕지게 자신의 역할을 해내는 것이 포인트인 것 같다. 뒤통수 미인은 나중에 누군가 알아봐주긴 하지만 그러기에 걸리는 시간이 좀 오래 걸리는 것 같다.

@김다슬 : 착시보다는 소통을 모색하는 사람이 되고 싶다.

@강동경 : '안 보면 그만인 사람'에게 함부로 대했던 기억을 돌이켜보면 늘 씁쓸한 감정이 든다. 안 봐도 되는 사람은 많지만 '그만'이 쉽지 않더라. 그들도 내 뒤통수

더보기 ▼

@정수지 : 그 뒤통수, 뒷모습이 나이 들면 앞으로 오겠지? 40세가 넘었을 때의 나의 얼굴이 갑자기 궁금해졌다. 탐욕스럽지 않은 온화한 아줌마의 얼굴이면 좋겠는데…

@차준호 : '관계에서의 나비효과'에 깊이 공감합니다. 나비가 태풍으로 변하기 전에 끊임없는 소통이 중요하겠죠?

@김선영 : 가끔 바쁜 일상을 살던 중 시커먼 내 내면과 마주치게 될 때가 있다. 어쩌면 이를 인정하느냐 하지 않느냐 하는 문제가 내 예쁜 뒤통수 성형법 중 하나가 아닐까 하는 생각을 해본다.

@배진범 : YeSS 내에서 뒤통수 안 이쁘기로는 제가 '탑클래스'가 아니었나 생각이 듭니다. 동년배들은 제 뒤통수를 볼 수 없었겠지요. 예전에는 위아래가 없는 사람이었는데요. 소장님 산하 수개월간 수련 때문에 직언하지 않는 법을 많이 배웠습니다. 천성이 직구인지라, 가끔 불쑥 튀어나올 때에도 그동안 쌓아온 변화구가 있었던 탓에 잘 넘어가고 있습니다. 이러한 것들이 쌓여서 제 뒤통수를 차츰 차츰 예쁘게 하고 있습니다. YeSS 생활 끝날 때쯤이면 뒤통수 많이 이뻐졌다고 해주신 적이 있는데요. 놀랐습니다. 생활 태도의 변화가 소장님 같은 고수에게는 금방 탄로가 난다는 생각이 드니까요.

경제적으로 저를 조이던 것들을 조금씩 해결하니, 무엇을 해야 할지 보이기 시작했습니다. 지금까지 내가 꾸었던 것이 내 꿈이 아니라는 생각입니다. 너무 바보처럼 살았습니다. 사회화된 바보로…. 고맙습니다. 소장님을 만나지 않았더라면, 전 없는 형편에 아직도 사회화된 바보로 살고 있을지도 모르겠습니다.

가르침 더 새기도록 하겠습니다.

@박찬호 : 뒤통수가 예쁘다는 건 스스로 나에게 충실했다는 것.

마음의 공터를 찍으면
어떤 사진이 남겨질까

현대인이 기민하게 적응해서 그렇지 작금의 정보기술(IT) 변화 속도는 옛 인류가 상상조차 하기 힘든 것이다. 컴퓨터 기록저장매체만 해도 플로피 디스크를 쓴 지 얼마 안 된 것 같은데, 디스켓을 거쳐 CD로 갔다가 지금은 USB가 보편화했다. 아예 기록저장매체를 휴대하지 않고 유선이나 무선 인터넷 서비스 사업자가 제공하는 사이버 저장공간에 넣어놓고 다니는 사람도 많다.

같은 기록이란 점에서 사진도 비슷한 변천을 겪고 있다. 21세기 초로 가면 너무 아득하고, 내가 중·고등학교 다닐 때 소풍을 다녀오면 서로 사진을 교환하는 게 일종의 의례였다. 받은 사진 수가 인기의 척도라고 보면 된다.

지금 사진은 의례가 아니라 일상이다. 일부 마니아층이 아직도 디지털카메라(디카)라는 별도 기록장치를 가지고 다니지만, 고해상도 디카가 핸드폰에 통합된 이후 대부분의 사람들에게 사진 찍고 찍히는 일은 통화나 비슷한 일이 됐다. 과거에 사진이 삶의 특정한 현장을 분리해 공식적으로 기억하는 예식용 미디어였다면, 지금 사진은 삶의 보편적 현장에 동행하며 '캐주얼하게' 간섭하는 참여의 미디어가 됐다. 사진은 기록이 아니라 행위인 것이다.

당장 인식할 수 있는 변화는 동네마다 볼 수 있었던 비디오점, DVD점이 어느 순간 멸종했듯이 사진 인화점 또한 종적을 감추었다는 것. 카메라에서 필름을 뽑아서 인화점에 맡긴 다음 어느 정도 시간이 지난 다음에야 인화된 사진을 필름과 함께 봉투에 담아오던 풍경이 사라졌다는 얘기다. 시간지체

(Time-lag)의 소멸이다.

필름과 인화 단계를 포함한 과거의 사진은 촬영 시점과 직접 사진을 보는 시점을 나눈다. "남는 게 사진밖에 더 있나"라는 진술은 거짓이 아니다. 남은 사진을 통해 사람들은 과거의 기억을 재구성한다. 또는 과거의 기억을 현재로 불러내기 위해 사진의 도움을 받는다. 사진 속의 풍경과 사람은 과거 시점 그대로 얼어 있다.

반면 디지털 시대의 사진은 촬영 시점과 촬영 결과물을 보는 시점이 거의 동시적이다. 기다림과 (어떤 사진이 나올까 하는) 불확정성은 즉시성과 확정성으로 대체된다. 과거 사진들 가운데는 예기치 못한 장면이 많았다. 촬영 시점에 사진이 걸러지지 않기 때문이다. 그러나 지금은 촬영 순간 마음에 들지 않는 사진이 즉각 현장에서 삭제된다. 때로 조작된다. 이때의 조작은 포토샵을 써서 얼굴선을 바꾼다는 의미가 아니라, 혹시 포착될지도 모를 삶의 어수선함을 소거한다는 의미다. 디지털 사진에는 항상 정돈된 최상의 모습만 남겨진다.

조작은 미래의 기억을 현재 시점에서 미리 구성해놓는다는 의미로도 번역할 수 있다. 아날로그 사진이 과거의 기억을 구성하는 틀로 기능한 상황과는 반대다.

그렇다고 조작이 미래 시제인 것은 아니다. 사진이 호흡인 양 일상에 참여하기에 조작 또한 일상적이며 동시에 현재에 속하게 된다. 조작은 미래의 기억을 구성하는 것이면서 동시에 현재의 참여된 행위를 조정하는 것이다.

현재이며 동시에 미래인 디지털 사진은 역설적으로 현재에서도 미래에서도 배제된다. 일상적으로 사진을 너무 많이 찍는 세대에게 사진은 행위이며, 따라서 기록이 아닌 까닭에 촬영된 장면은 곧 잊힌다. 앨범에서와 달리 디지털 사진은 특정되지 않은 데이터로 컴퓨터 어느 구석을 채우고 있다가 컴퓨터를 바꿀 때 슬그머니 잊힐 운명이다. 기억이 아닌 파일명으로 살아가다가 요행이 없다면 휴지통에 버려지는 신세를 면하지 못한다. 미래의 기억을 완벽하게 구성해놓았지만 그 기억은 쓰레기통에서 썩어갈 처지다.

현재를 사실적으로 모사하지 않고, 현재를 의도대로 원하는 만큼 구성할 수 있다는 관점에서 디지털 사진은 엄밀하게 말해 현재의 기억이라고 할 수도 없다. 결코 빛이 바래지 않는 디지털 사진은 퇴색 불능으로 인해 역설적으로 기록이 아닌 것으로 판정된다.

디지털 시대를 살아가는 현대인에게 기록 행위는 포화상태를 넘어섰지만 정작 기록은 남겨지지 않고 있다. 블로그나 싸이, 페이스북의 기록은 넘쳐나지만, 타인과 함께하는 또는 타인을 의식하는 기록이란 측면에서, 마찬가지로 과잉된 기록 행위일 따름이다.

잉크가 번진 오래전 낡은 일기장에서 문득 건져 올릴지도 모를, 아날로그적 삶의 편린을 기대하기엔 우리 시대가 너무 바쁘고, 너무 단순한가. 기록은 마음의 공터로 통하는 문이다. 마음의 공터에서 서성이다가 하릴 없이 가을밤을 새우는 무위(無爲)는 구시대의 유물에 불과할까.

꼭 도둑들이 훔쳐가야 도둑맞은 것들이 되는 건 아니다. 가장 큰 도둑은 아닐지 모르겠으나 가장 무서운 도둑은 기억을 훔치는 자다. 공감한 기억을 가져가고 대신 동참한 행위를 남겨놓은 도둑은 도둑맞은 줄 모르게 훔쳤으니 대도라고 불러야겠다. 그런데 진짜로 도둑맞기는 한 것인가. 그렇다 치면 되찾아올 것은 무엇이고, 또 어떻게 찾아올 수 있단 말인가. 할 수 없이 마음의 공터를 배회하게 된다. 혹시 마음의 공터로 통하는 문마저 잠겼으면 어찌할까.

실시간 댓글

@유정환 : 내 친구 중 뭐든 자기의 활동을 그럴싸하게 포장해서 사진으로 기록하고, 웹상에 공유하는 사람이 있다. 같이 밥을 먹으러 가면 만족스러운 사진이 나올 때까지 음식에 손을 대서는 안 된다. 처음엔 이런 친구의 모습이 우스웠지만, 걔의 미니홈피를 방문한 이후로는 더 이상 비웃지 않기로 했다. 미니홈피에 실린 그 아이의 일거수일투족은 과시용이라기보다는 일종의 진지한 삶의 기록으로 느껴졌다. 어쩌면 디지털 시대의 문화에 빠르게 적응하고 앞서 나가는 새로운 삶의 방식이 아닐까?

@도하원 : 놀러가서 그 기억을 남기기 위한 하나의 수단으로 사진을 찍는 게 아니라, 사진 찍기 위한 모임, 여행이 되어버린 지 오래다. 정확히 말하면, 그 사진이 남에게 '과시'하기 위한 용도로 변해버린게 안타깝다. SNS가 이 현상을 더욱 심화시켰다는 점에선 역기능이라고 할 수 있다. SNS에 올라오는 수많은 사진들을 보면, 그 사진을 올린 이의 목소리가 느껴지기도 한다. '난 이렇게나 잘 살고 있다. 부럽지?'

@소다영 : 요즘 사진은 추억을 남기기 위해서보다는 남들에게 자랑하고 남들과 공유하기 위해 찍는 사진이 더 많은 것 같다

@김지연 : 과잉된 기록 행위라는 것에 동의한다. 전 사진 찍는 것도, 찍히는 것도 별로 좋아하지 않아요. 사진은 기억의 조작이라고 생각해서 여행을 가서 찍은(힌) 사진을 나중에 보면 여행 갔을 때의 느낌, 기억이 아니라 사진을 찍었을 때(혔을 때)

의 조작된 기억이 남는 것 같아서 카메라 렌즈를 통해서보다는 내 눈으로 남기려 합니다. 사진 찍는 걸 좋아하는 사람을 만나면 마치 내가 인형놀이를 해야 하는 것 같아서 불편해요.

@김민지 : 아날로그 사진과 완벽하지 않은 것들을 소중히 간직하는 것이 우리에게 이미 과거가 되어버렸듯, 미래엔 디지털 사진이 과거로 치부되는 때가 오지 않을까? 미래엔 아날로그가 더 '최신식' 이었으면 한다. 끝없이 완벽함을 추구하기보다는 인간의 완벽하지 않음을 끌어안아 사랑할 줄 아는 우리가 되었으면 한다.

@민혜원 : 얼마 전 고3 수능이 끝나고 쓴 일기를 보다가 소스라치게 놀란 적이 있다. '아 맞다. 내가 얘네 집에 놀러가서 같이 '크아(크레이지 아케이드)'를 했었네.' 별게 아닐 수도 있지만 정말 충격적인 기분이었다. 기억이 잊힌다는 게 얼마나 슬픈지. 망각은 인간에게 내려진 축복이라고 하지만 사실 행복한 기억은 바리바리 다 싸가지고 백 살까지 가져가고 싶다. 그래야 행복할 수 있을 것 같다. 그래서 일기를 다시 쓰기 위해 일기장을 샀지만, 성질 급한 마음에 손으로 쓰기가 귀찮아 블로그에 일기를 쓸 때가 더 많다. 너무 많으면 쓸모가 없어진다는 건 좀 슬프다. 어차피 다 못 가져갈 거라면 조금씩 정말 소중한 것만 골라서 야무지게 챙겨 넣어야지.

@이상은 : 디지털카메라를 선물 받고 기억을 도둑맞았다. 그래도 컴퓨터에는 Ctrl+z가 있고 디지털 카메라는 삭제 단추를 누른 뒤 한 번 더 "삭제하시겠습니까?" 하고 물어본다. 미래에 번복하긴 늦었다 해도 당시에나마 한 번 더 고민할 여지를 만들어주니 다행이다.

더보기 ▼

@유정미 : 페이스북이라는 SNS를 싫어하는 이유가 여기에 있다. 누가 무엇을 먹었으며 누구와 만났고 어떻게 연애하고 어떤 길을 걸어왔는가에 대한 과잉된 정보가 가득하다. 그 형식이 비록 사진이 아닐지라도, 이 공간에는 'ㅋㅋㅋㅋㅋㅋ' 정도의 짧은 공감이 넘쳐난다. 언젠가 나도 마찬가지로 찍고 지우고 찍고 지우고 또 찍었다. 내가 원하는 대로 대상이 잘 나올 때까지. 이제 그 습관을 버렸다. 궁금하지 않은 것까지 봐야만 하는 그 공간에서 나는 스스로 자기 검열을 한다. 그리고 나는 페이스북에서 사람들의 기록들을 눈으로만 읽어 내려간다. 소위 '눈팅'이라고 하는 것들을 며칠에 한 번 꼴로 해 나가는 것이다.

그런데 이 모든 가벼운 행위들은 조작되고 정돈됐기에 삶의 기록이 아닌 것일까? 나는 사람들의 웃는 모습, 찌푸린 표정, 친구들과의 식사, 누군가가 걸었던 거리의 사진과 글에서 삶의 기록을 본다. 어쩌면 이것은 모두 검열을 거친 행위의 기록이다. 하지만 이것은 내 또래의 기록 방식이다.

여전히 나도, 다른 사람들도 타인을 의식하는 '자기 검열'의 상태에서 그 순간을 담아내려는 행위를 하지만 다시 글을 읽을 때, 내가 찍은 검열된 사진과 마주할 때, 나는 안다. 내가 진정으로 기록하고 싶은 것이 무엇이었는지를. 다른 사람들도 마찬가지일 것이라 조심스레 짐작해본다. 타인과 함께하는, 그러니까 만남의 공간은 가시적인 공간에서 비가시적인 공간, 인터넷상의 공간으로 변화했다. 그 공간에서 우리는 함께한다. 함께하지 않는 것처럼 보이지만 소통한다. 사람들의 생각을 읽고 사람들의 추억을 관찰하며 내 내면을 마주한다. 그래서 어쩌면 그 행위들은 누군가 나를 알아주었으면 하는 외로운 우리네 삶들이 건네는 포장된 기록일지도.

@황혜현 : 디지털 사진은 나를 위한 사진이 아니라 남에게 보여주기 위한, 남을 위한 사진이다. 꼭 내 마음의 공터를 남에게 내어준 것 같다.

@윤송이 : 어딜 가나 카메라를 들이대는 게 습관이다. 난 다른 친구들에 비해서 덜한 편이라 생각하지만 가끔은 그런 모습이 한심해질 때가 있다. 예쁜 단풍도 서서 오래 보기보다 폰카를 들이밀기 바쁘다. 사진 속 단풍의 감동은 깊지 않다. 카메라에는 내가 기억하고 싶은 것들만 가득하다. 좋은 것, 예쁜 것, 멋있는 것. 내 마음에 들지 않는 것들은 가차 없이 다 지워버렸으니.

@윤지애 : 즉석에서 사진을 검열하는 건 미래의 나에게 조작된 기억을 안기고 싶어서라기보다, '현재/미래의 타인에게 내가 요렇게 잘 살고 있다/있었다고 말하고 싶어서'가 더 큰 이유인 것 같다. 아무렴 내가 겪은 일인데 사진에 기록이 되지 않았다고 해서 기억을 잊어버릴까?

@김다슬 : 가끔 어렸을 때 앨범을 보면 아날로그 사진이 찍고 싶어요. 커뮤니티를 옮기면 이전 기록은 모두 사라지고, 사진 폴더를 지우면 사라지고, 핸드폰 잃어버리면 사라지고… 10년 후, 20년 후에는 아무것도 없을 것 같다는 생각이 가끔 들어요. '기록 행위이긴 하지만 기록은 아니다'라는 말에 정말 공감.

@한민정 : 나는 어제도 친구들과 식사와 디저트 맛집 탐방을 했다. 우리가 밥과 디저트를 먹기 전에 언제나 하는 의식과 같은 행동이 있다. 바로 사진 찍기. 외국 여행을 갔을 때, 친구는 어디를 가든 사진 찍는 데에 정신이 없었다. 자신이 나온 사진 찍기, 끊임없는 풍경 사진 찍기. 그럴 때마다 친구들 중 한 명은 꼭 이런 말을 한다. "그렇게까지 꼭 찍어야 돼?" 맞다. 그렇게까지 찍을 필요 없다. 블로그, 페이스북, 싸이월드와 같은 자기표현의 공간이 많아지면서 사람들은 자신이 무엇을 하는지 뽐내고 싶어 한다. 자신은 이런 걸 누릴 수 있는 사람이라는 포장이라고나 해야 할까. 사실 나도 그렇지 않다고 말할 수 없기에 부끄럽긴 하

더보기 ▼

지만 사진을 찍을 때마다 머리에 울리는 고등학교 담임선생님의 말이 있다. 윤리를 담당하셨던 담임선생님은 방학이건 주말이건 혼자 훌쩍 여행을 떠나시곤 하셨다. 유명한 관광지가 아니라 사람의 손길이 잘 닿지 않는 시골 마을, 심지어 마을버스도 가지 않는 곳도 걸어서 가시기도 했다. 그러나 선생님은 그 어떤 것도 들고 가지 않는다고 하셨다. 눈과 마음에 담을 시간이 부족한데, 카메라의 작은 프레임 안에 왜 자신이 본 감동을 담으려고 하느냐는 것이었다.

그렇다. 사진을 보면 그때의 추억이 떠오르지만 그 당시에 느꼈던 감동을 재현해낼 수는 없다. 사진기를 드는 대신 내 마음을 그 자리에 찍어놓고 오는 것, 즉 마음의 공터를 찍고 돌아온다면 그 자리에 갔을 때 느낄 감동이 더하지 않을까.

@강동경: 옛 생각 날 때면 10년 전 백업해둔 디지털 사진까지 찾아보는 내가 특이한 건가?

@차준호: 신이 인간에게 준 축복 같습니다. 과거가 좋았던 기억들로만 재구성되는 마법! 미래에 기술이 발전해서 사진 대신 동영상으로 과거가 모두 녹화되는 시대가 온다고 상상하면 끔찍하네요!

@박윤아: 난 사진을 내 '기억의 보조물'이라 칭하며 싸이에 쌓아둔다. 사진을 보고, 그때의 생각을 줄줄이 끄적여놓은 그 기억. 촬영할 때의 느낌보다 업로드 작업할 때의 기억이 진하게 남는다. 기억을 곱씹느라 그런가. 그 과정이 내게 당시의 기억을 새기게 해주고 더 진하고 길게 남겨준다. 먹을 것 사진, 이런 건 잘 안 찍는다. 셀카도 잘 안 찍는다. 난 내 순간과 생각을 담고 싶어, 그때의 내 기분과 감상을 남기고 싶어 카메라를 든다. 디카는 항상 휴대하지만 급한 대로 휴대전화를 이용하곤 한다. 요즘엔 그마저도 뜸해졌다. 언제부턴가는 사진을

담고 난 후의 기록도 계속 미뤄진다. 또 열일곱 살 때부터 해오던 일명 '생각 노트'라는, 어느 곳보다 솔직한 내가 담겨 있는 그 손 기록은 대학 와서 끊겼다. 가만히 앉아 주위에 사람이 몇이 있든 내 안으로 가라앉을 시간이 없어졌다. 그게 서운하고 슬펐다. 되살려 이어보려는 시도도 몇 번 했으나 여의치 않았다. 거기에서 난 내가 변했다고, 생각이 없어졌다고 단정지어버렸다. 괴로웠다. 하지만 휴대전화로 일정관리와 메모 기능을 사용하는 편리함을 느끼게 되면서, 심지어 사이버상의 내 공간에도 수시로 접속할 수 있는 기능까지 더해 가끔이나마 사진을 남기는 일이나 끄적임을 남기는 일에 꽤 유용하게 써먹고 있다. 손 기록의 아련함과 서운함도 옅어지는 듯하다. 일상에 대한 마음가짐이 달라진 탓인 건 분명하다. 새로울 게 없다 느끼고, 남기고 싶은 장면이, 순간이 없다 느끼는데 무슨 말이 더 필요할까. 그렇게 어른이 되는 것 같아 슬프던 마음도 사그라지면 진짜 내 기록은 간헐적인 하소연 같은 글들밖에 남지 않게 될까. 두렵다.

@박찬호 : 여행 가서 사진 찍는 데 목숨 좀 걸지 마라. 밥 먹으러 가서는 더더욱.

@김선영 : 암묵적 도둑질의 장본인이 여기 있습니다. 글을 읽고 애써 찾아보려고 해도 되돌아오지 않네요. 하지만 어떻게 보면 이러한 망각이 어떤 의미에서는 축복일지도 모르겠네요.

@최잉여 : '공감한 기억을 가져가고 대신 동참한 행위를 남겨놓은 도둑'이란 표현이 참 좋습니다. 이 글이 페이스북에 개재된 것이라면 '좋아요'를 눌렀을 겁니다.

@안혜정 : 디카에 최상의 상태의 정돈된 모습만 남겨두는 것이 '조작'이라는 해석이 와

더보기 ▼

닿습니다. 제 친구는 제 사진을 찍을 때 일단 많이 찍은 뒤 곱상하고 정돈된 모습은 다 지우고 이상한 사진만 남겨둡니다. 처음에는 싫었는데 지금 생각해보니 나에 대한 조작적 현실, 의도된 이미지를 걷어내고, 있는 그대로의 일상을 남기려는 시도로 느껴져 좋더라고요. 웃으며 열정 가득한 희망적 이미지만이 바람직한 20대의 모습이라고 말하는 사회적/기업적 분위기가 많다고 생각하는데 그런 강압적 사회적 문맥을 생각해볼 수 있게 하는 글이어서 좋았습니다. 표현도 좋고.

음식쓰레기통에다
꽃리본을 장식하는 이유

YeSS에는 거창하게 조직문화라고 할 것까지는 없고 암묵적으로 준수되는 관행 같은 게 있다. 대표적인 게 직언 금지와 연애 금지다.

직언 금지는 좀 거창하게 말하면 내 오랜 철학이다. 애정과 관심, 이해가 바탕에 깔리지 않은 직언은 사회적 관계를 매개로 한 정서적 배설에 불과하다. 간단히 말해 사랑하지도 않는데 상처 주지 말란 얘기다. (사랑하면 상처를 줘도 되나? 남녀 간의 사랑에는 해법의 가짓수가 워낙 많아 논외로 하고, 비(非)남녀 간의 사랑일 땐 가능하지 싶다. 사랑의 목적이 치유인 만큼 치유를 위한 상처는 상처 주는 행위 자체가 사랑으로 받아들여져야 한다. 과도하지 않다는 전제하에서 말이다)

일명 '싸움닭'이라고 불린 J군(정치외교학)은 YeSS 활동을 시작한 이후 예상과 달리 한 번도 잠재력을 입증하지 않았다. 오죽하면 주변에서 "한 번 싸워보라"고 권유할 정도일까. 직언 금지 문화가 뿌리내린 징표로 이해하고 싶다.

연애 금지는 대학생들이 모이는 모임에서는 일부 적용되는 관행이다. 연애하는 남녀, 특히 연애하다 헤어진 남녀는 단체 분위기를 흐리게 할 수 있다는 게 흔히 제시되는 명분이다. 그럼에도 직언 금지와 달리 연애 금지에 대해서는 거센 도전이 몇 차례 있었다. 적발된 연애 시도는 애교로 넘긴다 해도 어쨌든 성공한 (시작했다가 헤어진 연애까지 포함해서) 연애가 몇 건 발발했다. 심지어 최근에는 이미 연애 중인 상태에서 연애 사실을 숨긴 채 남자친구를 구성원으로 끌어들인 '천인공노'할 행각까지 있었다. 두 사람의 활동 기간이 크게 겹치지 않아 불문에 부쳤다. 사실 불문에 부치지 않으려 해도 다른 방도가 없다. 성공한 쿠데타와 마찬가지로 '성공한' 연애에 대해선 공언과 달리 현실적으로 마땅한 대처방법을 찾아내기 힘들다. 유일한 처방이 "티 내지 말고 해!" 정도다.

연애 금지와 직언 금지는 어떠한 유형의 사회생활이든 준수하는 게 현명한 태도다. 물론 꼭 금지를 거부하겠다면 소신껏 하면 된다. 소신을 펴더라도 연애에 대해선 "티 내지 말고", 직언에 대해선 "할 말은 하되 부드럽게" 하면 더 좋지 않을까. 나 좋자고, 나 편하자고 다른 사람 불편하게 만들지 말자는 취지다. 기본 취지를 감안해 융통성 있게 '금지'를 해석하면 되겠다.

두 가지 금지 외에 그렇게 공식적이지는 않지만 비공식적인 금지가 연예계, 연예인 얘기 금지다. 멀쩡해 보이는 대학생들이 술자리에서 연예계, 연예인 동정을 그렇게 자주 화제에 올리는 모습을 보고 나는 깜짝 놀랐다.

물론 공통의 화제는 관계를 돈독히 하는 데 감초 구실을 한다. 하지만 어떤 벽돌로 관계를 쌓는가도 중요하다. 내가 엄숙주의자라서 하는 말이 아니라, 실제로 대중에게 보여주기 위한 '연예가'는 속이 꽉 차 부패하고 있는데 겉에다 예쁘게 색칠하고 꽃과 리본으로 장식해놓은 음식쓰레기통이나 다름없다. 인격을 갖춘 개인인 개별 연예인을 무조건 비난하려는 의도가 아니라, 연예산업의 본질에 대한 지적이다. 당연히 예인(藝人), 대중예술가, 진정한 의미의 스타는 쓰레기통 밖의 존재다. 하지만 TV에 얼굴 내밀었다고 개나 소나 스타라고 불리는 세태는 개념 실종이라고 할 수밖에.

음식쓰레기통에다 화려하게 장식을 단 장본인이 바로 도둑들이다. 도둑들은 젊은이들뿐 아니라 사회 전체를 말초적이고 향락적인 허위의 프리즘으로 투과시키려고 한 지 오래다. 그들은 우리를 한눈팔게 만든 뒤 도둑질해갔다. 연예산업이 분명 필요악의 범주에 속한다는 사실을 인정하더라도, 대학생들 대화에서 많은 비중을 차지하는 현상은 매우 부자연스럽다. 사소하게는 함께 자리를 하면서 각자 스마트폰에 빠져 있는 흔한 광경도 부자연스럽다. 소통은 그 자리, 그 시간에 일어나야 한다. 학생은 학생이다. 고개 들어 하늘을 보지 못하게 만들었다고 해서 정말로 하늘을 외면해서는 안 된다. 그런 모습이야말로 도둑들이 바라는 바다.

우리는 본래 다른 인간과 함께하는 인간, 즉 '호모 코오퍼러티쿠스'로 태어났다. 시선을 나 자신과 내 주변의 인간들에게서 다른 엉뚱한 곳으로 돌리게 하는 술책은 도둑질의 정수에 해당한다. 자기 자신과 주변의 사람들에게 더 집중하고 관심을 기울이고 소통하며 공동의 공간을 만들어가는 인류의 오래된 본성을 누가 망가뜨리고 있는지는 자명하다.

실시간 댓글

@유정환 : 연예인, 연예산업의 과도한 상업화에 대한 비판 부분에서는 여지없이 찬성을 하는데, 그렇다고 해서 음식쓰레기통의 비유가 적절한지는 내 입장으로는 의문이다. 미디어가 양산하는 화려하고 허위에 가득 찬 모습에 쉽게 현혹되는 것이 문제이기는 하지만, 사실 미디어와 연예산업이 표현하는 사회의 일면이 과장되었음을 대다수가 인지하고 있지 않은가? 설정이 억지스러운 소위 '막장' 드라마를 즐겁게 시청한다고 해서 실제로 그런 일이 일어나는 경우는 드문 것처럼. 마찬가지로 내 주변에서도 대화 내용 중 연예 가십거리가 주요한 비중을 차지하는 것은 찾기 힘들다. 자주 언급되는 것은 사실이지만, 이는 공감대를 형성하거나 더 깊은 커뮤니케이션을 위한 기폭제 역할에 지나지 않는다. 우리는 삼시 세끼 밥만 먹는 것이 아니라 중간에 껌도 씹고 과자도 먹는다. 연예인 얘기를 껌과 과자의 역할로 생각한다면 음식쓰레기통이라는 비유는 과도해 보인다.

@도하원 : 직접 얼굴 보고 마주하는 자리에서, 스마트폰에 빠져 있는 광경은 저도 불쾌하고 부자연스러웠습니다. 스마트폰, SNS를 통한 소통이 더 많아진 요즘, 얼굴 보고 눈 맞추며 이야기하는 즐거움이 그리울 정도입니다. 글 내용처럼, 소통은 그 자리, 그 시간에서 일어나야 한다는 말에 공감합니다.

@서지현 : '소통은 그 자리, 그 시간에서 일어나야 한다.' 2년간 세 번 상복을 입으면서 빈소 내의 가면실(상주들 휴게실)에 있던 시간이 참 많았다. 친척들이 그 좁은 가면실에 있는데, 다들 스마트폰만 보고 있는 거다. 너무나 충격적인 광경이었고,

나는 어떻게든 대화를 이끌어가려고 노력했고 하다못해 카드라도 가져와서 게임을 하자고 했다.

물론 대화가 어색할 수도 있지만 스마트폰이라는 아주 쉽고 마음 편한 도구를 이용해서 대화를 차단하고 혼자만의 즐거운 시간을 보낸다는 건, 옆에 있는 사람에게는 조금 서운한 일이 아닐까. '내가 있든 말든 상관이 없나' 싶기도 하고, '내가 그렇게 재미가 없나' 싶기도 하고. 어색한 대화여도 괜찮으니까 '관심'을 가지고 대화를 '시도'한다는 것 자체가 의미 있는 일이라고 생각하는데, 스마트폰이 그 가능성을 차단하는 것 같다.

@소다영 : 음식쓰레기통이 다소 격하긴 하지만 적절한 비유인 것 같다. 개인적으로 연예인 이야기가 낭비적이라는 데에 전적으로 동의한다.

@김민지 : 하루가 너무 짧다. 할 일은 많은데 시간이 없다. 그런 귀한 시간을 의미 없는 소통으로 채우기엔 너무 아깝다. 영혼과 영혼이 맞닿아 서로 다독이며 함께 기뻐할 수 있는 소통을 하고 싶은데 (나는 이것을 사랑이라 정의한다), 사람들은 내면의 나약함이나 기쁨을 나누길 꺼리더라. 오히려 그것을 이상하게 여겨 '느끼해~'라며 내가 내민 손을 잡아주지 않는다. 소속감을 핑계로 오직 술을 마시기 위한 자리가 강요되고, '미의 경쟁'의 장(場)이 되어버린 '미팅', 또 '강해 보이지 않으면 살아남을 수 없다'는 경쟁의식 등 소통을 불가능하게 하는 요소는 참 많다. 서로 이해하고 소통할 수 있다면, 직언도, 가시도 말랑말랑한 젤리처럼 변할 수 있다고 생각한다.

@유정미 : 스마트한 세계에서 우리는 서로 트위터로 혹은 페이스북으로 카카오톡으로 실제 만나는 것보다 더 많은 이야기를 나누고 서로의 최근 삶에 대해 더 많이 알

더보기 ▼

게 됐다. 상대방에 대한 집중과 관심은 이제 서로 대면해 이야기를 하는 것보다는 그 사람의 개인 홈페이지를 들어가 최근 그 사람이 올린 글들과 사진들을 둘러보는 방식으로 변화했다. 우스갯소리인지 과학적으로 검증된 것인지는 모르지만 농담으로 이런 이야기를 한다. '스마트폰'이 등장한 이후 출산율이 줄었다는 거다. 잠자리에서도 각자 스마트폰을 만지작거리기 때문에 부부의 잠자리가 줄었단다. 스마트폰 등장 이후 인간들의 이야기 방식이 극단적으로 변화한 촌극일지도 모른다.

@황혜현 : 나는 정신과 몸이 분리된 삶을 사는 것 같다. 내 몸은 이곳에 있지만, 내 생각은 항상 저곳에 있으니. 나의 본질에 대해 의문이 든다. 내가 음식쓰레기통은 아닌가 하는.

@윤송이 : 많은 이들이 어쩔 수 없이 쓰레기통 산업의 노예가 되어가는 듯. 나도. 하지만 아직까진 웬만큼 친한 사이가 아니고서야 그 어색함을 벗어날 만한 훌륭한 대화 소재를 아직 찾지 못했다. 결국 연예인 이야기한다. 오늘 만난 어색한 친구와는 〈무한도전〉 이야기를 했다.

@윤지연 : 음식쓰레기통이라는 표현이 뭔가… 거칩니다.

@강동경 : 듣는 사람이 누구냐에 따라 다르겠지만 직언이라고 던졌던 말들이 곧바로 쓰레기통으로 향하는 걸 보면서 애정 없는 직언은 서로에게 감정 낭비일 뿐이란 생각이 들었다.

@김현진 : 이 글에 대한 내 입장은 (소장님이 어려워한다는 요즘 언어로 표현하자면) 대박 완전 공감!

@김용재: 처음 듣습니다. 근데, 저도 이런 이야기 불편합니다.

한 가지 더 덧붙이자면… 연예/연예인 이야기 금지만큼이나 우리 또래들 모인 자리에서 연애/연애인(이건 좀 억지스러운 조어네요) 이야기도 불편해하는 사람이 있다는 걸 알아주셨으면 합니다. 예전에 여자친구 사귈 때도 그랬고, 아닌 지금도 그렇지만 왜들 그렇게 자신의 가장 사적이고 대개는 소중하고 애틋한 감정을 이야기로, '말'로 해소해버리는지….

요즘은, '심녀/심남'이란 말이 있는데요, 저는 쓰지도 않고, 저런 존재도 없어서 제가 이해하는 게 정확한진 모르지만, 하여튼 이래저래 보고 들은 대로 짐작해보자면 '마음에 둔 상대(남/녀)'를 말하는 것 같습니다. 그러니까 마음에만 뒀고 아직 고백한 것도 아니고 사귀는 사이는 더더욱 아닌 관계라서 상대는 모르는… 마음(心)이라는 단어에 충실하자면 원래는 다른 누구도 모르고 자신만 알아야 하는 건데… 이걸 또 공개적으로 '오늘 심녀가…' 뭐 이런 식으로 말을 하곤 합니다. 그런 감정을 요즘 따라 못 느끼는 못난 놈의 삐뚤어짐이나 시기가 아니라(진짜 아닙니다!), 저는 온라인이나 오프라인에서 여봐란듯이 그런 말을 하는 걸 보면, '자신의 감정을 배설한다…'란 느낌도 들고, '저 친구는 저 감정이 그냥 말할 거리로밖에 안 여겨지는 건가' 싶은 생각도 들어서 좀 불편했습니다. 이것도 철 지난 '엄숙주의'인지 모르겠지만, 하여튼 제 친구들 중에 몇몇은 공감하더군요.

@박윤아: 난 가깝지 않은 사람들과는 아주 아주 큰맘을 먹지 않고선 대화를 잇기가 어려운 사회성 부족한 인간인데, 심지어 연예 얘기는 잘 알지도 못해 그나마 낄 수가 없다… 그 자리에 있는 사람 얘길 하자는 데 공감한다. 단순 호구조사에 그치는 그 어색함도 있겠지만 그렇게 쌓아가는 거겠지?

더보기 ▼

@박찬호 : 연예인 이야기를 왜 하냐고 물으신다면 아직 그 사람과는 내 사생활을 이야기할 만큼 친해지지 않았기 때문. 현재 대학생 사회에서 어느 한 사람과 진하게 친해지기는 참 어렵다.

@안혜정 : 학교 몇 년 일찍 갔다고 선배라고, 누군가에게 뭔가를 금지할 권력을 가지는 게 어색하게 느껴집니다. 연애, 연예인 얘기, 직언을 금지하는 룰의 취지는 알겠는데 그런 '금기'가 오히려 자아 검열과 타율성이라는 부작용을 가지고 있는 것은 아닐는지. 동아리, 학회, 취업스터디 등 여러 모임을 해본 결과, '금지를 금지'해야 진짜 자율성이 나오고 진짜 깊은 인간관계가 만들어진다고 믿습니다. 글의 결론부에 얘기한 '인간을 엉뚱한 곳으로 눈 돌리게 하려는 술책'은 연예산업에는 해당될지 몰라도 직언이나 연애에는 별로 해당하지 않는 것 같습니다.

명문대, '지잡대',
그리고 수개미

　　　　　　　　　　YeSS 소속 대학생들 가운데는 술고래가 제법 있다. 크게 보아 '알코올 장애인'으로 분류되는 나는 사회생활 내내 한국사회의 과격한 음주문화 속에서 '장애인'으로서 적잖은 고초를 겪었다. 하지만 욕하면서 닮는다고, 심정적으로 나는 '음주 능력자'를 우대한다. 물론 술자리에서만이다. 요즘은 과거 내가 오랫동안 당한 것처럼 '알코올 장애인'에게 술을 강권하는 일은 없다. 대신 고통(?)에 동참하란 취지에서 가끔 물을 강권하기는 한다.

　드문 일이지만 회식이나 MT 같은 자리에서 술을 위해 술을 마실 때가 있다. 이럴 땐 다양한 핑계가 제공되는데, 내가 주도할 때는 대학생들처럼 게임을 할 수 없으니 좀 구식이 동원된다. 술자리의 많은 대학생들 가운데 학교, 지역 등의 기준으로 적당한 인원을 한데 묶어 불러낸 뒤 한꺼번에 술을 먹게 하는 것이다.

　예를 들어 "다니는 학교 이름에 K가 들어가는 사람들 마시기" 하면 고려대·건국대·단국대생들이 함께 술을 마신다. "다니는 학교가 신촌에 있는 사람들 마시기" 하면 연세대·서강대·이화여대생들이 일어난다. 이렇게 한 순배만 돌면 내가 말하기 전에 자기들끼리 먼저 이니셜을 부르거나 동네를 부른다. 인원이 많은 편이었던 연세대·성균관대·이화여대에 대해서는 곧바로 학교 이름을 부르기도 한다. 시간이 지나면 잘 마시는 사람은 잘 마시는 대로, 못 마시는 사람은 못 마시는 대로 모두 거나하게 취하게 된다.

　함께 취한다는 소기의 목적을 달성하긴 했으나 적어놓고 보니 학연·지연으로 엮어 술을 마셨다고 지적한다 해도 틀리지는 않은 셈이다. YeSS의 술자리 문화가 학연·지연을 조장한다고 의심한 적은 한 번도 없었으나, '혹시 그럴 가능성이 있는 건 아닐까' 잠시 생각한 적은 있다. YeSS 소속 한 대학생이 편안한 자리에서 "그렇게 술 먹는 거 안 하면 안 되느냐"라고 조용히 나에게 물은 게 계기였다.

나는 그 학생의 의중을 곧바로 파악할 수 있었다. 기호가 문제였던 것이다. S, K, Y, 즉 SKY 또는 서연고는 한국의 명문대를 상징하는 이니셜이었고, 신촌, 안암동, 신림동도 같은 기능을 수행했다. 그 기호는 학벌이었다. 비록 같은 이니셜로 묶인다 해도 이른바 '진품'은 하나밖에 없었다. 세간에서 'K대'라고 부르면 고려대를 떠올리지만 고려대는 K 중에서 극히 일부에 불과했다. 고려대란 소수가 다수를 밀어내고 K 영역을 독점할 수 있었던 이유는 대학의 서열화 때문이다. 서열화에서 쓰는 수는 서수이며 서수에는 우열이 존재한다. 기호의 세계에서는 1등이 전체가 된다.

YeSS 내에서도 고려대가 아닌 다른 K대 재학생들의 K대에 대한 반응은 느렸다. 별로 겹치는 않는 Y대와 달리 S대에 대해서도 비슷한 반응이 느껴졌다. 어쩌면 K대라고 불리는 것에 불편함을 느꼈을 수도 있겠다. 억지로 기호의 외연을 확장하다 보니 존재하지 않았던 '불편한 K대'를 만들어내고 말았고, 그런 행동이 은연중에 학벌의식을 드러내고 만 게 아닌가, 그런 생각이었다.

다는 아니겠지만 어느 정도 그 학생의 마음을 이해할 수 있다. 나는 Y대를 졸업했지만 나름대로 우여곡절을 겪었다. S대를 두 번 응시했다가 두 번 떨어지고 나서 병역문제 때문에 (고려대가 아닌) 당시 후기 K대에 입학했다. K대 재학 시절 사람들이 "어느 학교 다니느냐"고 물으면 나는 "삼수한다"고 대답했다. K대 재학생이란 사실을 밝히기 싫었다. 하지만 생각보다 K대 생활에 열중했고, K대 친구들과 인연이 아직 이어지고 있다. 언필칭 삼수였지만 세 번째는 세 번 시험 중에 가장 낮은 점수를 받아 결국 Y대를 택하고 말았다. Y대 1학년 1학기 내내 S대에 대한 미련 때문에 4수를 생각했다. 2학기 들어 그럭저럭 학교생활에 적응했고, 이리저리 지내다 보니 형편없는 성적이나마 그 학교를 졸업하게 됐고 어느덧 직장인이 됐다.

고등학교 시절 수업시간에 툭하면 교과서가 아닌 딴 책을 읽거나 졸고, 방과 후에 대충 딴짓을 하며 학교에 다녔으니 공부한 것에 비해 충분히 '훌륭한' 대학에 진학한 셈이다. 재수, 삼수 때도 시작할 때 사기는 하늘을 찌를 듯했으나 몇 달이 지나지 않아 춘색이 완연해지면 "청춘에게 카르페 디엠(Carpe diem)"이란 가당찮은 명분을 부르짖으며 샛길로 빠졌다. S대가 아닌 Y대였지만, 대학입시뿐만 아니라 인생의 중요한 길목에서 "어영부영 하다 보니 어찌어찌 됐다"는 식의 이 같은 결과 설명은 열심히 준비했음에도 '훌륭한' 목표에 닿지 못한 수많은 제3자를 좌절시킨다. 한마디로 '재수 없는' 설명이다.

하지만 세상엔 근본적 불평등이 존재한다. 머리도 그중 하나다. 결과론적 해석으로 부모는 나에게 세상을 바꿀 만한 머리는 아니지만 세상을 살기 편할 정도의 머리를 물려주신 모양이다. (사회적 불평등은 어떠한 후천적 노력으로도 타고난 머리를 결코 뛰어넘을 수 없는 상황을 의미하지 않는다. 오히려 머리와 노력을 합쳐 개인이 도달할 수 있는 거리가 사전에 편파적으로 결정돼 있는 상황을 뜻한다. 개인의 머리와 노력과 무관하게 출생 자체로 도달거리가 확정된다는 측면에서 편파적이다. 그 편파는 대다수를 절망시킨다. 우리 사회의 현재 모습이다)

그렇게 위로를 하지만 30대 중반까지도 나는, 입시철이 되면 모종의 울화가 치밀어 오르는 체험을 하곤 했다. 나의 입장에서 울화에 아주 근거가 없었다고 할 수는 없겠지만 한편으로는 S대를 나오지 못한 사실 때문에 생긴 울화는 나 또한 그때까지 학벌지상주의에서 벗어나지 못하고 있었음을 극명하게 보여준다. 그러나 단언하긴 힘들지만 한편으로 S대에 진학하지 못한 '적당한' 실패가 나의 인생에 '적당한' 자극이 되지 않았나 생각한다.

이런 마음으로 어떻게 나에게 문제 제기한 그 비(非)명문대 학생의 속마음을 헤아릴 수 있을지 반론을 할 수도 있겠다. 나는 그와 내가 느낀 좌절이 비슷하다고 생각할 수 있겠지만, 혹자는 그런 비교에 거북해할 사람이 많을 것이라고 지적할 수 있다.

지적이 옳다. 속마음은 자존심과 관련됐으나 현실의 학벌은 장벽과 관련된다. 가끔 인터넷상에서 불붙곤 하는 소위 '지잡대(지방에 소재한 잡다한 대학)' 논쟁은 개인의 자존심에 관한 것이 아니라 사회적 장벽에 관한 것이다. 지금 고등학교 졸업생의 80%가 대학에 진학하는데 이 수치는 내가 대학갈 때의 두 배쯤 된다. 그들이 진학한 대학들 가운데 상당수는 많은 사람들이 이름조차 들어보지 못한 대학이다.

만일 내가 학벌 같은 건 불합리하고 엄존하는 거대장벽이지만 누구나 노력하면 넘어설 수 있다는 희망을 역설한다면 과연 책임 있는 행동일까. 소위 '지잡대' 출신으로, 사회적 통념을 기준으로 '번듯한' 직장을 잡은 비율은 얼마나 될까. 장벽을 넘어선 극소수를 희망의 증거로 내세우며 "봐라 할 수 있다"라고 말할 수도 있겠지만 그것은 무책임의 극치라고 할 것이다. 사회학과 교수들이 어떻게 반응할지 모르겠지만 사회학은 개인의 실존에 관한 사변(思辨)의 학문이면서 동시에 집단의 생존에 관한 통계의 학문이기도 하다.

무수히 많은 수개미들이 평생토록 교미 비행을 준비하지만 단 한 마리에게만 처녀 여왕개미와 교미할 기회가 돌아간다. 나머지 수개미들은 죽거나 죽임을 당하는 게 개미 사회다. 그럼에도 개미 사회에서는 수개미들에게 희망을 역설하고, 그 희망은 (개미 사회에서는) 정당하다.

'도둑맞은 세대'는 수개미들이 아니다. 하지만 그들이 직면한 현실은 수개미나 다를 바 없다. 누군가 그들을 수개미로 만들었다는 뜻이다. 도둑들은 '인간'을 훔쳐갔다. 인간을 수개미로 만드는 여러 가지 장치 중에 하나가 학벌이다.

고등학교 때 기를 쓰고 공부해서 SKY대에 들어가면 수개미로 전락하는 사태를 막을 수 있을까. 학벌주의 자체를 없애지 않는 한 절대 정답이 될 수 없다. SKY대생들이 진짜 수개미 신세를 모면하게 될지는 논외로 하고, 그런 논리에서는 양산된 비(非)SKY대생들이 항상 패배자로 전락하게 된다. 주지하다시피 입사 서류 전형이 '학교등급×학점'으로 이뤄지는 학벌주의 인사 관행에서는 좋은 대학을 나오지 못한 사람은 사회 진출 첫 관문에서부터 좌절할 수밖에 없다.

어렵사리 사회 진출에 성공했다 하더라도 직장 내 학벌의 벽은 무척 높다. 단적인 예로 대학별 상장사 임원 분포표를 보면 학벌의 힘을 한눈에 파악할 수 있다. 입사 시점은 물론 입사 이후 개인의 노력으로 넘을 수 없는 강고한 사회적 장벽이 존재한다는 혐의를 지울 수 없다.

개인 능력의 한계와 사회적 장벽은 구분돼야 한다. 분명 사람마다, 또 특정한 사람에게도 영역마다 노력해서 안 되는 것들이 있다. 노력해서 안 되는 것까지야 어쩔 도리가 없다. '통계적으로 좋은' 대학 출신들에게 더 많은 기회가 돌아가는 현상은 어느 정도 수긍할 만한 요소가 있지만 '좋지 않은' 대학 출신들에게 기회가 원천적으로 배제되는 건 결코 수용할 수 없다. 노력할 기회조차 주지 않거나 노력한 결과를 정당하게 인정해주지 않는 사회시스템이 있다면 바꿔야 한다. 도둑들이 훔쳐간 '공평한 기회'를 되찾아 와야 한다.

그러나 그러한 시스템 개혁은 요원한 일이고, 당장 이 시스템에서 살아남아야 하는 젊은이들에겐 공자님 말씀에 불과할 뿐이다. 공정하지 못한 시스템은 (자신이 참여하든 안 하든) 고치든지, 부수든지 해야겠지만 그때가 올 때까지 '도둑맞은 세대'는 그들의 부모들이 권하는 대로 악착같이 경주를 계속해야 할까. 그 경주의 결승선을 통과하기는 낙타가 바늘구멍을 통과하기나 마찬가지일 텐데 말이다.

아예 패러다임을 바꿔보면 어떨까. 시스템 개혁 또는 혁파와 함께 시스템 밖 대안에 대해서 눈을 돌리는 방안을 한 번 모색해보는 것이다. 부모들이 절대 추천하지 않는 길이긴 하다. "남들처럼, 그리고 남들을 누르고"가 대다수 부모의 공통된 설법이다. 삼성, 현대, LG 외에 중견·중소기업에 주목하고, 영리기업뿐 아니라 사회적 기업에 눈을 돌리고, 그동안 인재들이 집중됐던 시장과 정부 영역이 아닌 시민사회 영역에 관심을 기울이는 "남들과 달리, 그리고 남들과 함께"라는 새로운 가치를 도모하는 방법. '호모 이코노미쿠스'가 아니라 '호모 코오퍼러티쿠스'의 길을 복원하는 도전이 솔직히 더 현실적이다. 삶은 통계 속에서 실존을 구명해야 하는 단순하지 않은 함수다.

정말 공개적으로 말하기 힘들지만 대학 진학률이 높아지면서 일부 대학들 가운데는 대학 진학 및 졸업으로 얻는 혜택과 우위가 거의 발견되지 않는다. 고등학교 또는 전문대 졸업장과 대학 졸업장 사이에 아무런 차이가 없다는 의미다. 일부 4년제 대학의 졸업장은 사회에서 전문대 졸업장보다 못한 것으로 취급받는다. 부모에게 학비 부담을 지우며(또는 스스로 고생하며) 대학생활을 통해 거두는 긍정적 효과는 극단적으로 말해 대학이라는 기업의 배를 불리는 것뿐이다.

잘못은 그런 대학들을 양산한 사회에 있지만, 현재 국면에서는 젊은 세대가 냉철하게 판단을 내릴 수도 있지 않을까 하는 생각이다. 스스로 판단컨대 대학교육을 통해 얻을 게 없다면 차라리 4년여의 기간에 뭔가 다른 일에 집중하면 더 가치 있고 더 생산성이 높은 성취를 향한 발판을 마련할 수 있지 않을까. 물론 대학에서 받는 교양교육과 보편적 인성교육에 주안점을 둔다면 이른바 '이름 없는' 대학을 다닌다 해도 무위의 4년이 의미 없지는 않을 터이다. 요는 도둑들에게 끌려가지 말고, 스스로 판단하고 결심하란 얘기다.

실시간 댓글

@유정환 : 이 문제는 사실 나에게 어렵다. 나는 학벌로 그 사람의 수준을 판단하는 학벌주의를 멸시하면서도, 모순적이게도 좋은 학벌로 구성되는 주류 사회에 편입하기 위해 발버둥 쳤고, 내가 그런 판단 기준으로 꽤 좋은 평가를 얻게 되었을 때에는 묘한 만족감을 느끼기도 했다. 사회적인 차원에서 이 문제를 해결하자면, 사실 어려워 보인다. 내가 기업의 인사 담당자라면, 아무래도 대학의 순위가 공고한 우리 사회에서 순위가 높은 학벌과 좋은 학점이 학창 시절의 성실함을 증명한다는 사실에는 반론의 여지가 없을 것 같다.

@서지현 : 재수 시절 내가 목숨을 걸고 공부를 했던 이유가 바로 이 때문이 아닌가 싶다. 내 꿈은 '다른 사람에게 긍정적인 영향을 주는 것'이었고, 다른 사람에게 영향력이 있는 사람이 되기 위해서는 일단 뭔가 보여줄 게, 다른 사람들이 나를 신뢰할 수 있을 만한 뭔가가 필요했다. 좋은 대학. 나는 좋은 대학에 못 가면, 내 인생은 끝이라고 생각했었다. 정말로.

하지만 난 다만 '지잡대'생들이 대학교의 '네임 밸류'라는 면에서는 조금 부족하다고 느끼더라도 자신의 삶에 더 자신감을 가졌으면 하는 생각이 든다. 얼마 전에 내가 다니는 학교 3학년으로 편입한 언니를 만났다. 그 언니는 ○○대에 다니다가 왔다는 이야기를 하면서 너무나 부끄러워했다. 울컥했다. 편입을 하느니 재수를 한다는 말도 있을 정도로 편입하기가 쉽지 않다고 하는데, 첫 번째 대학교 이름에 부끄러워하지 않았으면 싶었다. 음, 이런 얘기가 나올 때마다 난 생각하게 된다. 내가 소위 '좋은 대학'에 가지 못했더라면, 나는 어떤 이야기를 하고 있을까?

이런저런 문제점을 안고 있지만, 그럼에도 불구하고 '대학교' 등의 기준이 차라리 낫지 않나 싶기도 하다. 과거의 '신분제'보다는. 아무리 가진 게 없어도 실력있는 이에게 기회가 더 돌아가는 것이 차라리 낫지 않나 하는 것이다. 요새는 '가진' 게 '실력'에도 영향을 미치는 것이 문제지만 말이다.

@소다영 : 나 역시도 서울에 있는 대학을 다니면서 말은 안 해도 마음 한편에는 우월감이 있었던 거 같다. 뭐 이 정도 나오면 되겠지. 학벌주의가 사라져야 한다고 생각하지만 막상 사라지면 음… 글쎄?

@이상은 : 바늘구멍을 통과해 이미 저 멀리 간 사람에게는 전체가 보이겠지만 바늘구멍 앞에 서 있는 우리는 앞에 뚫린 좁디좁은 구멍과 구멍을 향해 질주하는 다른 사람들밖에 눈에 들어오지 않는다. 경쟁에서 다만 잔존하려 하지 않고 스스로 존재하자는 외침은 이미 패배에 젖거나 겁을 집어먹은 우리에겐 다소 버겁다. 아예 이렇지 않았더라면 참 좋을 뻔했다. 다 나눠 먹어버리고 이제 부스러기뿐인 상을 앞에 놓고 '다른 밥상을 찾아가면 되지 않겠니?' 하는 말 같은 쪼잔한 속내를 숨길 수 없다.

@유정미 : 가끔 이런 생각을 해본다. '내가 대학에 가지 않았더라면 나는 지금 어떻게 변해 있을까?' 어떤 날은 그 변화가 끔찍하기도 하고 또 어떤 날은 그 변화가 행복하기도 하다. 아, 모르겠다. 고등학교 때 우리는 행복했었다. 보이지 않는 장벽이나 계층 같은 것은 없었다. 우리는 모두 어울려 놀았고 같은 고민들을 공유했고 같은 선상에 있었다. 그런데 어느 순간 우리는 모두 다른 출발선에 놓이게 됐다. 누군가는 나를 변했다고 욕했고 누군가는 나에게 서운함을 느꼈을 테고 나도 다른 친구들에게 똑같은 감정을 느꼈다. 그 변화들이 계속될 것을

더보기 ▼

생각하면 무섭다.

얼마 전 한 서울대생이 학벌사회를 비판하며 자퇴 선언을 했다. 같은 시각 광화문 광장에서는 목원대 학생이 등록금 문제를 비판하며 1만 배를 한 후 분신하겠다는 소식을 알려왔다. 신문들은 모두 서울대 학생의 이야기를 전했다. 목원대 학생의 이야기를 보도한 매체는 거의 없었다. 김예슬이 대학을 떠나고 서울대생이 대학을 떠나면서 대학교육의 문제 혹은 우리 사회에서 대학의 역할에 대한 문제 제기는 충분히 되었으나 SKY 이외의 대학을 다니는 이들이 어떻게 살고 있는지는 주요 뉴스거리가 아니다. 이들 중 학벌사회, 등록금 문제에 허덕이다가 대학을 관두는 사람들도 분명 있을 텐데 말이다. 1년 전부터 학벌사회에 대한 고민들을 수도 없이 했다. 이 고민과 함께 대학을 가지 않은 우리 또래 친구들을 만나 이들의 생각을 알리고 싶었다. 하지만 그 후 심각한 내적 고민들이 뒤따랐다. 대학을 다니는 이가 대학을 다니지 않는 사람에 대해 써낸다는 것이 어쩌면 이기적일 수 있지 않을까. 그리고 이런 행위들이 스스로 너와 나는 다르다고 선을 긋는 '구별 짓기'의 행위가 되어버리지 않을까.

@황혜현 : 대학서열화에 반대하면서도 한편으로는 인정하는 내 모습에서 수개미가 보인다. 안습! ㅜㅜ

@윤송이 : 보다 높은 '순위'에 있는 학교에 가는 게 고등학교, 재수 시절 내내 나의 목표였다. 대학 졸업반인 지금도 종종 '내가 SKY에 갔다면 내 인생은 좀 달라졌을까 혹은 달라질까'라는 생각을 한다. 여전히 학벌의 굴레에서 자유롭지 못하다. 고등학생인 남동생에게 명문대에 가야 한다고, 공부 좀 하라고 다그치는 내 모습이 한심하다. 지금 남동생의 성적으로 봐서는 불가능에 가까울지라도.

@윤지애 : 도둑들이 주류인 세상에서 '마이웨이'를 걸으려면 나의 길에 대한 큰 확신이

필요한 것 같다.

@한민정 : 친한 중학교 동창이 사회복지학과로 진학했다. 사회복지학에 뜻이 있던 나는 친구의 결정이 정말 대견하고 자랑스러웠다. 그런데 뒤이은 친구의 말은 그냥 점수 맞춰서 왔다는 것이었다. 머리를 돌멩이로 쿵 찍힌 기분이었다. 고등학생의 90%는 대학에 간다. 대학이 사회 진출 성공의 보증서는 아니지만 입장권으로 간주되는 사회이기 때문. 하지만 그들 중 얼마나 많은 학생들이 자신이 정말 무엇을 하고 싶은지 알고 진학하는지는 의문이다. 보통 점수 맞춰서 학교를 가기 때문. 그리고 또 다시 진로에 대한 고민은 대학교 4학년, 혹은 전문대라면 2학년 때 찾아온다. 해야만 할 것 같은 강요에 우리는 모두가 가는 안정되어 보이는 선택을 하지만 그건 모두가 가기에 그만큼 경쟁이 치열한 레드오션이다. 고등학교 3학년 때, 나와 함께 1년 내내 야자를 함께했던 친구가 있었다. 그 친구는 아무리 공부해도 오르지 않는 성적 때문에 스트레스를 받았고 그런 친구의 마음을 몰랐던 선생님은 그 친구를 책망하고 꾸짖었다. 그럴 때마다 그 친구가 나중엔 꼭 성공했으면 좋겠다는 생각을 했다. 그 친구는 열심히 공부했지만, 4년제 대학을 가지 못했다. 그는 제과 제빵 쪽으로 진로를 선택했고 2년 뒤 프랑스로 유학을 갔다. 들리는 말에 의하면 그쪽으로 소질이 있다고 했다. 반면 성적이 그리 좋지 않은 다른 친구가 있었는데, 점수는 되지 않았지만 4년제 대학을 갔고 4학년인 지금 무엇을 해야 할지 몰라서 고민이라고 했다. 대학생이라는 타이틀로 그동안 해방감과 자유를 누려왔지만 또다시 잠시 가려두었던 고민으로 되돌아온 것이다. '도둑들에게 끌려가지 말고, 스스로 판단하고 결심하라'는 메시지가 보다 선명하게 다가오는 까닭은 이런 주변 친구들의 모습 때문이다.

더보기 ▼

@강동경: 수능 성적에 따라 획득하는 권력의 열매에 취하는 모습이야 늘 있어 왔지만 배제된 그룹에게 모욕과 경멸어린 시선을 던지는 것은 경쟁에 미친 시대를 사는 우리의 우울한 자화상이다.

@차준호: 네오예!! 매트릭스에 나오는 '빨간약'이 우리나라에선 'SKY' 인 것 같습니다.

@박찬호: 주류사회에 편입되는 길을 포기할 수 없다. 포기할 수 없다기보다 다른 길을 모르겠다. 주변 친구들에 비해 고민을 많이 하는 편인데 찾기가 쉽지 않다. 그리고 한번 굶어본 경험과 부모님에게 진 빚도 한몫한다.

@김지연: 교대에서도 지방 교대와 서울 교대의 미묘한 신경전이 있더군요. 구분 짓기는 어쩔 수 없는 인간의 본능이 아닐까라는 생각을 했습니다. 시스템 개혁 또는 혁파와 함께 시스템 밖 대안에 대해서 눈을 돌리는 방안으로 말하자면 대학거부운동과 대학 내 개혁운동이 있을 텐데 요즘 20대는 물론 10대들도 고민하고 있기는 하지만 나부터가 기존 사회에 편입되고자 하는 욕망을 아직 버리지 못해서. ㅠㅠ

@김선영: 학벌주의의 편승자인 동시에 피해자인 대학에 다니는 한 학생으로서 매우 집중해서 위 글을 읽었습니다. 글을 읽고 나니 애먼 피해의식에 눈가가 붉어지네요. 제게 패러다임을 박차고 나올 용기는 없습니다. 하지만 또 다른 대안을 찾지는 않을 겁니다. 단지 지금 제 자리에서 열심히 달려봐야지요. 그 끝은 어떨지 잘 모르겠지만 제가 지금 내린 결정은 그렇습니다.

@김명진: 저에게 있어 학벌문제는 피부로 느껴지는 문제입니다. 학교가 지방에 위치해 있을 뿐더러 그만큼 취직도 잘 안 되는 학교에 다니고 있으니까요. 저에게 있

어 학벌은 자존심의 문제는 아닙니다. 저 같은 경우 수능 보기 두 달 전 모의고사 점수와 수능점수 간 차이가 200점이 넘게 나는 소위 '수능 대박'이 터진 케이스라서요. (네 저 공부 정말 지지리도 못했습니다. 특히 내신은 3학년 내내 뒤에서 열 손가락에 꼽혔어요) 해서 저는 지금 다니고 있는 학교에 다니는 것만으로도 감사하고 만족합니다. 하지만 사회가 인식하는 'OO대학교'의 '레벨'은 제 마음 속 감사함과는 아무런 상관이 없는 거죠. ㅠㅠ 요즘 유행하는 '인생은 실전이야'라는 말도 있듯이 자존심 문제는 덮어두고 학벌은 우리 사회에서 실질적인 징벽의 문제가 맞으니까요. 더 할 말이 없네요. 제가 수능 공부를 다시 시작하지 않는 한 제 학벌을 바꿀 수 있는 것도 아니고 학벌사회를 바꾸는 건 더 요원한 일로 보입니다. 차차 바뀌어 나가겠죠 뭐.

누구를 위한 광장,
누구를 위한 국가인가

아직 어린 나이인 초등학생 아들이 최근 프로야구에 빠졌다. 대화의 상당 부분을 프로야구 관련된 것으로 채운다. 프로스포츠에 전혀 관심이 없지만 아들과 대화하기 위해 조금씩 관심을 표시하다 보니 어쩌다 프로야구 경기 TV중계를 재미있게 보기도 한다. 아들이 응원하는 팀이 SK 와이번스인데 그 이유가 내 이름과 같은 타자가 있어서라는 설명에는 나라도 SK 팬이 되지 않을 수 없게 된다. 40대 후반에 태어나서 처음으로 야구장을 찾은 비범한 행동도 아들 때문이다. 나의 취향보다 아들과의 소통이 더 중요한 가치인 까닭이다.

가끔 감추고 있던 내 발톱이 돌출해 아들의 마음을 아프게 만들기도 한다. 올림픽에서 한국 선수가 금메달을 따서 메달 경쟁에서 한국이 높은 순위를 차지하기를 응원하던 아들이 "아빠는 왜 한국을 응원하지 않느냐"며 눈물을 떨어뜨리고 말았다. 아빠의 애국적이지 못한 행태가 못내 야속했던가 보다.

여기에는 약간의 오해가 있다. 나도 한국 사람인데 당연히 한국 선수를 응원한다. 하지만 올림픽 경기에서 국가별로 메달 획득수를 집계해 국가 순위를 발표하는 관행 자체에 반대한다. 세계인이 비싼 돈을 들여서 스포츠잔치를 여는 이유가 어느 나라와 민족의 우월함을 입증하기 위해서라면 그런 올림픽은 열리지 말아야 한다.

물론 그런 올림픽이라도 한국이 더 많은 메달을 따서 국가 순위에서 상위권에 위치한다면 기분이 나쁘지는 않겠지만, 올림픽 국가 순위에서 하위권에 머물더라도 우리 동네에 편안하게 이용할 수 있는 수영장이 있고 누구나 쓸 수 있는 잔디구장이 여기저기 있다면 나는 그쪽을 택하겠다. 알다시피 우리나라는 그런 나라가 아니다. 국민들이 생활 속에서 스포츠를 직접 즐길 수 있는 나라가 아니다.

우리나라의 프로스포츠 활성화 정도는 나의 관점에서 보면 미친 수준이다. 반면 동네 운동장에서 아이들이 야구경기를 하는 것을 지켜보며 맥주를 마시고 박수를 치며 웃음을 터뜨리는 평화로운 광경은 거의 찾아볼 수 없다. 운동장 자체가 태부족이다. 국가나 기업이 후원하는 상업화한 구단에서 체계적이고 집중적으로 선수들을 조련하고, 그런 전업 선수들의 기량을 감상하며 멀리서 환호할 따름이다. 우리나라 국민들에게 스포츠는 펜스 안과 밖으로 구분되며 국민들은 펜스 밖의 수동적 존재로만 설정된다.

최선을 다해 어렵게 금메달을 딴 선수가 애국가가 울려 퍼지고 태극기가 게양되는 가운데 눈물을 흘리는 모습을 보면 나도 눈시울이 뜨거워진다. 그것은 내 땅에 함께 사는 젊은이가 혼신의 힘을 다해 이룬 성과에 대한 경의이지 대한민국이란 국가에 대한 경의는 아니다. 국가는 나와 내 아들의 스포츠에 기여한 게 하나도 없다. 내가 끝내 완주하지 못한 수영 강습이나 아들이 배운 각종 스포츠 강습에 든 비용은 내가 개인적으로 부담했다. 정치인들이 금메달 수상자에게 축전을 보내 '치하'하는 모습보다 그들이 우리 동네 체육관 개관식에 참석해 테이프를 끊어줬으면 좋겠다.

아들이 조금 더 크면 나의 비(非)애국적 행태를 이해할 수 있으리라 기대한다. 엘리트스포츠, 국위선양을 위한 스포츠가 만연한 가운데, 평창동계올림픽 유치를 계기로 '스포츠 그랜드 슬램'을 운위하는 가운데, 우리가 무엇을 도둑맞고 있는지 파악하기를 바란다.

하지만 이런 비판적 인식 자체가 내 아들과 마찬가지로 '도둑맞은 세대'에게 낯선 듯했다. YeSS 소속 남학생들 대화의 태반은 프로야구다. 나에게도 한 번씩은 "어느 팀 팬이냐"고 물어본다. "야구 싫어해"라고 대답하면 의아한 표정을 짓다가 "그럼 축구는 좋아하세요"라고 묻고 그때 내가 "스포츠 자체를 싫어해"라고 대꾸하면 난감한 표정을 짓는다.

나는 2002년 월드컵에서 처음 목격한 '붉은 악마'의 거대한 응원 물결에 깜짝 놀랐다. 어떤 식으로든 자발적 에너지가 축적되어 광장을 찾는 행동은 권장할 만한 일이다. 내가 당혹한 것은 거의 예외 없이 붉은 옷을 차려입은 획일성이었다. 빨간색 외의 예외가 인정되고 빨간색 내에서도 여러 형태의 '다양성이 존중되는 통합'이 구현된 광장의 응원이었으면 더 좋았겠다고 생각했다. 붉은 물결에서 일말의 두려움을 느낀 사람이 나뿐이었을까.

무비판적 몰입도 나를 불편하게 만들었다. 축구에 대해서는 잘 모르지만 당시 한국이 4강에 오른 과정이 어쩐지 석연치 않아 보였다. 국수주의적 응원 태도에는 '어떻게든 한국이 이기는 게 선'이라는 집단의식이 자리 잡고 있었다. 스포츠 쇼비니즘의 만연은 우리가 무엇인가를 도둑맞았음을 입증하는 확고한 징후다.

나아가 맹목적 애국심은 도둑들이 도둑질을 감추기 위해 대량으로 유포하는 마약이나 마찬가지다. 국민은 자신을 정당하게 대하는 국가에만 애국해야 하며, 부당한 국가에 대해서는 적극적으로 거부할 수 있어야 한다. 대한민국이란 이름으로 한데 분류되지만 그 안에서 우리는 도둑질하는 자와 도둑질 당하는 자로 나누어지며 대한민국은 도둑질하는 자들의 국가일 뿐이다.

대한민국은 이건희의 나라, 정몽구의 나라, 박근혜의 나라, 문재인의 나라이지, 추석 때 아이들에 고기를 먹이고 싶어서 삼겹살을 훔친 어떤 주부의 나라는 아니다. 대한민국은 국민 모두에게 자랑스러운 나라가 아니라 한 줌의 도둑들에게 자랑스러운 나라일 뿐이다.

'도둑맞은 세대'는 우리에게 자랑스러운 나라여야 할 대한민국마저 저들이 도적질했음을 기억해야 한다. 올림픽이나 월드컵 경기, 잠실이나 문학구장에서 우리가 박수치고 있을 때, 또 TV에서 태극기를 올리며 장엄하게 애국가를 틀고 있을 때 저들은 우리에게서 대한민국을 조금씩 훔치고 있었다.

대한민국을 되찾아올 방도를 찾기가 쉽지는 않다. 우리가 공동체를 어떻게 도둑맞았고 어떻게 찾아올 단서를 확보할 수 있는지는 맨 마지막 장에서 모색해볼 생각이다.

YeSS 대학생들은 가끔 모여서 프로야구를 보러 간다. 역발상으로 그들의 야구장 나들이에 동행하는 것은 어떨까. 펜스 밖과 펜스 안으로 차단막을 설치했지만 펜스 밖의 공간은 뜻밖에 소통과 공감의 가능성이 될 수도 있다. 어차피 소통이 핵심이다. 시선을 펜스 안으로, 즉 앞으로만 향하지 말고 옆으로 돌려 누구와 함께 야구를 보고 있는지 기억하자.

실시간 댓글 ↻

@유정환: 사실 파편화되고, 개인화된 젊은 세대가 애국심을 느끼는 순간은 드물 수밖에 없다고 생각한다. 극단적인 예를 들자면, 전쟁의 발발과 같은 긴박한 상황이 아니고서는 평소에 '애국'이란 개념을 진지하게 염두에 둔다는 것은 쉽지 않다. '스포츠 애국주의'의 형태로나마 애국심을 느낄 수 있다는 것에 안도하는 것은 나의 위험하고도 안일한 생각일까?

@도하원: '초딩' 시절, 아침 조회 시간에 애국가와 함께 영상을 처음 시청했을 때 한 번. 역사 시간에 나라를 위해 몸 바치신 인물들을 배울 때 한 번. 이후로 애국심이라는 개념은 내게 너무 생소하다. 요즘 들어 점점 더 심해지는 것 같다.

@소다영: 개인적으로 스포츠를 좋아하는 편인데, 스포츠가 다소 향락적인 면이 있는 건 사실이다. 하지만 스트레스 푸는 데는 굿. 스포츠를 정말 스포츠 수준에서 즐긴다면 문제될 게 없다고 본다.

@민혜원: 동네 수영장이 문을 닫았다. 너무 슬프다. 박태환이 올림픽에서 금메달을 따기를 간절히 바라기보다는 우리 동네에 수영장이 다시 생기는 걸 바라는 것은 이기적인가?

@이상은: 용감하다.

@유정미 : 애국가가 나올 때 아리랑이 울려 퍼질 때 느껴지는 어딘가 벅차오르는 감정들이 점점 무뎌진다. 아, 국가란 무엇인가. 그리고 그 국가에 사는 나, 그러니까 '국민'인 나는 도대체 어떤 존재일까. 갑자기 브레히트의 시, 〈바이마르 헌법 제2조〉가 떠올랐다. 어떤 이유에서인지는 모르겠다.

〈바이마르 헌법 제2조〉
브레히트

국가의 권력은 국민으로부터 나온다
— 그런데 나와서 어디로 가지?
그래 도대체 어디로 가는 거지?
아무튼 어딘가로 가기는 가겠지?
경찰이 건물에서 줄줄이 나온다.
— 그런데 나와서 어디로 가지?
그래 도대체 어디로 가는 거지?
아무튼 어딘가로 가기는 가겠지!
……

@황혜현 : 국가와 나의 관계를 생각해보니, 우리는 심히 소원한 사이다. 지금의 관계를 어서 빨리 청산하고, 우리의 관계가 친밀해졌으면 하는 것이 소원이다.

@윤송이 : 대한민국이 아닌 다른 나라에서 태어났다면 더 행복했을까.

@김다슬 : 프로야구에 관심이 없으면 대화에서 소외되지요…… 허허.

더보기 ▼

하지만 여전히 그들의 승리가 나의 승리는 아닌데 굳이 특정 팀을 응원할 이유는 모르겠다. 친구를 따라서 농구장에 가본 적이 있지만 응원하는 건 굉장히 어색했고, 응원하는 것보다는 직접 하는 게 훨씬 즐거워요. 대학교 운동장도 마음 놓고 쓰기 어려운 상황. 우리를 위한 광장은 어디에?

@한민정 : 2002년 월드컵 경기 당시 서울광장에 모여든 붉은 물결은 외신에서도 보도할 만큼 신선하고 충격적인 풍경이었다. 수업에서 교수님이 그 당시 CNN을 시청하던 중이었는데, 이를 보도할 당시에 한국의 이런 응원 문화를 보여주고 북한 소식을 바로 전했다고 한다. 외국에서 한국이 어떻게 보였을지 어느 정도 예상 가능하다. 한국 사람에게 통합의 상징이었던 그런 열정의 도가니가 획일성과 전체성의 상징으로 오버랩되어 비춰졌을 가능성이 높다. 그 당시 중학교 1학년이었던 나는 축구에 관심이 없었는데 친구들이 좋아하니 45분 동안 내리 텔레비전 앞에 앉아 경기를 관람해야 했고 골 하나하나에 일희일비하기도 했다. 그러나 지금 생각해보면 그것은 강요된 무언의 소통이었다고 생각한다. 따르지 않으면 소외가 되는 그런 강제된 소통 말이다.

@강동경 : 남이 하는 운동에 관심 없다. 집 근처에 수영장이나 많아졌으면 좋겠다.

@이현목 : 일부 계층을 위한 국가가 과연 올바른 국가인가에 대한 물음을 던진다. 국가의 진정한 역할 무엇이며 국가가 역할을 제대로 하지 못하고 있다면 어떤 식으로 되찾아 올 것인가에 대한 방법을 생각해보게 한다.

@김현진 : 소위 "모태신앙"에 견준다는 "모태 롯데팬"이지만 고개를 끄덕이면서 읽었다. 아무런 생각 없이 롯데의 승리에 기뻐했다는 사실에 반성한다. 다만 수영 같은 운동을 배울 만한 시간이나 경제적 여유가 없는 사람들에게 운동할 여유를 제

공하는 것은 바람직한 일이지만 기본적인 의식주 문제조차 해결되지 않은 상황임을 가정한다면 쉽지 않은 일일 것이다. 또 하는 즐거움과 보는 즐거움은 엄연히 다르다는 가정하에서 운동을 직접 하는 재주나 취미가 없는 사람들에게는 보는 즐거움을 제공하는 게 더 좋은 일일 수도 있겠다.

@박찬호 : 스포츠에 숨겨진 쇼비니즘에 대해 동감한다. 하지만 축구도 보고 야구도 보고 이종격투기도 보고 바둑도 보고 스타크래프트리그도 보는 사람으로서 그 안에 숨겨진 미학과 드라마도 충분히 가치 있다고 말하고 싶다.

@김지연 : 전 스포츠 관람에 흥미를 느끼지 못해요. 스포츠 애국주의를 배격하자는 거창한 말을 떠나서 어느 한쪽을 응원하는 것 자체를 못하겠거든요. 그들이 경기장에 오기까지의 인고의 시간을 생각하면 내가 감히 알량한 소속감이나 외모적 관심에 따라 누굴 응원할 자격이 될까 하는 생각과 함께 마냥 미안해져서요. 그래서 '아무나 이겨라'가 저의 오랜 응원법입니다.

:-) _아파?

응_ :]

:-) _청춘이잖아

...... _ :]

:-) _......

...... _ :]

:-) _......

그래서 어쩌라고?_ :]

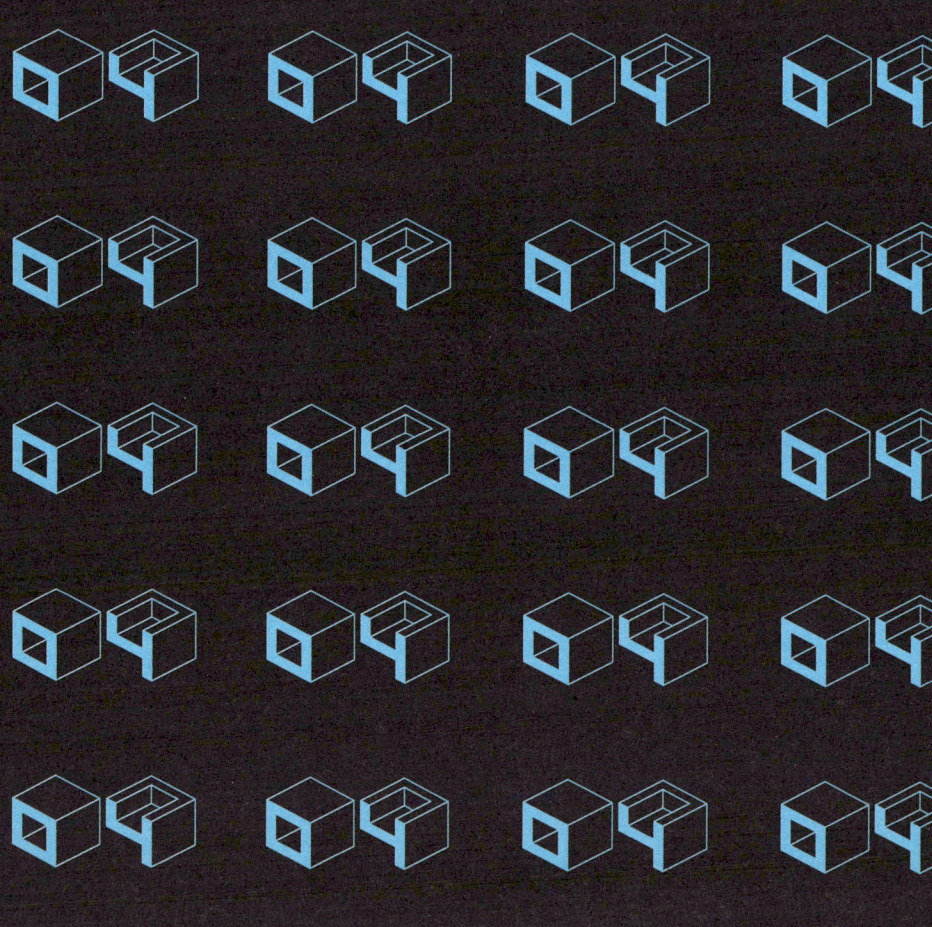

{04}

타 자 _타자화

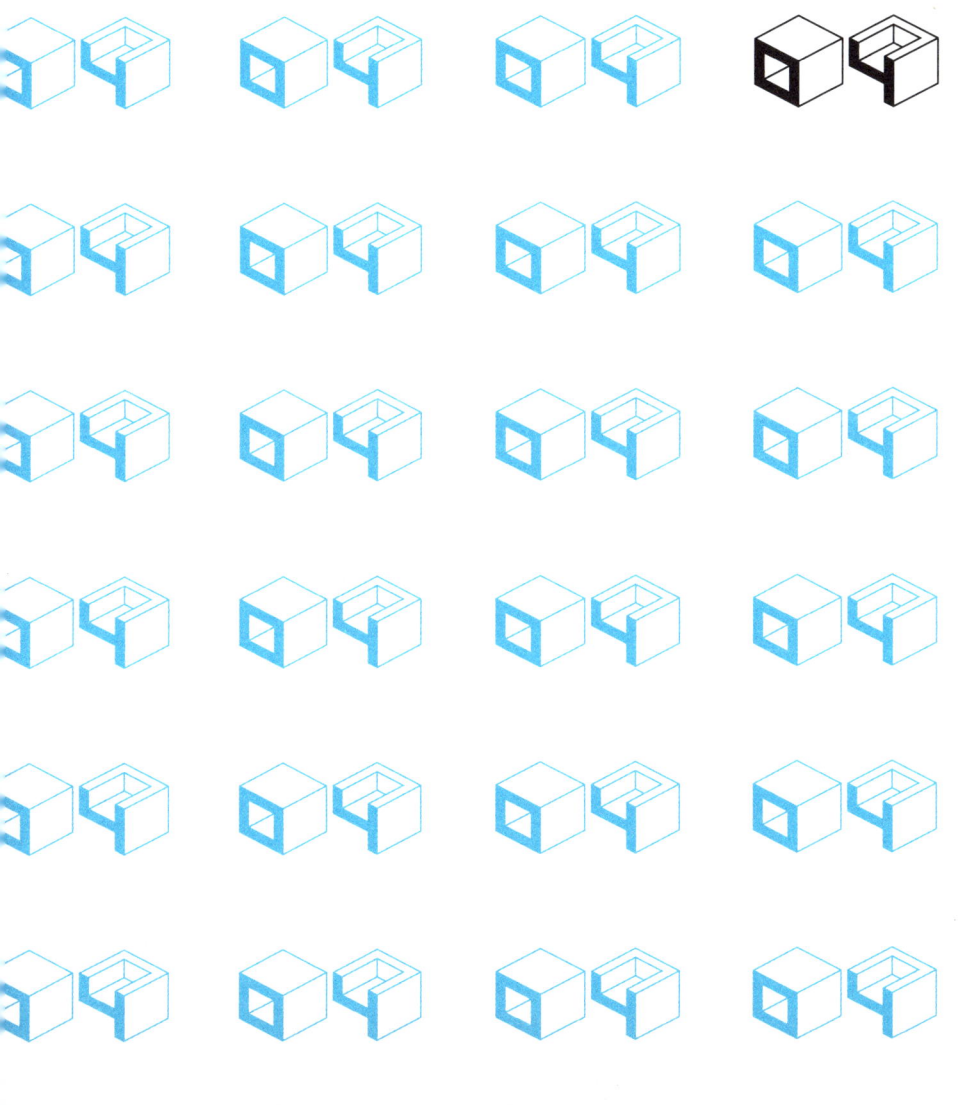

우리 시대가 대면한 대부분의 도둑질은
도둑질 형태를 취하지 않은,
또한 도둑질한 도둑이 도둑질을 인정하지 않는
기묘한 도둑질이다.
더구나 도둑들은 앞으로 도둑질을
그만둘 의사가 없어 보이기에
도둑질을 차단하지 않는 한
우리는 계속해서 수탈당할 수밖에 없다.
더 황당한 것은
도둑들이 도둑질을 합법화해버렸다는 사실이다.
그들은 구체적으로 이익을 챙길 뿐 아니라
근본적으로 법과 제도를 만들 힘마저 훔쳐갔다.

4부 '타자, 타자화'는 《청춘은 연대한다》에 썼던 글을 보완·수정하였다.

{  }

'도둑맞은 세대'가
잃어버린 것

19대 국회는 나중에 임기를 마친 다음 다각도로 평가를 받을 텐데, 평가항목 중에 '청년비례대표'를 빼놓을 수는 없을 것이다. 몇 명의 20대 명사를 배출하는 소득 외에 사회적으로 어떤 산출을 거두었는지, 모르긴 몰라도 산정하기 어려울 법하다.

기성 정치권에서 청년들을 앞세우는 데 표면상 여러 가지 이유를 들이밀겠지만 사실 정치쇼라는 걸 모르는 사람은 없다. 의욕을 불태우는 20대 선량들도 자신들이 맡은 배역을 모르지는 않을 것이다. 20대를 내세워 정치쇼까지 벌이는 까닭은 젊은 세대의 분노 수준이 간단치 않기 때문이다. 반값등록금 운동으로 쉽게 표상되듯 젊은 세대는 정치적으론 온건하지만 심리적으론 가장 큰 불평불만 세력이다. 연대해서 행동하는 집단기동력은 심히 떨어지지만 개인 차원의 전투력이 만만치 않아서 자칫 기표소라는 고립된 공간 속에서 사고를 칠까 기성 정치권은 두려워했다.

청년비례대표의 등장은 20대의 곤궁을 정치적으로 극명하게 입증한다. 청년대표란 자들이 뭔가 할 수 있는 건 아니겠지만, 하는 시늉이라도 해야 할 만큼 20대의 민심이 흉흉하단 뜻이다. 청년비례대표 국회의원이 배출되었다고 해서 청년문제에 해결의 돌파구가 열릴 것이라고 믿을 순진한 청년은 없다. 원래 여의도란 데가 연예인이 노는 곳이니 새로운 유형의 연예인이 생겼구나 정도의 감회일까. 또는 좀 늙은 아이돌이 등장했구나 정도의 무덤덤한 느낌? 20대의 대다수는 같은 나이 또래의 국회의원들이 자신들을 대변할 것이라고 상상조차 하지 않는다. 나아가 정치권이 20대의 문제를 해결해줄 것이라고 기대하지 않는다. 상상하지도 기대하지도 않는다. 20대의 대다수는 고립무원의 절박함 속에서 점점 더 무감각해지고 무기력해지고 있다.

도대체 왜 젊은 세대는 분노하면서도 무력한 세대가 됐을까. 20대의 다수는 비상구가 없는 것 같은 '희망 제로'의 삶 속에서 왜 자신들이 그렇게 살아야 하는지 납득하지 못하면서 어리둥절해하고 있다. 통과의례로서 청춘의 불안을 운운한다면 20대를 너무 무시한 언사로, 지각 있는 20대로부턴 뺨 맞을 각오를 해야 할 것이다.

이들의 구조적 불안은 이들이 끊임없이 약탈당했고, 앞으로도 그런 운명을 예비하고 있기 때문이다. 체계와 효율성을 갖춘 확고한 약탈시스템이 오래전부터 작동하고 있으며 이 시스템에서 결코 도망칠 수 없다는 사실을 예감하기에 젊은 세대는 분노하고 불안해한다. 앞서 나는 이 강고한 시스템에 대해 여러 각도에서 설명했다. 이를 지배하는 자들은 한마디로 도둑들이다. 그것도 큰 도둑들. 대도들은 정치, 경제, 관료계를 핵심으로 학계와 언론계 등을 포괄하는 복합체를 형성해 시스템을 통제하면서 우리 사회를 차분하게 약탈하고 있다. 이로 인해 피해를 입는, 즉 착실하게 피를 빨리는 계층은 다양하지만 그중 대표적인 피해자가 청년세대다. 피해 정도가 크고 장차 피해 기간이 길 것이란 점에서 이 시대 청년세대는 불운하기 그지없다.

그러나 청년세대 모두가 자신들이 '도둑맞은 세대'라는 데 동의하는 것은 아니다. 일부분은 스스로 도둑질하는 사회에 편입되고 싶기 때문에 '도둑맞은 세대'라는 규정을 애써 기피하려고 한다. 동의는 자기정당화의 훼손이기 때문이다.

특정한 이해관계와 무관하게 동의하지 못하는 청년세대도 상당수다. 현실 인식의 차이는 현실 파악의 차이에서 비롯한다. 도둑질이 존재하는 것 같고, 무엇인가 도둑맞은 것 같은 기분이 들지만 문제는 도둑이 누구인지 모르겠다는 것. 열심히 산 결과가 도둑질당하는 것으로 이어지는 걸 이들은 납득할 수 없고 이해할 수도 없다. 도둑을 특정할 수 없다면 도둑질이라고 단정할 수 없지 않느냐는 입장이다. 시체 없이 살인사건이 성립하지 않는 것처럼 말이다.

도둑의 존재에 합리적 의심을 품는 태도는 애거사 크리스티의 추리소설 《오리엔트 특급 살인사건》을 연상시킨다. 마침내 탐정 포와르가 범인을 밝혀내는 순간 큰 반전이 일어난다. 살해된 사람의 주변 인물들이 모두 범인이었던 것이다. 전원이 범인이 되는 독특한 구조는 아무리 우수한 탐정도 혼란에 빠뜨린다. 현실에서 그런 범죄가 일어난다면 아마도 완전범죄가 될 게 틀림없다.

도둑질은 당했으나 도둑이 누구인지 도무지 알 수 없다면 《오리엔트 특급 살인사건》을 떠올리면 된다. 그렇다면 청년세대를 둘러싼 기득권 세력 모두가 도둑일 개연성이 농후하고, 만일 그렇다면 진짜 도둑 찾기란 쉬운 일이 아니다.

《오리엔트 특급 살인사건》의 주인공 탐정처럼 내용에 집중하면 오히려 내용을 읽을 수 없다. 도둑에 집중하면 도둑을 찾을 수 없을지 모른다. 때로 내용이 아니라 형식이 말한다. 우리 사회를 통제하는 형식은 정교하지만 동시에 확고한 약탈의 시스템이다. 도둑들은 십시일반으로 조금씩 기여하며 이 시스템의 안정성과 효율을 높이는 데 협업하고 있다. 그래서 나는 이런 사회체계 속에서 진로를 모색해야 하는 청년세대를 '도둑맞은 세대'라고 부르는 게 적합하다고 믿는다. 함께 도둑 찾기에 나서는 게 가능한 일일까.

'도둑맞은 세대'의 '도둑 찾기'는 어디에서부터 시작해야 할까. 일단 무엇을 도둑맞았는지를 살펴보는 게 순서겠다. 다음 수순은 누가 훔쳐갔는지 범인 색출에 들어가는 것이다. 그래서 범인을 잡으면, 가능하다면 물건을 되찾아와 원래대로 돌려놓으면 된다. 하지만 이 작업이 쉬울 리 없다. 지갑을 잃어버렸을 때 흔히 경험하는 것으로 신용카드를 사용 중지시키려니 내가 어떤 카드들을 갖고 있었는지, 작은 플라스틱 사각형에 어떤 숫자가 적혀 있었는지 알 수 없어 당황하게 된다. 그렇다고 놀랄 필요는 없다. 우리보다 우리에 대해 (적어도 금융정보에 관한 한. 근데 정말 금융정보에만 해당할까?) 훨씬 더 잘 알고 있는 금융회사들이 필요한 숫자를 알려줄 테니 말이다. 그들은 우리가 어디서 어떤 물건을 샀는지, 얼마나 빚을 지고 있으며 연체를 몇 번 했는지, 자산 상황이 어떤지를 손금 들여다보듯이 알고 있다.

하여간 누구의 도움을 받든 원래 무엇을 가지고 있었는지를 파악하는 게 급선무이자 동시에 도둑 찾기의 첫걸음이다. 하지만 안타깝게도 우리에겐 '자상한' 금융기관들이 없어 도둑맞기 전의 재산 상황을 알아내기가 용이하지 않다. 사실 파악 자체가 불가능하다고 봐야 한다.

장기간에 걸쳐 체계적으로 그리고 조직적으로, 가랑비가 옷을 적시는 방식으로 범죄가 진행되어 피해자가 눈치 챈 시점에는 도둑맞기 이전을 추측할 수조차 없게 됐기 때문이다. 확실한 것은 도둑맞았다는 사실뿐이다. 분명 누군가 우리 것을 부당하게 가져갔다. 그것도 탈탈 털어서 말이다.

다행이라고 생각해야 할까. 도둑맞고 도둑맞은 줄 모르고 지내기보다 도둑맞고 도둑맞은 줄 아는 게 나은 것일까. 반대로 생각할 사람도 있겠다. 만일 도둑을 잡아낼 가능성이 없고, 도둑을 잡아도 찾아올 물건이 없다면 그냥 모르고 사는 게 속이 편하다고 말이다. 일리 있는 생각이다. 지금부터 추가로 잃지 않도록 조심하면서 새로 재산을 만들면 된다. 특히 도둑이 위력적일 것이란 예감이 들 때 이렇게 생각할 확률이 높다.

하지만 정말 일리 있는 생각일까. 우리가 도둑맞았다면, 무엇을 잃어버렸는지가 중요하긴 하겠지만 도둑맞았다는 사실 그 자체의 중요성을 간과해서는 안 된다. 도난당한 재산의 많고 적음 이전에 도난이 존재한다. 나의 의사에 반해, 또는 나도 모르는 사이에 내 소유물이 타인의 소유물로 전환되는 도둑질은, 은밀하게 담을 넘어와 주인 몰래 들고나가는 단순한 형태만 있는 것이 아니다. 우리 시대가 대면한 대부분의 도둑질은 도둑질 형태를 취하지 않은, 또한 도둑질한 도둑이 도둑질을 인정하지 않는 기묘한 도둑질이다. 더구나 도둑들은 앞으로 도둑질을 그만둘 의사가 없어 보이기에 도둑질을 차단하지 않는 한 우리는 계속해서 수탈당할 수밖에 없다. 더 황당한 것은 도둑들이 도둑질을 합법화해버렸다는 사실이다. 그들은 구체적으로 이익을 챙길 뿐 아니라 근본적으로 법과 제도를 만들 힘마저 훔쳐갔다.

설령 그동안 '무엇'을 도난당했는지를 알 수 없다손 치더라도, '어떻게' 도난당했는지를 알아내지 않는다면 젊은 세대는 계속해서 '도둑맞은 세대'로 살아가게 될 것이다. 탐정소설의 주인공이 그러하듯 어떻게 도둑질하는지 그 경로를 추적하다 보면 누가 도둑인지 서서히 윤곽이 떠오를 수 있다. 우리에게 일상적으로 주어지는 현실이 온갖 종류의 덫과 무시무시한 함정으로 가득 찬 미궁(迷宮)이란 점을 감안하면 셜록 홈스처럼 예민한 의심과 신속한 결행으로 무장하는 수밖에 없다.

앞서 YeSS 소속 대학생들과 함께 지은 《청춘은 연대한다》에서 나는 현 시대를 살아가는 젊은이들을 '잃어버린 세대'라고 규정했다. 《청춘은 연대한다》는 반값등록금 운동의 현장을 기록하고 의의를 분석한 책으로, 운동에 열기를 보태자는 취지로 기획 보름 만에 출간했다. 초스피드로 진행한 탓에 현 상황을 분석하는 데 미비점이 있지는 않았나 걱정했다. 마침 이번에 관련된 주제로 새로운 책을 쓰게 되면서 뒤돌아보니 젊은 세대를 '잃어버린 세대'로 규정한 게 가장 걸리는 부분이었다. '잃어버린 세대'는 이 시점 이 사회에 존재하는 약탈 구조를 제대로 설명하지 못하는 용어일 수 있다. 잃어버린 게 아니라 누군가 훔쳐갔다는 게 정확한 현실 인식이다. 즉 '잃어버린 세대'가 아니라 '도둑맞은 세대'인 것이다. 주체는 타당한 내용과 형식으로 해명되어야 한다.

'잃어버린 세대'라는 호칭이 한편으로는 젊은 세대의 부주의를 지적하는 용어로 오독될 가능성이 있었다. 만일 '잃어버렸다'면 주인에게도 부주의한 책임을 일부 물을 수 있겠지만, '도둑질당한 것'이라면 전적으로 도둑에게 책임을 물어야 한다. 결코 주인을 비난해서는 안 된다. 강간범을 잡아들이기보다 여성의 옷차림을 탓한 어느 경찰관의 인식을 기억하자. 따라서 용어 정정을 통해 인식을 정정하는 게 올바른 처신이라 생각했다.

'도둑맞은 세대'에 대한 본격적 관심은 반값등록금 운동에 주목하고 어느 정도 관여하면서부터 생겼다. '도둑맞은 세대'가 직면한 현실을 함께 직시하면서 나는, 그들이 자신들의 문제에 대해 스스로 나설 수 없는, 세대를 관통하는 무기력 또는 최소한의 여건조차 성숙하지 않은 사회적 현실에 안타까워하고 있었다. 반값등록금 운동을 계기로 마침내 '도둑맞은 세대'가 그동안 쌓아온 분노를 (비록 사소하게나마) 폭발시키는 광경을 보면서 나는 '도둑 찾기'에 일말의 가능성을 기대하게 되었다.

반값등록금을 촉구하는 것으로 시작된 대한민국 젊은 세대의 분노는, 집단적 의사 표시로 드러나든 아니면 개별적 욕설들로 유통되든 간에 교육개혁을 촉발시키고 나아가 사회시스템 전반의 변경으로까지 이어질 전망을 내포하고 있기 때문이다. 물론 반값등록금 운동이 유럽의 68혁명처럼 시대의 분수령으로 자리매김할지는 불분명하다. 현존하는 사회질서를 수호하는 세력의 선제적이고 시혜적인 조치로 반값등록금 운동이 적당한 선에서 잦아들 가능성은 열려 있다. 도둑질한 것들 가운데 일부를 돌려줘 '도둑맞은 세대'의 반발을 잠재우겠다는 전략은 언제든지 저들이 꺼낼 수 있는 매우 유력한 카드다.

반값등록금 운동이 내포한 강력한 인화력에도 불구하고 그 폭발의 강도를 가늠하기 힘든 이유는 운동의 조직화 수준이 낮고, 체계적이고 효율적인 운동 지도부가 부재하며, 상이한 이념 성향의 조직, 집단, 계층이 참여하고 있어 반값등록금 운동을 통해서 달성하고자 하는 목표가 각기 다르기 때문이다. 실제로 2011년 새 학기를 맞아 급격하게 타오르던 반값등록금 운동은 그해 여름방학을 지나면서 동력을 상실한 형국이다. 그렇지만 불씨를 살려놓기만 해도 주변에 쌓여 있는 땔감이 엄청나기 때문에 언제든지 활활 불타오를 수 있다. 다행스럽게도 불씨는 꺼지지 않았고, 비록 미약하나마 때로 그곳에 에너지원이 유입되면서 조금씩 불꽃이 솟구치곤 한다. 모든 대학생의 시선을 붙들어 맬 수 있는 반값등록금 운동은 아직은 공감대가 넓지 않은 다른 영역들에도 관심을 갖게 하는 계기가 될 수 있다는 점에서 긍정적이다. 각성은 사소한 것에서 비롯하며 각성의 촉매는 평범한 외양을 갖는다.

반값등록금 운동이 갖는 현실적인 제약은 역설적으로 광범위한 사회 변동의 엔진이 될 수 있는 미래의 가능성으로 승화할 수도 있다. 반값등록금의 취지에 동의하고 반값등록금이 포괄하는 모든 문제의식을 공유하며 자발적으로 지지를 표하는 각계각층의 조직화하지 않은, 다양하고 자연스런 목소리는 오히려 '도둑맞은 세대'뿐 아니라 '도둑맞은' 모든 세력의 힘을 한 곳으로 모으는 데 기여할 수 있다.

지금은 군사독재 같은 폭력적이고 무시무시한 거대괴물을 상대할 때와는 다르다. 영화 《미스트》에 나오는 지독한 안개처럼 도처에 존재하지만 어디에도 없는, 더 무시무시한 도둑과 싸울 때의 전략은 달라야 한다는 관점에서 그렇다. 말하자면 68혁명 때 사용된 '금지를 금지한다'는 구호가 21세기 초반 대한민국에서는 '금지를 금지한다'는 것의 금지로 확장될 여지를 남긴다. 억압에 대한 저항이 또 다른 억압을 낳아서는 안 된다는 뜻이다. 도둑을 응징하기 위해 도둑을 혼내주고 그에게서 빼앗긴 물건을 다시 도둑질해온다면 통쾌할 수는 있겠다. 하지만 한 번의 싸움으로 끝날 일이 아니기 때문에 통쾌가 승전을 보장하지 못한다. 도덕적 우위가 핵심전력이 돼야 한다. 설령 한 번의 싸움으로 끝난다 하더라도 도둑의 방식으로 도둑을 잡는 건 온당하지 못하다. '도둑맞은 세대'가 도둑으로 전락한다면 행여 도둑을 징벌하는 데 성공했다 해도, 결과적으로 모든 것을 도둑맞은 게 되기 때문이다.

단순히 '금지를 금지하는' 방식으론 의미 있는 미래를 열 수 없다. 금지를 금지하는 것마저 금지하는 신중함과 인내 그리고 확신이, 의미 있는 미래를 겨냥할 수 있다. 생략이 없는 질문과 지루하더라도 완전한 대답이 정답을 찾는 가장 빠른 길이다. 어쩌면 정답을 찾지 못할 수 있겠지만 오답으로 향하는 사태만은 막을 수 있다. 한 번의 생략이 결정적 오답을 초래할 수 있듯이 '금지를 금지하는' 프레임의 맹신은 헤어나지 못할 저주의 마법에 빠지게 한다.

분명한 사실은 누가 장을 열었든 대학생이 중심이 된 '도둑맞은 세대'가 변화의 전면에 나서고 있다는 것이다(혹은 전면에 나서야 한다는 기대다). 2011년 촛불을 든 '도둑맞은 세대'는 관점에 따라 '잃어버린 세대'이기도 하다. 확실히 짚고 넘어갈 점은 드러난 외양이 '잃어버린 세대'처럼 보일 수 있지만 본질은 '도둑맞은 세대'라는 사실이다. '도둑맞은 세대'는 1차 세계대전 이후의 미국과 '잃어버린 10년' 후 등장한 일본의 '로스트 제너레이션'과는 명확하게 구분된다. 결론부터 말하면 '도둑맞은 세대'는 더 잃을 게 없기 때문에 얻어낼 것만 남았고, 그 지향이 시대정신과 같은 궤적을 그리고 있기에 혁명적이다. 이때 단서는 이런 것이다. 우선 얻어낼 것만 남았다고 해서 실제로 얻어낼 수 있는가는 별개 문제다. 다음으로, 지금 시대정신과 같은 궤적을 그린다는 사실만으로 시대정신과의 최종적인 동행을 보증하지 않는다는 점이다. 대체로 아직 일어나지 않은 혁명의 특징이 그러하며, 단서를 떼어낼 때 비로소 혁명이란 단어를 쓸 수 있게 된다.

실시간 댓글 ↻

@윤지애: 윗세대가 너희는 '도둑맞았다'고 말하는 가운데, 막상 당사자인 우리는 무감각한 현실이 섬뜩하다. 너무 익숙해져서일까?

@서지현: 꿈꾸기 위해서는 자신이 좋아하는 것을 알아야 한다. 자신이 좋아하는 걸 알기 위해서는 움직여야 한다. 움직여야 뭐가 나랑 맞고 뭐가 나랑 안 맞는지를 알 수 있다. 자기가 좋아하는 일이든, 아니면 자기랑 전혀 맞지 않는 일이든 눈을 질끈 감고 몸을 한 번 던져봐야 가닥이 잡힌다. 이런 일은 나랑 맞겠구나, 이런 일은 나랑 맞지 않겠구나 하는. 어떤 일이든 경험해봐야 한다.

@박찬호: 나는 비록 도둑맞았으나 나만이 도둑맞은 것은 아니다. 이해해줄 사람이 옆에 가득하다는 건 외려 다행인지도 모른다.

@이상은: 여행자보험의 유실물 손해 배상을 받기 위해서는 여행지 경찰서에서 조서를 작성할 때 'lose'가 아니라 'stolen'이라고 해야 한다. 우린 '잃어버린' 게 아니라 '도둑맞았다.' 도둑맞았으니 배상을 받아낼 수 있다.

@한민정: 내가 도둑맞은 것이 무엇인지도 모른 채 살아가는 것이 더 씁쓸하고 슬프다. 있는 그대로 잃어가는 나의 소중한 것들에 대한 무지가 나를 더욱 가진 자의 논리에 포섭되도록 하는 것은 아닌지. 우리가 가지고 있던 것이 무엇이었는지 생각해보는 계기가 되길. 우리가 무엇을 도둑맞았는지 명확히 알 때, 되찾으려는 노력을 할 수 있다.

@김선영 : 바닥을 쳤다. 하지만 바닥을 기고 있다. 올라올 기미가 보이지 않는다. 그럴 의지가 없는 것인지도 모르겠다. 수백만 수천만으로 분열하는 움직임에 머리가 어지럽다. 스스로 잃어버리고 만 것이라고 자책한다. 더 무서운 것은 내가 움직이지 않는 이상 변화는 없다는 것이다.

@최잉여 : '도둑맞은 세대'는 더 잃을 게 없기 때문에 얻어낼 것만 남았다는 말. 희망적이다.

@안혜정 : 선택지가 없어서 거리로 나온 사람들이 있는 반면, 체제의 범주에 안주해도 앞날이 보장되는 소수의 청년 계층들도 있죠. 이 둘이 함께 연대해야 변화가 있을 것이라 봅니다. 전자는 말씀하신대로 점점 많이 들고 일어나고 있다고 생각.

'도둑맞은 세대',
'잊힌 세대'가 되지는 않을까

'도둑맞은 세대'는 어쨌거나 자기 것이 수중에서 사라졌기 때문에 '잃어버린 세대'라는 형용으로 보완될 수 있다. '도둑맞은' 상황을 인정하기 싫은 일부 젊은 이들은 '잃어버린' 것으로 인식되기를 바랄 수 있다. 이른바 심리학에서 자주 인용되는 암 환자의 심리반응 5단계 중 첫 단계가 부정인 게 우연은 아니다.

'로스트 제너레이션'의 '로스트(LOST)'에는 '길을 잃다'는 의미도 있다. 현시점 대한민국의 젊은 세대에는 길을 잃었다기보다는 길을 잘못 들어 거의 모든 것을 잃고 있다는 진단이 더 합당해 보인다. 스스로 길을 잘못 든 것이 아니라는 게 더 나쁜 점이다. 기성세대가 몰아넣은 풀 없는 황폐한 둔덕에 오도카니 몰려 있는 소 떼처럼 무력하다.

이들이 처한 상황은 큰 그림을 그려보기만 해도 쉽게 파악된다. 이 나라에서는 고등학교 졸업생의 80% 이상이 대학에 진학한다. 대학졸업장은 고등교육 이수증명이 아니라 한국인임을 입증하는 사실상 일종의 호패다. 나머지 20% 가까운 고교 졸업생들 가운데 자발적 진학 포기자는 거의 없을 것으로 예상된다. 주로 경제력이겠지만 제반여건을 감안했을 때 도저히 대학교육을 감당하기 힘든 형편으로 인해 '20-80'에서 20에 포함됐을 것이다. 이들의 좌절감과 박탈감은 '도둑맞은 세대' 가운데서도 가장 심할 것으로 추정된다. 자발적으로 대학 진학을 거부하는 진취적 10대가 간혹 목격되지만 추세에서 보면 너무 예외적인 현상이라 안타까움만을 더한다.

대학에 진학한 나머지 80이라고 좌절감과 박탈감으로부터 자유로운 것은 아니다. 우리나라 노동자의 절반가량이 비정규직인 상황에서 얼마나 많은 대학 입학생들이 가계 곤란 가정에 속해 있는지는 따져보지 않아도 알 수 있다. 입학 전후 및 졸업 후 이들이 겪는 어려움은 이제 전 국민이 알고 있으니 굳이 반복할 이유가 없어 보인다. 하지만 유명한 MB어법을 차용해 "내가 해봐서 아는데"라고 말하거나, "젊어서 고생은 사서도 한다"며 씨알도 안 먹히는 소리를 내뱉어서는 곤란하다는 이야기는 하고 가야겠다.

젊어서 고생을 사서 하려면, 늙어서 고생하지 않는다는 확신, 아니 확신이 아니더라도 최소한 '그럴듯한' 추론 정도는 가능해야 한다. 현실은 정반대다. '도둑맞은 세대'의 많은 대학생들은, 지금 하는 이 고생을 평생 하게 될 것이란 '합리적' 가설을 세우고 있다는 게 내 판단이다. 도살장에 끌려 들어가는 소처럼 지금 주저앉을 수 없으니 그냥 걸어간다. 팍팍한 '미래 완료' 앞에 이들은 이미 너무 많은 것들을 잃고 있다.

이들이 도난당한 것들 가운데 가장 대표적인 '품목'은 꿈이다. 물론 고무공처럼 통통 튀는, 미래에 대한 기대에 부푼 발랄한 젊은이들을 캠퍼스에서 쉽게 목격할 수 있다. 더불어 무기력에 찌든, 남은 긴 인생을 비관으로 점철시킬 것으로 짐작되는 이른바 '루저'들은 더 쉽게 찾아낼 수 있다. 어느 지방대에서는 캠퍼스 전체에서 꿈을 꾸는 어떤 흔적도 찾기 힘들었다. 한 번 받은 '호패'의 효력이 평생 지속되는 '학벌사회'에서, 대학입시에서 좋은 성과를 거두지 못한 청춘에게 꿈을 꾸는 게 현실적으로 가능할까. 'in 서울' 중심의 대학서열화에 대한 가치판단은 지겨우니 잠시 미뤄놓자. 어쨌든 이러한 경향이 심해지는 가운데, 등록금 외에 하숙비 등 서울 학생에겐 해당하지 않는 추가비용이 부담돼 성적과 무관하게 지방대에 진학한 어느 젊은이에게 대학생활의 의미는 무엇일까. 'in 서울'과 경제력이란 두 가지 강고한 벽에 가로막혀 주저앉고 말았지만 털고 일어나 씩씩하게 꿈을 꿀 수 있을까. 더 큰 문제는 못마땅한 그 상황을 지속하기 위해 여전히 꾸역꾸역 비싼 등록금을 내고 있으며, 그러다 보니 마찬가지로 힘든 부모에게 민망하게 손을 벌리거나 아니면 어떤 의미도 부여하기 힘든 '알바' 전선에 내몰리게 된다. 정도 차이는 있겠지만 지방대나 서울 소재 대학을 막론하고 상당수 젊은이들이 심적으로나 물적으로 고통받고 있다. 지방에서 대학을 다니든 서울에서 대학을 다니든 이런 고통에서 자유롭고 현실에서 활개 칠 수 있는 유일한 대학생은 부모의 재력이 든든한 일부에 국한할 것이다. 부모가 평범하거나 가난하다면 저들은 젊음을 훔쳐가고 말 것이다.

꿈이란 여러모로 정의할 수 있겠지만, 그것이 숭고한 것이든 세속적인 것이든 '자신에게 주어진 범위 이상'이 되고 나아가 '다른 무엇'인가가 되고자 하는 바람이다. 영어로 표현하면 "more becomes different"이다. 꿈이란 욕망과 달리 어느 정도 합리적 기대가 전제된다. 자신에게 주어진 범위를 벗어나는 것을 아무리 열성적으로 꿈꾼다 해도, 경험칙 또는 다른 판단 근거에 의해 주어진 범위를 결코 벗어날 수 없다는 것을 알게 된다면, 더 이상 꿈을 꾸지 않게 될 터이다. 만일 그럼에도 꿈꾸기를 계속하는 누군가 있다면 그는 꿈 때문이 아니라 꿈꾸기를 포기하지 못하는 자신에게 좌절하게 될 것이다. 그때의 꿈은 희망의 동력이 아니라 절망의 촉매제가 된다. '도둑맞은 세대'에겐 단 한 가지 꿈꾸기만 허락된다. 즉 절망을 꿈꾸는 행위 말이다.

높이뛰기의 달인인 벼룩에게 유리컵을 씌워놓으면 특정 벼룩의 높이뛰기 능력과 상관없이 그 벼룩은 그 컵 높이만큼만 뛸 수 있다. 흥미로운 사실은 나중에 컵을 치워도 그 벼룩은 컵 높이만큼만 뛴다고 한다. 컵으로 가둬놓은 벼룩에게 더 높은 꿈을 기대할 수 없다. 마찬가지로 비싼 등록금 등 포괄적으로 감당하기 힘든 교육비에 억눌린 대학생에게 꿈꾸기를 요청한다면 그 사회는 후안무치하다는 소리를 들을 것이다. 누구나 동의하듯 청춘이 꿈을 꿔야 희망이 있는 사회다. 그러나 '도둑맞은 세대'는 꿈을 도둑맞았다. 대다수가 좀비처럼 하루하루를 버텨 나갈 뿐이다. 그들을 꿈꾸게 만들려면 최소한 대학시절 동안이라도 각박한 생존의 현장에서 벗어나게 해주어야 한다. 그래야 숨을 쉬고, 그래야 발밑이 아니라 고개 들어 하늘을 볼 게 아닌가. 절대 결핍에선 꿈이 생성되지 않는다(늦기 전에 유리컵을 부숴야 할 텐데, 너무 늦어버린 건 아닐까).

꿈꾸기를 멈춘 젊은이는 더 이상 젊은이가 아니다. 젊음은 단어 자체에서 성장과 발전을 전제한다. 미국 시인 헨리 워즈워스 롱펠로의 〈인생송가〉의 한 구절처럼 "말 못하고 쫓기는 짐승"으로 살아가는 젊은이는 젊은이로 불리지 못할 뿐 아니라 인간의 존엄성마저 잃게 된다.

'도둑맞은 세대'는 꿈을 잃어버리면서 동시에 자아와 자존감을 잃었다. 꿈을 꾸는 능력과 자존감은 부득불 연결된다. 미래를 탈취당한 인간은 짐승과 다를 바 없어진다. 호주로 최초로 이주한 누군가는 '수평선 너머'를 모색했을 터, 마찬가지로 인간은 본능적으로 '현재 너머'를 기도(企圖)한다.

'현재 너머'를 박탈당한 이들은 존재의 의미를 탐색하지 못하고 결핍을 채우기 위해 싸운다. 말하자면 저명한 심리학자 에이브러햄 매슬로가 제시한 D욕구(Deficit-Needs)를 충족시키는 데만 온 힘을 쏟는다. 짐승의 생존이며 짐승의 결핍이다. 그러나 그 결핍은 짐승과는 달리 실체가 아니다. 그것은 하나의 이데올로기다. 왜냐하면 결코 충족시킬 수 없기 때문이다. 대표적인 것이 바로 앞에서 살펴본 영어와 스펙이다. 어려서부터 조기교육을 받고 대학 입학 전까지 영어를 배웠지만 대학 진학 후에도 영어공부는 계속된다. 실제로 사회에서 필요한 능력은 오래전에 구비했지만 이들은 공부하고 또 공부한다. 적당한 시점에 도달하면 예외 없이 휴학하고 미국으로 어학연수를 떠난다. 평소에도 성업이지만 각종 영어학원은 방학이면 내목을 맞는다.

스펙 열풍도 비슷하다. 스펙을 쌓기 위해 휴학하고 이곳저곳에서 서너 개씩, 또는 그 이상의 이력을 채우는 대학생을 흔히 볼 수 있다. 화려한 스펙이 입사시험에서 큰 도움이 되지 않는다는 기업체 채용담당자의 반복된 조언에도 불구하고 이들은 멈추지 않는다. 멈출 수가 없다. 대학시절 비싼 등록금을 내는 데 그치지 않고 어학과 스펙에 또 돈을 쏟아붓는다. 쏟아붓는 그 돈을 누군가 훔쳐가는 것이라고는 생각하지 못하고 맹목적으로 투자라고 간주한다.

자기 파괴적인 탐욕의 근본 이유는 불안이다. 미래에 대한 불안, 경쟁에서 도태될지 모른다는 불안, 기준선을 충족시키지 못한다는 불안 등등. 이러한 불안에 근거한 탐욕은 결코 만족을 모른다. 이 욕구라는 게 스스로 우러난 욕구가 아니라 타자의 요구에 조응한 것이기 때문이다. 스스로 우러난 욕구라면 자신을 만족시키는 것으로, 욕구를 마무리 지을 수 있다. 그러나 타자의 요청은 끝을 모른다. 무한정 레벨-업 시키는 게임처럼 결코 끝나지 않는 '클리어'를 반복하기 마련이다. 플레이어를 만족시키는 게임이란 태생적으로 불가능한 것처럼 '도둑맞은 세대'의 욕구는 끝끝내 채워지지 않는다. 그리하여 짐승처럼 D욕구를 쫓아 으르렁거리며 질주하게 되는 것이다. 그때 자신이 그 욕구의 주인이 아니라는 사실조차 인식하지 못한다. 타자가 그 욕구의 주인이란 진실은 알려고 하지 않고, 알 수 있다 하더라도 받아들이려고 하지 않는다. 타자의 완전한 은폐, 그리고 철저히 고립되고 완벽하게 외로운 개인은 우리가 이미 검토했듯 신자유주의의 설계다. 완벽하고 압도하는 인간형을 모색하도록 강제한 신자유주의에서 종국에 인간이 증발하고 마는 것은 아이러니라기보다는 필연이다. 그들은 인간 자체를 훔쳐간다.

이 때문에 '도둑맞은 세대'는 자아실현 욕구에 근접하지 못한다. B욕구(Being-Needs)는 '도둑맞은 세대'에게 허용되지 않는다. 존재는 현안이 아니다. 자아는 불문명해진다. 욕구의 주체로서 자아는 해체되고, 끊임없는 결핍에 기민하고 신경질적으로 대응하는 욕구들로 대체된다. 욕구라는 행위만 남고 욕구하는 나는 소멸된다. 그런 표현이 성립하는지 불분명하지만, "나는 도둑질 당한 존재"인 것이다.

나의 소멸은 비단 '도둑맞은 세대'에게만 해당하지 않겠지만 확실히 이들에게서 두드러진다. 적어도 그 이전 세대에서는, 마찬가지로 D욕구에 투항하고 말았지만 어떻게든 나를 되찾고 싶은 일말의 향수를 목격할 수 있었다. '도둑맞은 세대'는 변신로봇처럼 다양한 D욕구에 대응하는 데 능숙해질 뿐 '나'와 '자아실현' 욕구에는 눈감게 된다.

변신로봇은 한 번도 자신이었던 적이 없다. 변신로봇의 본질은 변신이기 때문이다. 따라서 변신로봇은 자신을 도난당함으로써 자신이 될 수 있다. 한 번도 자신이었던 적이 없는 변신로봇은 흥미롭게도 자신에게만 머물러야 하는 역설에 직면한다. 다람쥐 쳇바퀴 돌 듯, 자신이 아니면서 자신에 머물러야 하는 것이다. '도둑맞은 세대'는 변신로봇이나 마찬가지다. 소통에서 배제된다. 공동체, 공유가치 같은 어휘는 낯설기만 하다. 소통, 공동체, 공유 같은 가치는 저들이 오래전에 훔쳐갔다. D욕구의 화신이 되면서 불통(不通)은 애초에 숙명이었다고 볼 수 있다.

'도둑맞은 세대'는 불가불 외롭다. 단적으로 이들에게는 연애조차 소통과 합일의 형식이라고 보기 힘들다. 예컨대 요즘 젊은이들은 연애를 시작하는 순간 날짜를 세기 시작하며 매일 날짜를 헤아린다. "연애한 지 173일 됐어요." 이런 설명을 연애 중인 대학생들 사이에서 쉽게 들을 수 있다. '남친, 여친'이 되는 것은 싸이클럽 1촌이란 형식으로 드러나고 이별은 1촌에서 밀려나는 것으로 표상된다. 둘이 함께 찍은 사진을 핸드폰과 홈피에 공공연하게 올리는 방식으로 사생활을 공식화한다. 관계의 질이 숫자로 측정되고 가장 은밀해야 할 개인사가 공개되는 연애는 어떤 연애일까. 연애 자체보다는 연애의 현상에 더 정통하다는 느낌을 받는 게 꼭 편견 같지는 않다. 아마도 대상에 자신을 던져 넣지 못하고 '국외자로 걸쳐지는 것'이 더 편하기 때문일까. 자신이 누군가에게 던져지는 상황 또한 못마땅하지 않을까. 이들의 연애는 몸과 마음을 무한대로 투입하는 옛 연애와 구별된다.

근본적으로 공존(共存)에 대한 두려움이 깔려 있기 때문이다. 연애의 계량화, 사생활의 공개 등의 형태는 공존을 훈련받지 못한, 혹은 공존으로부터 피해의식을 갖는 '도둑맞은 세대'가 가진 자기방어 기제 중 하나다. 조병화 시인이 〈공존의 이유〉라는 시에서 "깊이 사귀지 마세. 작별이 잦은 우리들의 생애, 가벼운 정도로 사귀세"라고 말한 것과는 정반대 맥락이다. 조 시인이 "악수가 서로 짐이 되면 작별을 하세"라고 했을 때 염두에 둔 사랑은 말 그대로 가벼운 사랑이 아니라 영혼을 거는 사랑이다. 〈공존의 이유〉가 반어이듯 이 세대의 사랑의 현상 또한 반어이다. '나'의 무게를 감당하기 힘들기에 타인과 공존할 엄두를 내지 못하는 것이다. 이미 나를 도난당한 상태인데 나의 무게로 힘들어한다는 어이없는 현상은 어떤 의미에서 상상 임신이나 마찬가지다. 상상 임신이 내 삶에 타인을 적극적으로 초대하는 형식이라면 지금 문맥의 상상 임신은 절단당해 없는 다리에서 가려움증을 느끼는 자기 함몰의 형식이다.

그래서 간을 보고 또 보고, 숫자와 사진으로 억지로 의미를 부여하게 된다. 진정한 사랑의 시간은 순간이 영원이고 영원이 순간일 수밖에 없다. 육상 경기라도 되는 양 연애의 시간을 재는 몰취미는 소통에 서툰 '도둑맞은 세대'의 특징이다. 이들은 소통하는 능력을 잃었고 연대의 감동을 잊었다.

실시간 댓글

@이상은 : 정말 거지 같은 나라.

@유정미 : 여전히 꿈꾼다. 실은 내 꿈은, 이 사회에서 잊히지 않기 위한 꿈.

@박찬호 : 우리 세대를 탓하지 말라. 우리에겐 힘이 없다. 그리고 도둑맞은 건 우리만이 아닐 텐데.

@김선영 : 자존감이 아닌 자만감을 먹고 사는 자신을 볼 때 구역질이 난다. 결국 오늘도 의미 없는 배설뿐이다.

@최잉여 : 애인 바뀔 때마다 카카오톡 프로필 사진이 애인 사진으로 바뀌는 사람. 페이스북의 연애 상태를 자주 바꾸는 사람. 이들을 보면 왜인지 가소로웠다. '연애 자체보다는 연애의 현상에 더 정통하다는 느낌' 때문에 그랬지 싶다.

@안혜정 : "대다수가 좀비처럼 하루하루를 버텨나갈 뿐이다. 그들을 꿈꾸게 만들려면 최소한 대학시절 동안이라도 각박한 생존의 현장에서 벗어나게 해주어야 한다"는 데 동감. 대학이 지금처럼 필수요소처럼 된 구조를 바꾸지 못할 거라면 우선 등록금 낮추고 기본소득 보장해달라 이놈들아.

나, 타자의 정립,
타자화와 나의 타자화,
나의 나선형 타자화,
지속적 '나'의 재구조화

"석쇠는 필요 없어. 타인이 지옥이야."

결국 가장 덜 실존적인 이 세대가 내뱉게 될 말은 장 폴 사르트르가 언명한 이 문장일까. 꿈과 미래, 나, 유대를 상실한 '도둑맞은 세대'에게 타인은 곧 지옥일 수밖에 없다. 만인 대 만인이 투쟁하는 절대고독과 절대공포에서 타인은 극복의 대상일 뿐이다. 동시에 누군가에게 타인일 '나' 또한 그에게 극복의 대상이며 극복되고 있을 것이다. 극복하고 극복되는, 등 뒤를 봐줄 사람 하나 없는 고립무원의 상황. 마치 전체 인구수만큼 감방을 지어놓고 모두가 그 안에 처박혀 '딜레마 게임'을 벌이는 형국이다. 사회계약을 맺기 전 '최초의 인간들'을 겨냥한 듯한 게임의 구조는 누구도 승리할 수 없게 만든다. 모두가 패배하는 게임을 누가 왜 만들었고, 왜 '도둑맞은 세대'를 비롯해 우리 사회는 이 게임을 수용하고 있는 것일까. 우리는 왜 영화 《매트릭스》에 나오는 인간들처럼 사육당하는 구성을 받아들이고 있을까. 우리를 옥죄는 매트릭스는 영화보다 훨씬 공고해서 '그' 같은 탈출자가 결코 나올 수 없다. 심지어 우리는 실재가 아니며 매트릭스가 만들어놓은 가상이라는 각성에 도달한 사람은 많지 않다. "실재는 매트릭스일 뿐이고 우리의 진짜 삶은 도난당했다"고 말한다면 꼭 영화 속 네오가 하는 얘기인 줄 알겠다.

영화와 다른 점은 지금 대한민국에선 하기에 따라 (물론 가능성이 매우 낮지만) '매트릭스'를 깰 수 있다는 것이다. 쉬운 일이 아니겠지만 미흡한 대로 '도둑맞은 세대'가 결집한 반값등록금 운동에서 그 가능성의 일단을 보게 된다.

그러려면 현시점에서 대한민국을 통제하고 지배하는 타자의 그물망을 제대로 파악해야 한다. 인간이 사회적 동물이라고 했을 때 다음과 같은 논리가 성립할 수밖에 없다. 타자는 인간에게 숙명이다. 인간 조건은 본질적으로 타자를 정립하는 것이다. 타자는 곧 '나'의 투사물이며 '나'는 타자화의 과정이자 결과물이다. 그 결과는 지속적 '나'의 재구조화다.

쉽게 이해하면 스스로 '나'라고 믿는 '나'는 어쩌면 내가 아닐 수 있으며, '나'는 다른 사람들, 관계, 생각, 현상 등에 복속된다. 간단하게 같은 사람이 미국 뉴욕과 아프가니스탄의 칸다하르에서 각각 성장한다고 가정해보자. 현실적으로 가능하지 않지만 사고 실험을 통하면, 같은 두 사람이 다른 두 사람이 될 것이라는 데 누구나 동의할 터이다. 또 가정해볼 것은 전혀 별개인 두 사람을 동일한 환경에 투입하자. 이 경우에도 두 사람이 다를 것이라는 데 많은 사람들이 동의하지 않을까. 내가 '나'만인 게 아니지만 내가 없는 것도 아니라는 얘기다.

'나'는 수동적이며 동시에 능동적인 존재라는 이중성은 동시에 희망과 절망의 근거다. '거울뉴런'의 발견이 시사하듯, 최초의 타자는 내가 정립한다기보다는 '나'에게 정립된다. 최초의 '나'는 우연찮게 정립된 타자(부모가 대표적이겠다)에 의해 처음으로 구조화한다. '나'와 최초의 타자들은 최초의 주체(혹은 단지 '나')를 형성하는데, 이후 최초의 주체는 새로운 타자들을 정립하고 타자들에 정립되며, 이 같은 타자들의 포위 속에서 억지로 의미가 부여된 것들로, 역량 있는 관계를 맺는다. 이 관계 맺음은 '나'의 투사물이란 측면에서 주체적이지만 여전히 타자의 포위 속에 존재한다는 측면에서 타자적이라고 할 수 있다. 또한 이 관계 맺음은 타자화라고 명명될 수 있으며, 타자화는 과정과 결과에서 '나'에게 결정적으로 침투해 주체를 타자화하기에 이른다. 타자화에 직면한 주체는 스스로를 재구조화하며, 다시 새롭게 태어난 '나'를 앞세워 새로운 타자 정립에 나선다. 타자화와, 주체 혹은 '나'의 재구조화는 나선형으로 반복되며 개인을 규정하며 형성한다.

현대사로 국한해 살펴보면 최근 한국인들은 박정희와 전두환이라 괴물과 대면해 그들을 타자로 정립했다. 인간이 타자들의 종합으로도 설명될 수 있다고 할 때 이 두 괴물은 '나'에 정립된 타자의 피라미드에서 정점에 위치한다. 아마도 '나'의 의식과 행동, 그리고 지각하지 못하는 많은 것들에 영향을 미쳤을 것이다.

거대한 괴물에 대한 '나'의 태도는 거부할 수도 추종할 수도 있지만, 추종뿐 아니라 거부까지도 '나'가 타자에 반응하며 얽매여 있음을 의미한다. 미국인과 대면하든 안 하든 미국 또는 미국인을 뇌리에 담아두지 않는 이라크인은 없으며, 미국에 대한 태도는 그가 어떤 이라크인인지를 결정하는 중요한 잣대인 것과 동일하다. 타자에 대한 태도에 따라 '나'들은 이합집산하며 '우리'를 형성한다. '우리'라는 결속은 거대 타자의 대응물이다. 군사독재 시절 학생운동에서 목격한 바이다. 화염병을 들고 거리에 서든, 아니면 기형도 시인처럼 "최루탄이 터질 때 플라톤을 읽든", 당시 그들은 '우리'로 묶일 수 있었다. 이 때문에 '우리'는 외롭지 않았고 때로 인간적인 강한 유대를 통해 자존감을 구현하기도 했다. 로마의 박해를 받던 초기 기독교 교회에서 매슬로의 B가치를 가장 많이 목격할 수 있는 것과 동일한 문법이다.

'도둑맞은 세대'가 정립한 타자는 새로운 유형의 타자다. 전두환, 미국, 알라신처럼 한눈에 식별되지 않는다. 그럼에도 편재(遍在)한다. 거대하지 않지만 압도하는, 익숙하지 않은 타자다. 비교적 긴 시간에 걸쳐 서서히 기존 타자를 대체한 새로운 타자 역시 '나'에 의해 정립된 것이다. 앞서 언급한 영화《미스트》의 안개처럼 슬금슬금 치고 들어와 어느새 '나'를 공기처럼 둘러싸버렸다. '나'는 거미줄에 걸린 벌레처럼 타자의 그물망에 갇혀 이러지도 저러지도, 오도 가도 못하고 있다. 타자에 맞서보지도 못한 채 말이다.

시대 변화는 '우리'를 분해시켰고 새로운 타자를 정립하는 과정에서 타자 역시 안개를 구성하는 물방울들로 흩어졌다. 대한민국이 성장의 단물에 취해 새로운 사회현안을 등한시하자 타자는 독버섯처럼 사방으로 영역을 확대했다. 군사독재 붕괴와 뒤이은 형식 민주주의 달성 이후 생긴 이념의 공백을 세계화와 신자유주의, 그리고 폭주기관차로 변한 자본의 무자비한 권력화가 채웠다. 여러 겹으로 온갖 곳에 다 침투한, 그리고 더 막강하며 인간의 냄새를 찾아볼 수 없는 새로운 유형의 타자(들)는 더 위협적이다. 타자(들)로서 '나'와 대립하는 데 그치지 않고 '나'에게 스스로 타자가 되도록 세뇌하고 강요한다. 나의 본질마저 훔쳐가는 강압적인 '타자화'(혹은 타의에 의한 강력한 주체의 재구조화)를 실행한다는 측면에서 그렇다. 새로운 타자(들)의 음모는 〈나와 타자(들)〉에서 〈'타자화'한 '나'와 타자(들)〉로 관계 형성을 전면 재편하는 것이다.

새로운 타자는 스스로 타자화하는 데 그치지 않고 '나'에게 적극적인 타자화를 유도함으로써 완벽한 타자의 그물망을 구축하는 것을 구상한다. '나'를 타자화하는 것은 내가 '나'의 정립인 타자에 조응하는 수준을 넘어 '나'를 타자의 일부로 내어놓는다는 의미다. 즉 타자가 '나'를 가져간다. 아니 훔쳐간다.

실제로 살을 잘라서 제공할 수는 없기 때문에 현실에서는 타자의 가치를 '나'에게 내면화하는 것으로 나타난다. 여기서 '나'의 소실이 발생하게 된다. 소실은 나의 입장이고 저들의 입장에서는 '나'의 획득, 즉 도둑질이 된다. (주체의 입장으로 설명하면 마찬가지로 재구조화다. 그래서 주체는 불편하지 않을 수 있다. 하지만 주체와 '나'의 거리가 끝없이 멀어지면 마르크스가 말한 소외 비슷한 게 출현할 수 있지 않을까. 노동에서 노동자가 소외되듯 주체에서 '나'가 소외됐을 때 말이다) 나아가 '나'가 타자의 시스템에 편입됨으로써 '나'는 주변의 다른 '나'(들)를 타자의 논리로 억압하게 된다. 훔쳐진 존재인 '나'는 어느새 도둑질을 방조하고 협력하는 존재가 된다.

좁은 취업문을 뚫기 위해 스펙 쌓기에 도전한 대학생 A씨가 점차 스펙 쌓기 자체에 몰입하게 되고, 그런 A씨의 모습을 통해 친구들이 스펙에 무심한 자신들을 불안해하다가 새로이 스펙 쌓기 대열에 진입하는 모습이 이런 예에 해당한다. 젊은 여대생들이 경쟁적으로 신는 하이힐도 같은 예다. 원래 더러운 지면에서 어느 정도 떠 있기 위해 고안된 나막신이 하이힐로 발전했고, 여성성의 상징으로 자리매김하면서 누구나 하이힐을 신게 된다. 결국 건강에 무리가 가는 것을 무릅쓰면서 힐 높이를 계속 높여가다가 더 높일 수 없게 되면 거기서 중단한다. 하이힐을 신는 효과는 없어지고, 하이힐을 벗었을 때의 '몰락'만 남은 상황. 결국 전체가 건강 악화라는 피해를 감수하며 하이힐을 벗지 않기 위해 버티기에 들어간 국면. 하이힐은 여자들에게 높이를 선물한 게 아니라 높이를 훔쳐갔다.

전면적 혹은 집체적 타자화의 세상을 단적으로 보여준다. '도둑맞은 세대'뿐 아니라 우리 모두 나름의 하이힐을 신고 뒤뚱거리고 있는 소극(笑劇)에서 '나'뿐만 아니라 말하자면 '너'까지도 소실되고 있는 중이다. 그렇게 쓸려 나간

부분은 타자화의 모래톱으로 자아의 강변을 장식하게 된다.

　소설 《1984》의 빅 브라더와 달리 지금의 타자는 어떠한 폭력도 쓰지 않고 '나'들을 자발성의 형식 아래 타자화의 대열에 복속시켰다. 얼굴에 쥐 떼를 풀지 않아도 '나'들은 기꺼이 영혼을 바쳤고, 이런 과정을 통해 구성된 '매트릭스'는 이제 '도둑맞은 세대'를 포함해 우리 사회 전체를 집어삼키려 하고 있다. 1987년 민주화 항쟁을 거치고 1988년 서울올림픽이 개최된 이후 지금까지 이러한 타자화가 진행됐다는 관점에서 보면 '도둑맞은 세대'가 현재 마주한 새로운 유형의 타자는 스스로 정립한 게 아니니 '도둑맞은 세대'로서는 억울할 수밖에 없겠다. 새벽같이 도둑이 들리니, 깨어 있어야 했을까. 그러나 과연 밤새 불침번을 선들 개인이 막아낼 수 있는 도둑이었을까.

실시간 댓글

@최잉여 : 돌아가며 불침번을 서야했겠군요. 그것은 연대였겠군요.

@유정미 : 우리는 '타자의 인준에 목마르고 자본의 첩자가 되는(《한겨레》 기사 중에 참 좋아하는 기사 제목입니다!)' 신자유주의 체제의 젊은이로 하루하루를 살고 있다. 그래서일까. 그간 다양한 세대론이 존재했다. '88만원 세대'에서 'G세대', 'G20세대', '20대 개새끼론'까지. 뭐랄까. 세대에 대한 글을 읽을 때마다 위로와 위안의 감정을 느끼지만 또 어딘가 모르게 불편함을 느낀다. 어찌됐든 이러한 논의에서는 대부분 20대가 큰 잘못을 하고 있는 것처럼 그려진다. 가령 잘못된 사회구조를 바꾸려 들지 않고 순응하는 세대로 그려지거나 그 사회구조에 제대로 편승하지 못하는 세대로 그려진다. 아무튼 나를 포함한 20대는 소심하기 그지없다.

결국 20대에 대해 말하는 논의들을 종합해보면 그렇다. 20대는 루저다. 20대는 자본으로부터 이미 구속당한 상태다. 배움에도 자본이 있어야 한다. 몸은 또 어떤가. 상품화의 절정이다. 오늘도 다이어트를 위해 굶는다. 시민운동을 하고 싶고 소셜 벤처를 운영하고 싶지만 대부분의 20대는 선뜻 용기가 나지 않는다. 왜? 돈을 벌 수 없으니까. 가장 극단적인 예로 소위 언론고시라 부르는 언론사 입사시험을 준비하는 이들은 늘 딜레마에 빠진다. 《한겨레》나 《경향신문》 같은 언론사에 입사하고 싶지만 조중동에도 지원한다. 《한겨레》나 《경향신문》은 임금 체불로 유명하다. 반값등록금 운동이 여전히 진행되고는 있으나 논의가 굉장히 활발했던 지난 6월이 까마득할 만큼 미온적이다. 달라진 것이 없다. 20대의 정치조직화가 사람들이 예측한 것만큼 본격적으로 일어나지 않

있다. 20대 내부 계층은 좀 더 세밀하게 분화되고 있는 것 같다. 단순히 자본의 영역을 넘어 다양하게 분화되고 있다. 그런데 자꾸만 이들을 묶어 말한다.

@한민정 : 쉽게 이해하면 스스로 나라고 믿는 나는 어쩌면 내가 아닐 수 있으며, 나는 다른 사람들, 관계, 생각, 현상 등에 복속된다.
타인에게 보여지는 삶을 살아온 것은 아닌지. 진짜 내가 되는 주체적인 삶은 살아왔는지.

@박찬호 : 어쩌면 타자화된 척 살아가는지도 모른다. 어떻게 나서보기엔 너무 막막하니까.

@김선영 : 가끔 끈적끈적한 이해관계의 늪에서 벗어나고 싶다는 생각을 한다. 하지만 나 역시 그 속에서 누군가의 신선한 피를 빨아 먹으며 포만감을 느끼는 그렇고 그런 인간 중 한 사람일 뿐. 거대한 우리가 오늘도 목적지를 모른 채 걸어간다. 오늘날, 우리는 우리인데도 우리이므로 외롭다.

타자에게 빼앗긴
나를 되찾아오기

자본의 전횡, 인권의 후퇴, 노동의 비정규직화, 교육의 시장화, 무엇보다 탈이념으로 분식된 신자유주의의 발호 등은 '나'가 무력하게 타자화에 투항한 결과물이다. 또는 무자비하게 '나'를 도둑질한 결과물일 수도 있다.

여기에는 당연히 과도한 교육비와 경쟁 만능의 대학교육이 포함된다. 1978년 시작된 중국의 변화를 필두로 베를린장벽 붕괴와 구소련 해체 이후 세계적 수준에서 일방적으로 관철된 미국적 가치의 세례는 대한민국에서도 예외는 아니었다. 특히 정보기술(IT)과 결합된 세계화의 확대는, 실물과 분리된 금융과 쌍을 이루며 세계경제의 판을 완전히 바꾸었다. 특별히 무식해서 용감했던 김영삼 대통령의 화끈한 세계화 추진과 맞물린 1997년 외환위기는, 1980년대 말 도입된 자유화 추세와 함께 대한민국에서 타자화의 양상에 결정적인 변화를 초래한다. '도둑맞은 세대'의 고통은 이런 경로로 꾸준히 축적됐다.

다행인 것은 대한민국 대학생들이 반값등록금 운동을 시작한 이 시점에 타자의 균열이 목격되고 있다는 점이다. 미국은 태평양 건너편 국가가 아닌 대한민국 내부의 국가로 자리한 지 오래다. 미국은 그동안 가장 강력한 타자의 실체였다. 그러나 9·11과 서브프라임 사태는 타자 피라미드의 최상층에 위치한 미국적 가치에 치명타를 가했다. 특히 서브프라임 사태는 대한민국에서 금과옥조로 떠받든 신자유주의 몰락의 명백한 징후로 읽혔다. 경영학자가 공유가치를 설파하고, 사회적 가치의 존중과 지구시민으로서 각성이 지구촌

차원에서 논의되는 상황은 패러다임의 변화를 예고한다. 사회책임에 관한 국제 가이드라인(ISO 26000)이라는 사실상의 국제표준이 상업적인 국제표준화기구(ISO) 주관으로 제정되어 2010년 11월 발효됐다는 사실 또한 예사롭지 않다. 이제 기존 사악한 타자의 해체를 검토하고 전혀 새로운 방식으로 선한 타자를 정립할 시기가 도래하고 있다는 뜻일까. 반값등록금 운동이 예사롭게 느껴지시 않는 건 시대 변화의 첫 파도에 오른 보드 같기 때문이다. 좋은 서퍼가 올라탄다면 장관을 구경할 수 있지 않을까.

현존하는 타자를 해체하는 데 성공한다면 이어 타자의 재정립에 돌입해야 한다. 앞서 '자본주의 4.0'의 대두에서 살펴보았듯 변화는 피할 수 없어 보인다. 사실 두 가지 움직임은 동시적이어야 하고, 그럴 때 사회변혁이란 용어를 쓸 수 있다. 현실이 영화 《미스트》의 비극적 결말과 달라지려면 복잡하고 아리송하게, 또 정교하고 교활하게 정립된 지금의 타자를 이해해야 한다. 보일 듯 보이지 않게 '나'를 둘러싼 타자의 그물망, 그 포위의 내용을 제대로 파악해야만 덜 비극적일 수 있다. 핵심은 타자(들)의 포위를 뚫고 활력을 잃은 '나'에게 생기를 불어넣어야 한다는 점이다. 타자에게 빼앗긴 나를 되찾아오는 과정이어야 한다. 앞서 언급했듯이 그 과정은 인간이란 존재가 어쩔 수 없이 타자를 정립해야 한다면 바람직하게 타자를 정립하려는 노력과 결부되어야 한다.

실시간 댓글

@이자경 : 저는 세대론 별로요. 말하자면 논의 자체보다 세대론이 발생하고 쓰이는 맥락이 불편.

@도하원 : '나'를 둘러싼 타자의 그물망에 제대로 자리잡고 싶다. 그렇지만 어디서부터 출발해야 하는지, 지금 내 위치는 어디쯤인지 도통 감을 잡을 수가 없다.

@유정미 : 그런데 불만이 참 많다. 대학생 신분을 빨리 벗어나고 싶다. 취업해 사회생활을 하는 20대들과 대학생들은 어딘가 분리된 것 같다. 20대를 말하는 대부분의 논의가 대학생이라는 신분에 머물러 있다.

이렇게 말하는 것이 엄청난 도발일지도 모르나 386세대가 겪었던 젊은 시절과 지금 시절은 참 다르다. 그들이 겪었던 사회에 대한 이야기를 들어보면 어디엔가 낭만이 있다. 캠퍼스에는 음악과 사랑이 넘쳤다. 거리는 민주화의 열기로 넘쳐났다. 그들이 들려주는 무용담, 예컨대 아빠가 들려주는 광주민주화항쟁, 6월 민주항쟁 시절의 무용담은 참 생경하다. 나는 그리도 거친 시위를 겪어보지 못했다. 굳이 꼽자면 '촛불' 정도. 그러다 보니 그들의 경험과 우리의 경험 간 엄청난 괴리는 서로를 규정짓는 행위로 이어졌다. 386세대는 우리에 대해 사회에 대한 관심도 없고 정치적으로 무관심하며 취업에만 관심 갖는 이기적인 아이들쯤으로 보는 것 같고, 적어도 나는, 어쩌면 나를 포함한 지금의 20대는 그들을 쉴 새 없이 우리를 규정하면서 무용담을 늘어놓는 어른들쯤으로 생각하거나, 이들을 '꼰대'라고 표현하기도 한다. 물론 그들이 이야기하는 철학적이며 삶을 지향하는 이야기들에서는 위로를 얻는다. 하지만 그들의 위로는 그저 위로로 남을 뿐. 그들은 자꾸만 미안하다 말하면서도 또 지금 젊은이들을 규정짓는다. 아악!

'대학생'이라는 신분은, 우리 사회의 '끼인 세대'다. 어른들은 우리를 어른 취급하지 않는다. 우리는 자라지 않는다. 아직도 철없는 고등학생이다. 요즘 습관적으로 영화를 보는데 생각해보면 프랑스에서 누벨바그를 이끌었던 고다르, 트뤼포, 로메르 같은 《카이에 뒤 시네마》 출신의 비평가이자 감독들이 활동을 했던 시기가 20대였다. 그들은 20대에 전 세계 영화판을 완전히 바꿔버렸다. 그뿐인가. 저명한 철학자들의 이론서들도 그들이 20대 때에 쓴 것이었고 과학자들, 혁명가들도 대부분 젊었을 때 그 일을 이뤄냈다. 그런데 세상을 바꾸는 사람들의 나이가 점점 많아지는 것 같다. 산업사회가 단련된 숙련공들을 더더욱 원하게 되면서, 과학이 발전하면서 생명이 연장될수록, 교육 체계가 더욱 공고해질수록, 사회적인 관습이나 분위기가 전환되는 과정에서 어른이 되는 시기가 점점 늦어지고 있다. 어른들이 쉽게 말하는 것처럼 스물이 넘은 나이는 예전에는 진작 애도 낳았을 테고, 진작 집안을 책임질 가장이 되었을 그런 시기다.

그들이 말하는 우리는 그렇다. 고등학교 시절 입시에만 매몰되어 있다 보니 자기를 성찰할, 타인과 관계할 시간적 여유가 없었다. 그러다 대학에 왔다. 입시가 끝나면 취업문제가 다가온다. 그래서 연애도, 결혼도, 출산도 포기한 삼포세대. 그러다 졸업장을 받고 사회로 나가면 비정규직이 되는 88만원 세대가 됐다. 그러니까 지금 대학생들은 어른이 아니면서도 청소년도 아닌 참 이상한 위치에 있다.

내 꿈은 빨리 어른이 되는 것이다.

@한민정 : 타자를 정립하고 나를 재구성하는 것이 아니라, 원래 잃어버렸던 내 자신을 찾

더보기 ▼

는 일이 우선이다.

@윤지애 : 타자가 너무 대도(大盜)이기 때문에, 개인플레이보다는 '나'들의 연대가 절실하다.

@박찬호 : 제발 우리를 규정하지 마세요. 20대라고 전부 똑같은 삶을 사는 거 아닙니다. 오히려 같은 고민을 하는 어른들의 조언이나 도움이 서로 좋으리라 생각됩니다.

@김선영 : 더 비극적인 것은 타자에게 빼앗긴 나의 실체를 나조차도 제대로 모른다는 것이다. 아 '나는 누구인가, 사람은 무엇으로 사는가' 오늘도 생각하는 '척'한다

@안혜정 : 도둑맞지 않으려면 공부해라. 근데 왜 도둑맞은 사람이 더 열심히 공부하고 대응 논리를 개발해야 돼? 왜 저쪽은 무식하게 밀어붙이고 과실 따먹는데 숫자로는 다수인 이쪽이 더 성실하고 논리적으로 '나'를 아는 것뿐만 아니라 '타자의 세계'도 열심히 연구해야 돼? 수세에 몰린 계층이 더 똑똑해지고 더 각성해야 하는 불편한 진실에 대해서 생각해보게 하는 글.

우리의 복원: 폐소(閉所)에서 나와 광장으로, 광장에서 이웃으로

'조하리의 창'이라는 게 있다. 심리학자가 만든 것이지만 경영학 등 여러 분야에서 활용된다. 인식과 소통에 관한 유용한 분석틀이다.

@조하리의 창

	자신이 아는 부분 (Known to Self)	자신이 모르는 부분 (Unknown to self)
타인에게 알려진 부분 (Known to Others)	공개영역 (Open Area)	맹인영역 (Blind Area)
타인에게 알려지지 않은 부분 (Unknown to Others)	비밀영역 (Hidden Area)	미지영역 (Unknown Area)

개인에게 가장 곤혹스런 영역은 '맹인영역'이다. 타인은 알고 있는데 자신만 모르고 있으니, 자신이 모른다는 게 전제되지 않았다면 얼마나 당혹스러울까. '조하리의 창'에서 '영역'의 포트폴리오와 관련해 대체적으로 선호되는 모델이 있겠지만, 목적에 따라 중점영역이 얼마든지 달라질 수 있어 보인다. 예컨대 이지아 씨와 이혼문제로 한동안 매스컴을 뜨겁게 달군 서태지 씨의 '조하리의 창'은 '비밀영역' 비중이 압도적으로 클 것이다.

이제 '나'와 타자와의 관계에 '조하리의 창'을 적용해 약간 변용해보자.

편의상 영역을 지칭하는 용어는 '조하리의 창'에서 그대로 가져다 쓰기로 하자. 관점에 따라 '타자에게 장악됐다'는 설명에서 혼선이 야기될 수 있겠지

@타자와 타자화의 창

	'나'가 아는 부분 (Known to Self)	'나'가 모르는 부분 (Unknown to self)
타자에게 장악된 부분 (=타자화한 부분)	공개영역 (Open Area)	맹인영역 (Blind Area)
타자에게 장악되지 않은 부분 (=타자화하지 않은 부분)	비밀영역 (Hidden Area)	미지영역 (Unknown Area)

만, '나란 타자와의 정립을 전제하는 존재'라는 견지에서 '정립'이, 아니 더 적극적인 개입을 의미하는 '장악'이란 단어를 사용했다.

여기서 가장 문제는 '조하리의 창'과 마찬가지로 '맹인영역'이다. '조하리의 창'과 다른 점은 내가 그 영역의 내용을 모르지는 않지만 타인에게 장악됐다는, 즉 타자화한 영역이라는 것을 모른다는 사실이다. '도둑맞은 세대'가 새로운 유형의 타자와 대면하고 있는 시대에서는 '맹인영역'이 점점 커졌다. 이때 내가 이 영역이 타자화한 곳이라는 사실을 모른다는 이유 때문에 '맹인영역'을 자신의 것으로 착각하고 살게 된다는 게 가장 큰 문제점이다. 나에게서 비롯하지 않은 잘못에 내가 책임져야 하기에 억울하다. 잘못된 교육시스템과 사회제도에 희생당하고 있으면서도 개인이 무능해서 그런 것으로 스스로를 비하하고, 열등감에 침윤된 젊은이들이 어디 한둘인가. 카이스트에서 총명한 대학생들이 연이어 목숨을 끊은 데에는 '맹인영역'의 부추김이 컸을 것이다. '나'는 '공개영역'이나 '비밀영역'으로 생각했지만 진상은 '맹인영역'이었던 것이다.

모범답안은 '맹인영역'의 넓이를 줄이는 한편 전체적으로 타자에게 장악된 넓이를 줄이려는 노력이 필요하다. 그러나 타자에게 장악되지 않은(타자가 훔쳐가지 않은) 부분을 맹목적으로 넓히는 행위는 고립을 자초할 수 있다. 타자의 포위를 뚫고 나가야 하지만, 그것이 타자로부터 도피가 되어서는 안 된다.

고립된 공간, 즉 폐소(閉所)에서 나와 광장으로 달려가야 할 필요성은 있지만, 광장의 괴물을 피하기 위해 광장에서 도망쳐 다시 폐소로 돌아가서는 곤란하다. 광장에서 한 번 촛불을 드는 게 의미가 없지는 않겠지만 다시 골방으로 잦아든다면 촛불의 의미가 퇴색된다.

물론 생판 모르는 사람과 광장에서 어깨동무하고 유대를 느낄 수 있다. 그러나 후속 조치가 없는 한(대부분 없다) 그 유대는 일회성 유대다. 광장에서 익명의 사람과 소통하는 일이 무익하지는 않겠다. 하지만 동시에 주변에서, 이웃에서 평소 이름 알고 얼굴 아는 사람들과 상시적 소통이 더 중요하다. '미지영역'은 논외로 하고 '비밀영역'은 인간에게 분명 가치를 갖는 영역이다. 인간은 사회적 동물이면서도 본능적으로 '비밀영역'을 지키려고 애쓴다. 그러나 '대도(大盜)들의 시대'에서는 그 영역을 끝까지 지킬 수 없다. 도둑들이 언젠가는 강탈해가고 말 것이기 때문이다. 그 땅을 지킬 유일한 방책은 '우리'를 복원해 '비밀영역' 수호 결사체를 만드는 것이다. 얼굴 알고 이름 아는 사람들과 유대만이 타자화의 시대에 그나마 인간답게 살 길이다.

〈타자와 타자화의 창〉의 포트폴리오를 바꿔, 즉 '나'(또는 주체)를 재구조화해 '나'의 힘을 강화하면서 타자를 재정립해 나가야 한다. 더불어 타자(들)의 포위를 뚫고 다른 '나'들의 손을 맞잡아 '우리', 즉 공감하고 공유하는 소규모 공동체를 여기저기서 복원해야 한다. 기술혁명은 인간을 개인화하고 파편화했지만, 이제 더 진전된 기술혁명은 역으로 개인화와 파편화를 극복할 가능성을 제시하고 있다. 다만 과거와는 시공을 달리하며 다양한 경로, 판이한 방식으로 약탈로 폐허가 된 '마을'들을 재건할 수도 있어 보인다. 광장과 폐소를 왕복하는 방식으로는 우리에게 희망이 없다. 광장과 폐소의 셔틀 구조로 '도둑맞은 세대'는 '잊힌 세대'가 되고 한 줌의 기득권 세력, 즉 대도들을 제외하고 사회 전체가 자멸할 게 뻔하다.

이제 문제는 명확해졌고, 해답도 저만치 존재한다. 손을 뻗으면 닿을 수 있다. '도둑맞은 세대'를 포함해 우리 모두는 문제를 풀 것인지, 말 것인지 결정해야 한다. 반값등록금, 비정규직, 양극화, 삼포세대 등 문제는 셀 수 없이 많지만 모두 하나로 연결되어 있다. 우리가 조금이라도 인간답게 살 역량을 갖출 수 있느냐 없느냐의 문제와 연결된다. '도둑맞은 세대'에게는 이렇게 말할 수 있겠다. 전 세대로부터 물려받는 문제집을 풀지 않은 채 후대에 물려줄 것인지, 아니면 머리를 싸매고 풀 것인지 결정하라고. 이제 도둑맞은 사실을 제대로 인식하게 됐다면 도둑 찾기에 나서고, 나아가 도둑 잡기에 뛰어들 것인지 결심하겠느냐고.

뒤늦게라도 문제집을 열어야 하는 게 기성세대의 최소한의 책무라는 얘기는 사족이기 십상이지만, 그래도 꼭 사족을 달아야만 하는 현실에서 자괴감과 서글픔을 동시에 느낀다. 더불어 나 또한 도둑의 일원이었다고 고백하는 게 최소한의 도덕인 것 같다. 새로운 자본주의와 '호모 이코노미쿠스'를 대체할 새로운 인간 '호모 코오퍼러티쿠스'를 초대하는 소박한 제의(祭儀)로서도 고백은 필요하겠다.

실시간 댓글

@도하원 : 이 글을 읽는 젊은이들이 많아졌으면 좋겠다. 글을 읽고 조금이라도 느끼는 바가 있는 나 같은 젊은이들이 더 많아졌으면 한다.

@유정미 : 그동안 너무도 쉽게 말했다. 누군가의 의견을 읽고 분석만 있고 대안이 없다면 외쳤다. "그래서 어쩌라고." 그러니까 분석을 떠난 실제 대안을 만나고 싶은 것이었다. 아, 대안. 어떤 대안이 있을까. 아, 모르겠다. 실제로 구체적인 대안은 실천이 없으면 이뤄지기 힘든 것이었다. 또 모두가 실천하는 대안을 내놓기란 결코 쉬운 일이 아니다. 당위적인 결말과 대안들이 아주 세밀한 대안들보다도 훨씬 더 큰 파급력을 가질 수도 있겠다고 생각하면서 대안과 해결책에 대한 집착을 조금 내려놓게 되었다. 그런 의미에서 20대에 대한 언급 자체에 가치와 의미를 부여해본다. '말'이 '소통' 혹은 '담론'으로 이어졌을 때 발생하는 그 아름다운 공론의 장들을 사랑하기 때문에.

갑자기 386세대인 한 선생님의 말이 들려온다. 앞으로 386세대와 20대가 서로 "세대 투쟁"을 어떻게 해 나가느냐의 문제가 미래를 바꿀 것이라고.

빼앗긴 것을 찾기 위한 도둑 잡기에 함께하겠다. 다만 바람이 있다면 친구들과 재기발랄하게 함께할 수 있기를. 그리고 소망한다. 혁명이 낭만으로 존재하지 않기를.

생각해보니 내 꿈은 빨리 어른이 되어 재기발랄한 잉여가 되는 것이었다. 인간은 유희적 동물이기에.

@한민정 : 우는 아이에게 젖을 준다. 울어야 젖을 먹는다. 그러니 나와서 나를 찾고 타자를 정립하고 우리를 찾자.

@박찬호 : 우리가 포기한 것들은 진심으로 포기한 것이 아니다. 원하면 원할수록 마음이 더 아프니까 잠시 숨기고 있는 것뿐. 나도 내 친구들도 그리고 다른 모든 사람들도 행복하게 살 수 있기를 바라며 나는 어디서 또 자그마한 노력을 해야겠다.

@김민지 : 보고 또 봐도 저 표는 이해할 수 없다.

@김선영 : 나는 가끔 어린아이의 눈을 통해 세상을 본다. 아이가 웃으면 나도 웃는다. 그 안에는 새하얀 희망이 있다. 두려워 자세히 보지는 못했지만 아마 내 눈 속은 검은 욕망 덩어리가 소용돌이치고 있을 것이다. 지금까지 나는 일탈을 꿈꾸는 겁쟁이 정도의 수준에 머물러왔다. 비겁자로 남기는 싫으니 발가락 정도만 담그고 상황이 안 좋게 굴러간다 싶으면 속히 발을 빼고 시치미를 떼려는 영악한 계산 역시 했었다. 좋은 것이 좋은 거라는 그저 그런 생각에 경종을 울리고 진솔한 고백을 할 그날이 다가오고 있다. 아, 여전히 머리는 지끈거린다.

@최잉여 : 뭐야… 이 글 어려워….